未来互联网基础理论与前沿技术丛书

车联网移动性管理原理与应用

毕远国　王兴伟　李福亮　著

科学出版社

北京

内 容 简 介

本书围绕车联网的移动性管理问题，在传统移动性管理方法中引入软件定义网络的概念，克服异构网络中移动性管理机制和垂直切换算法拓展性差、网络演进架构劣势和次优化路由等问题，从软件定义的车联网移动性管理框架、垂直切换算法的设计，以及该框架下的垂直切换优化算法三个方面进行重点阐述。其中，第 1、2 章主要介绍车联网和移动性管理的背景知识，从概念和应用方面说明车联网中移动性管理的重要性；第 3、4 章分别对集中式和分布式的移动性管理进行阐述，指出其中存在的问题和应用到新场景的困难；第 5～7 章提出一种基于软件定义网络的车联网移动性管理框架，并给出垂直切换算法及路径优化算法。

本书可供计算机科学与技术、物联网工程、通信工程等专业研究人员、高校教师、研究生及高年级本科生参考，也可作为相关领域工程技术人员的参考书。

图书在版编目(CIP)数据

车联网移动性管理原理与应用/毕远国，王兴伟，李福亮著.—北京：科学出版社，2021.9

（未来互联网基础理论与前沿技术丛书）

ISBN 978-7-03-067463-0

Ⅰ. ①车… Ⅱ. ①毕… ②王… ③李… Ⅲ. ①汽车-物联网-研究 Ⅳ. ①U469-39

中国版本图书馆CIP数据核字(2020)第265915号

责任编辑：张海娜 李 娜 / 责任校对：任苗苗
责任印制：吴兆东 / 封面设计：蓝正设计

科学出版社 出版
北京东黄城根北街 16 号
邮政编码：100717
http://www.sciencep.com
北京中石油彩色印刷有限责任公司 印刷
科学出版社发行 各地新华书店经销
*
2021 年 9 月第 一 版 开本：B5（720 × 1000）
2022 年 2 月第二次印刷 印张：13 1/2
字数：269 000

定价：98.00 元

（如有印装质量问题，我社负责调换）

前　言

随着经济的快速发展和城镇化水平的不断提高，汽车已经成为人们生产生活中最重要的工具之一。然而，汽车保有量的增加也带来了许多交通问题，如交通拥堵、交通事故等。人们渴望利用信息化的手段解决现有的交通问题，而智能交通系统(intelligent traffic system，ITS)的出现为解决这些问题提供了新的思路。ITS 将传感器技术、自动控制技术、信息处理技术、计算机技术和人工智能技术等有机结合，成为一个高效、准确、实时的综合信息系统。车联网作为 ITS 的重要组成部分，能够提供丰富的智能交通服务。在交通安全管理方面，发生事故的车辆可以通过车联网向周围车辆发送事故信息，以提醒其他车辆合理规划行车路线；在路径规划方面，驾驶员可以通过车联网向管理中心反馈道路在早晚高峰时的拥堵状况，为规划车辆行驶路径提供合理依据；在基础服务方面，车辆可以通过车联网与路边基础设施进行通信，以获取需要的网络服务，如文件传输、语音电话、视频会议等。然而，车辆作为车联网中的节点，具有移动速度快、运动方向变化频繁的特点，极易导致频繁的网络切换甚至网络中断。因此，为确保车联网通信的服务质量，需要在快速变化的网络环境中保证网络通信的连续性，在多个网络中进行无缝切换，从而进行高效的移动性管理。

国内外学者在移动性管理和垂直切换算法领域，提出了许多解决方案来提高切换管理性能，从而使车辆能够在异构网络中无缝切换。本书详细论述国内外相关领域的研究成果，并介绍作者在车联网移动性管理、网络切换决策和软件定义网络等领域的研究成果，全书共 7 章。

第 1 章介绍车联网概念、车联网发展背景和国内外发展现状，详细介绍异构车联网，并从系统功能要求、体系结构、车联网关键技术、车联网应用及车联网发展面临的挑战进行分析，阐述车联网对 ITS 发展的重要意义。

第 2 章对本书研究领域的相关概念和近年来的研究进展进行综述，介绍移动性管理的协议和功能，包括移动性上下文管理和位置管理等，分析典型技术和移动通信网络中的切换，着重对两种移动性管理的部署方式进行比较，并介绍移动性管理在车联网领域的应用。

第 3 章介绍集中式移动性管理的概念，以现有的两种主流集中式移动性管理协议 MIPv6 和 PMIPv6 为例，对集中式移动性管理的特点进行介绍，首先介绍 MIPv6 中 IPv6 地址相关概念、MIPv6 切换过程和 MIPv6 改进协议，包括快速 IPv6、层次 IPv6 和快速层次 IPv6；然后介绍 PMIPv6 的基本架构、特点和切换过程，并阐述现有 PMIPv6 域间移动性管理技术、PMIPv6 中存在的问题、现有的域间移动性管理技术和对应的切换流程。

第 4 章围绕本书的主题讲解分布式移动性管理的知识，指出集中式移动性管理的一些缺陷，针对这些缺陷说明分布式移动性管理在这些方面的作用。同时将分布式移动性管理的研究分为演进型设计方法和革命型设计方法来介绍，其中演进型设计方法介绍基于终端侧和基于网络侧的移动性管理方法的运行机制，并简单分析其特点；革命型设计方法则介绍基于软件定义网络(software-defined network，SDN)和基于路由的两种设计方法。最后简单介绍四种具体的分布式移动性管理方法，分别是迁移家乡代理、分散流动锚点、Connexion 管理方案和支持网络移动性的高效协议 WINMO，同时介绍其中包含的一些定义和技术。

第 5 章介绍基于 SDN 的车联网移动性管理的定义、概念和研究思路，包括 SDN 的简介、框架、核心技术以及交换机和南向接口。然后，介绍当前基于 SDN 的车联网研究现状，提出基于 SDN 的车联网系统架构，说明本书对于相关系统架构的设计，并对基于 SDN 移动性管理机制中的四个功能实体(SDN 控制器、转发交换机、边缘交换机和移动节点(mobile node，MN))进行详细讲解，详细论述一种基于 SDN 的移动性管理机制的优化方法，包括路径优化、初始化注册及切换管理三个层面。

第 6 章介绍切换算法的定义和分类、垂直切换的三个阶段，以及垂直切换在可靠性、无缝连接、切换次数等方面的主要技术性能要求。此外，介绍目前比较有代表性的垂直切换算法，并对基于代价函数的垂直切换算法、基于多属性决策理论的垂直切换算法、基于模糊逻辑和神经网络的垂直切换算法、基于马尔可夫决策过程理论的垂直切换算法和基于博弈理论的垂直切换算法的基本思想、流程及现状进行详细介绍。

第 7 章阐述车联网移动性管理优化方法，包括 GM(1,1)-马尔可夫垂直切换算法和车联网移动性管理的一些方法，即用于城市车载场景中无缝互联网接入的混合 HIP(主机身份协议)-PMIPv6 方案、基于 IPv6 的车载 ad hoc 网络移动切换方案、基于移动 IPv6 的车联网快速切换方案、基于累积概率方法的切换方案，以及基于 IEEE 802.11p 的无线接入系统切换方案。

作者在车联网通信、移动性管理、多跳传输等领域开展了多年研究，书中主要内容来源于作者大量的原创性论文。在本书撰写过程中得到东北大学计算机科学与工程学院多位教师和研究生的帮助，其中研究生项天敖、郅明见、黄子烜、郝晨阳、张东玉参与了多章内容的撰写。本书获得东北大学“双一流”建设经费资助，在此一并表示感谢。

由于车联网相关技术发展迅速，加之作者水平有限，书中难免存在不妥之处，敬请同行及读者批评指正。

目　录

第1章 车 联 网

1.1 概 述

随着无线通信、遥感、移动计算等技术的飞速发展，人们对智能交通系统(ITS)的研究也不断深入。首先，车载控制器和信息交互可以帮助驾驶员及时调整车辆的状态，从而提升驾驶员的驾驶体验。其次，主动保护机制为乘客和汽车安全提供了一定的保障，减少了意外事故发生的次数。另外，各种车载信息系统通过异构无线接入技术，为乘客和汽车提供了更安全、更高效的服务，也使汽车获得了更强大的信息感知能力和计算能力。

车辆在行驶过程中，其无线通信能力是极其重要的，能够为车辆安全提供保障，而车联网就是以车辆为中心的无线通信网络。在整个网络中，传播消息的车辆不仅收集有关自身和周围环境的信息，而且与周围的车辆交换实时信息，如车辆的位置信息会被广播、移动电话的位置信息会进行局部分发、从邻居车辆获取本地信息等。世界各国在 ITS 领域已经进行了大量投入，并且在车联网相关技术发展方面硕果累累。美国联邦通信委员会将频段 5.9GHz 内的 75MHz 带宽赋予专用短距离通信(dedicated short range communication，DSRC)，为车联网通信的研究与发展奠定了基础。日本自 20 世纪 90 年代依次提出了 SmartWay、ASV(advanced safety vehicle，先进安全车辆)、ITS-Safety 2010 等多项 ITS 的项目。在欧洲，车辆间通信联盟(Car 2 Car Communication Consortium)的成立标志着欧洲对车联网的研究也处于世界前列，该组织在促进相关工作的标准化及车联网项目和组织的快速发展方面取得了许多成果，同时，在车联网领域中对路由技术和安全策略的研究也有重大贡献。中国虽然在车联网领域起步比较晚，但是仍然在相关标准的制定上做出重要贡献，其中包括与欧洲共同倡导的车辆长期演进(long term evolution-vehicle，LTE-V)技术协议、相关的物联网标准等。

虽然世界范围内对车联网的研究已经取得了不错的成果，但是仍有许多问题亟待解决，如车辆节点的移动性及其导致的链路断开、网络拥塞等。为了降低节点移动性对无线网络性能的影响，确保车联网的服务质量，必须在快速变化的网络环境中保证网络连接的连续性，即通过移动性管理机制在多个网络中进行无缝切换。此外，单个无线网络的频带资源并不能满足大规模的无缝覆盖，因此集成异构网络是实现车联网的大势所趋，而且异构网络的整合有利于网络间的合作与互补。

综上，车联网的发展有着广阔的前景，车联网的移动性管理研究是车联网发展过程中必不可少的一部分。

1.1.1 车联网概念

随着遥感系统、移动计算和无线通信等信息技术的不断进步，车辆已从简单的交通工具发展为具有强大计算能力，同时配备多个计算机系统和传感器的智能终端，且其内部各模块之间可以并行多个复杂任务。车联网通过车辆之间的数据传输和共享，使得车辆与车辆之间及车辆与基础设施之间建立一个互联互通的网络，以满足人们对各种车辆服务的需求。

遥感系统的发展使车辆能够收集数据，装有各种传感器的车辆可以从自身的行驶状态和周围环境中获取各种原始数据。例如，通过全球定位系统(global positioning system，GPS)，车辆可以获取自身的地理位置、速度、方向等信息，或者将其与地图结合来获取本地位置；通过视频捕捉设备，收集周围环境的图像信息可以得到自身车辆与其他车辆之间的距离信息、速度信息，以及环境的气象信息等。这些信息可以用于许多智能交通应用，包括自动驾驶、车辆避碰、实时驾驶速度建议等。

移动计算的不断发展使得车辆可以对收集的信息进行复杂处理，并有针对性地满足各项工作数据的需求。目前，车载计算平台由一个处理器和多种微控制器组成，通过分析传感器收集的数据，可以识别图像的实体，对车辆、人员和其他道路元素进行区分，从而为自动驾驶和车辆避碰等服务提供依据。

无线通信领域的研究成果是支持车辆之间进行有效数据传输的基础。一方面，为了满足车联网中短距离数据传输的要求，美国、日本和欧洲等地的研究人员已经开始根据道路情况研究通信架构和标准，并制定了自己的短程通信技术标准。另一方面，对车联网其他关键技术的研究也取得了许多成果，如路由策略、移动性管理技术和网络安全策略。这两方面成果不仅可以满足车联网中的各种服务请求，还提高了车联网数据传输的服务质量。

综上所述，车联网是一种集环境检测、数据收集、信息处理、数据共享于一身，可以实现多样化通信业务和服务的网络类型。

1.1.2 异构车联网

在未来车联网的发展中，用户对各种网络服务的需求必定会越来越多，对服务质量的要求也会越来越高，单一网络的覆盖度并不能使车联网满足这些需求。因此，利用多个网络的融合来支持未来车联网的发展是大势所趋。同时，异构网络具有很多优点，可以满足车联网发展的需要。首先，异构网络具有聚合性，采用良好的移动性管理算法，可以实现多个网络的无缝切换，从而可以实现车联网的大规模覆盖。其次，异构网络具有混合性，即不同类型的网络均可为车联网用户提供服务，这不仅可以满足多种用户的不同需求，而且可以利用网络之间的互补性提升服务质量。

异构车联网以汽车为载体，通过自组织网络和无缝切换技术，实现车辆之间、车辆与其他无线通信系统之间的信息交互。在异构车联网环境下，车辆的高速行驶和随机方向选择的特性，使得网络具有动态的拓扑结构，从而导致异构网络切换时的延迟和切换次数增多等问题。图 1.1 显示异构车联网体系结构。

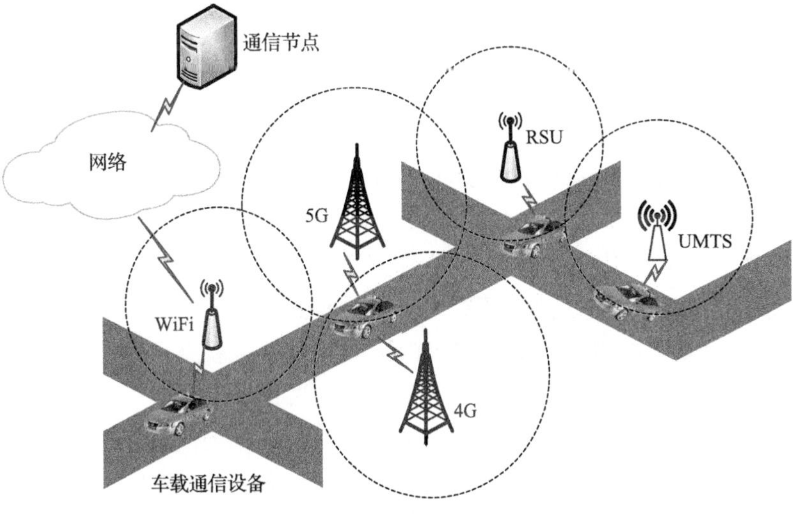

图 1.1 异构车联网体系结构

图 1.1 中的异构车联网是由车载通信设备、路侧单元(road side unit，RSU)、

WiFi、4G、5G、通用移动通信系统(universal mobile telecommunications system, UMTS)和网络组成的大型交互式网络，这是异构车联网在实际生活中的真实体现[1]。该异构网络不仅提供不同的服务和资源分配，还使用不同的网络访问技术，如码分多址技术、长期演进(long term evolution，LTE)技术、无线局域网(wireless local area network, WLAN)技术、车辆自组织网络(vehicular ad hoc network，VANET)技术等。为了保证服务质量和提高移动用户的体验效果，需要多个网络共同为用户提供服务，无线异构网络的融合和切换技术越来越受到专家和学者的关注。

1.1.3　国内外发展现状

1999 年，美国联邦通信委员会将频段 5.9GHz 内的 75MHz 带宽作为 DSRC 的专用带宽，使 DSRC 成为车辆和基础信息通信的关键技术[2]。2002 年，DSRC 技术的标准化推动了移动通信网络，特别是车联网的研究和应用。2004 年，美国电气电子工程师学会(IEEE)开始根据异步时分复用技术标准修订 IEEE 802.11p，并开始制定车载环境中的无线访问(wireless access in the vehicular environment，WAVE)标准。同年，美国计算机协会在美国费城举办了首届车联网国际标准研讨会，并首次使用“VANET”一词。2006 年，美国运输部与部分汽车制造商合作开发并测试车-车安全应用原型，以提高车载安全系统在自适应控制方面的性能。同年，车辆基础设施一体化的概念被提出。2009 年 12 月，美国运输部发布了《智能交通系统战略研究规划：2010—2014》，旨在利用无线通信建立一个全国性的、多模式的地面交通系统，形成车辆、基础设施和乘客便携式设备之间互联的交通环境。2011 年 8 月至 2012 年初，美国对六个不同地区的驾驶员进行了车联网技术在真实环境下安全驾驶的测试，以评估用户对新型车-车互联技术的接受程度。从 2012 年秋季到 2013 年秋季，美国持续研究安全驾驶模式，测试联网车辆安全技术的有效性。2014 年，美国运输部与美国智能交通系统联合项目办公室共同提出《智能交通系统战略计划 2015—2019》，并讨论了美国下一代 ITS 战略研究规划草案，确立了下一代 ITS 研发的重点和主题，以应对新的需求。2016 年 12 月，美国运输部正式发布《联邦机动车安全标准——第 150 号》，该标准强制要求所有轻型车辆安装车载通信设备，从而确保车与车之间安全信息的实时收发。目前，美国的车联网已经进入快速发展的阶段，主要表现为：硬件的价格大幅下降，车联网提供的信息服务、安全保障、即时通信、多媒体娱乐等方面已经可以满足用户需求。

欧洲的车联网发展较早，主要是在全欧洲建立的 ITS 网络基础上进行智能网联汽车标准的制定。早在 20 世纪 80 年代，欧洲即在政府主导下开始了超越国界的研究开发工作，在 1986 年开始了民间主导的 Prometheus 计划，以实现车辆的智能化，在 1988 年开始的 eDrive 计划则以开发智能交通基础设施为目的。2002 年，欧洲汽车制造商发起成立了车辆间通信联盟，其首要任务是制定泛欧通用车载通信标准，由此整合各国资源、共同规划发展的工作才得以正式展开。2003 年，欧洲智能交通协会提出 eSafety 的概念，在欧洲的第六框架中启动 77 项与 eSafety 相关的研究开发项目，推荐了 28 项行动计划，可以分为基础设施建设、车辆保护系统与事故分析三类。2004 年，欧洲进行了 ITS 整体体系框架的研究，对各国的体系框架进行统一，形成了三纵四横的发展战略。自 2011 年起，欧盟开始开展 Drive C2X 项目，该项目主要聚焦车-车(vehicle to vehicle，V2V)和车-基础设施(vehicle to infrastructure，V2I)的通信。2013 年 6 月，荷兰、德国和奥地利三国签署了欧洲联合智能交通走廊部署协议，计划建立一条以荷兰鹿特丹为起点，途经德国慕尼黑、法兰克福，最终到达奥地利维也纳的智能交通走廊。2014 年，与 eSafety 相关的车联网项目 Drive C2X 宣告完成，该项目联合戴姆勒、大陆集团、博世等主要汽车制造企业和零部件配套企业，完成了对拥堵预警、碰撞预警等相关功能的设计与测试。2015 年，宝马公司在所有车型上标配宝马互联驾驶功能，还提供应用服务和独立通信模块，并在各国提供配套的 iDrive 系统，以提升用户的驾驶体验。瑞典企业 Wireless Car 在被沃尔沃全资收购后，致力于远距离通信项目 Telematics，截至 2017 年，该项目成果的使用范围已遍布 56 个国家，服务超过 600 万辆车。目前，欧洲各国正在全面发展远程信息处理技术，目标是建立欧洲范围内的智能交通网络。

日本对于 ITS 的研究始于 20 世纪 70 年代，并在 80 年代中期至 90 年代中期，完成了道路车辆通信系统、交通信息通信系统、超级智能车辆系统、安全车辆系统的研究。2000 年 4 月，日本电子不停车收费(electronic toll collection，ETC)系统国家行动计划正式开始实施，旨在 2003 年 3 月前在至少 900 个收费站实现高速公路不停车收费的服务。2003 年 7 月，日本智能交通系统战略委员会发布了《日本智能交通系统战略规划》，提出了日本智能交通系统的短期、中期和长期发展战略规划。同年，基本实现了车辆信息系统、交通信息通信系统、互联网全覆盖。截至 2013 年底，安装该系统的车辆数超过3000万，占同期日本汽车保有量的40%。2011年，日本的国家高速公路部门推出了站点智能交通系统，为汽车导航系统提供大量的、实时的交通信息和图像，可以有效缓解交通拥堵，并极大地改善驾驶环境。2014年，丰田和微软合作成立了Toyota Connected公司，借助微软Azure云建立汽车的智能化平台，并开启了多种智能驾驶服务。2016年4月，日本与密歇根大学的交通运输研究所合作，共同打造全球最大的车联网实验基地。

我国对于车联网的前期研究主要集中在物联网领域，并且经过多年的研究，在传感器网络通信协议、传感器网络与其他网络集成、物联网体系结构等方面取得了很大进展，这也为我国研究车联网奠定了基础[3]。2010年，中国国际物联网博览会提出了车联网的概念，但没有实际的技术和产品推出；同年10月，国务院在863计划中提出开展智能车路协同关键技术研究，旨在建立车联网中车路协同关键技术的体系框架，并攻克车载系统、路侧系统和车路协同信息交互等关键技术，形成我国的车联网安全保障核心体系。2011年，车联网技术被纳入《国家“十二五”科学和技术发展规划》，得到了进一步的发展。在“十二五”期间，车联网项目按照工程化的架构设计，实现了真正意义上的广义网联汽车原型，开发完成了协同式的智能驾驶应用，这使我国在自主汽车智能化网联化发展方面迈出了一大步。在863计划的支持下，同济大学开发了智能网联汽车应用示范与测试系统，并成功进行了多次演示与体验，例如，2014年5月亚太经济合作组织（APEC）车联网技术及其全球应用合作论坛暨展示会，2015年10月在上海汽车博览公园举办的中国汽车工程学会年会暨展览会，2015年11月荷兰太阳能家用电动车Stella Lux中国创新之旅活动，2016年6月在上海临港举办的智能网联汽车综合测试示范区的开园仪式，以及G20峰会期间在杭州与上汽、华为开展的智能网联汽车体验活动。2014年，沃尔沃中国区推出Sensus智能车载交互系统，由Sensus智能在线和Volvo On Call随车管家提供安防服务，并且已在部分车型上使用。2015年，赛格导航与众鸿科技携手建立车联网实验室，标志着我国已经完成从概念化到应用化的成功转型。2018年10月，由中国电信、中兴、百度等多家单位承担的我国首个5G融合自动驾驶项目在雄安新区完成验收。虽然我国车联网技术起步比较晚，同时受到西方国家的技术壁垒影响，但是随着政府政策的大力支持和各大研究机构的投入，未来我国车联网技术一定会飞速发展。

1.2 系统功能要求

车联网系统功能要求一般包括以下五个方面[4]：

(1) 无线通信能力。例如，单跳无线通信范围可使用的无线通信频道、可用带宽和比特率、无线通信信道的稳定性、无线电信号传播困难的解决措施，可以使用 RSU 来实现车辆与基础设施间的信息交换。

(2) 网络通信功能。例如，传播方式，包括单播、组播、广播、特殊区域内的广播，数据聚合，消息的优先级确定，网络拥塞控制，支持第 6 代互联网协议或第 4 代互联网协议寻址，移动性管理。

(3) 车辆定位功能。例如，通过全球导航卫星系统和本地地图提供的信息，对车辆的绝对位置进行确定。

(4) 车辆的安全通信功能。例如，数据完整性、保密性和真实性检测，支持匿名，抗外部攻击，数据和系统完整性检测。

(5) 车辆的其他功能。例如，车辆提供传感器和雷达接口、车辆导航功能。

1.3 体 系 结 构

车联网是由驾驶路线、驾驶速度和车辆位置等构成的巨大的信息交互网络，是一种向信息安全、节能环保、信息通信等方向发展的车-网联合技术。车辆通过射频识别(radio frequency identification，RFID)技术、GPS 技术及传感器、摄像头等电子设备，实现对车辆及周边交通环境信息的采集，按照约定好的通信协议和标准，在基础设施-人-路-车-环境之间进行信息通信。车联网的基本架构如图 1.2 所示。

车联网的发展离不开互联网和物联网技术的发展。互联网作为网络与网络串联形成的庞大网络，通过一组标准协议使各种网络服务触手可及，极大地满足了用户对信息的需求。而物联网作为物与物相连的网络，扩展了通信终端，并且实现事物之间的互联。车联网是将物联网应用于汽车和交通运输的通信网络，是一个在车-人、车-车、车-路、车-云(平台)之间交换数据和信息的通信网络。

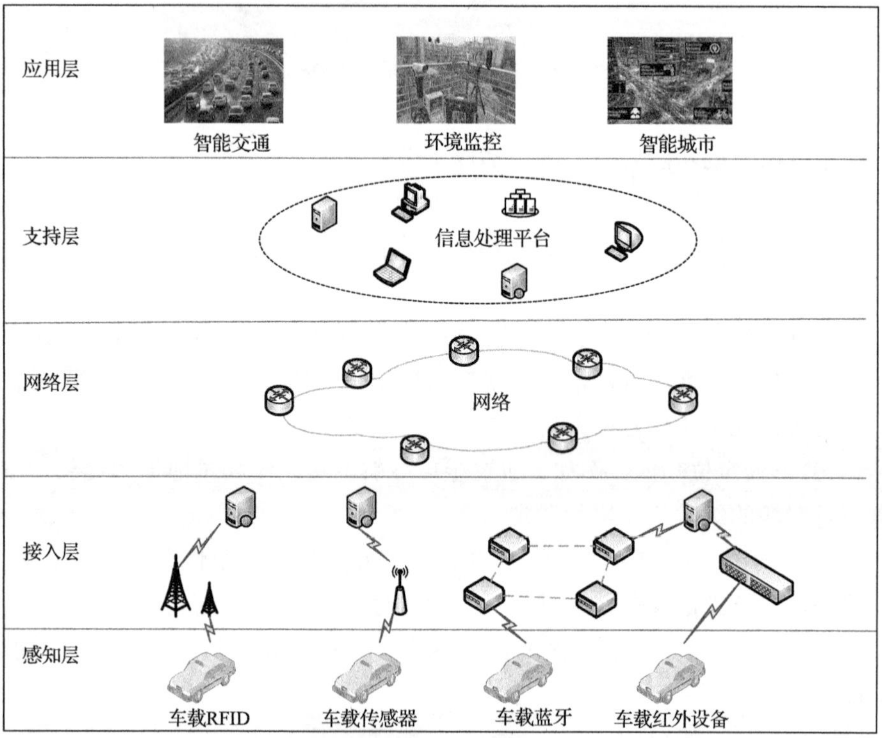

图 1.2　车联网的基本架构

在车联网中，车辆与周围环境的通信协议有多种，但是在中短距离内最常使用的协议为 DSRC。该协议起源于 ETC 系统，经过发展和演变，逐渐成为小范围内车辆与 RSU 通信的主要协议。2004 年，DSRC 的标准化工作转入 IEEE 802.11p 和 1609 工作组，IEEE 802.11p 为底层协议，1609 工作组为 2013 年发布的 WAVE 协议框架，具有比较完整的协议层次，后续工作均在此基础上进行修订。其中，WAVE 协议栈架构如图 1.3 所示[5]。

在车联网的通信协议中，除了由美国主导的 DSRC 以外，还有中国和欧洲主导的 LTE-V 通信协议。该协议由 LTE 技术演进而来，同时与开放通信网络本身的功能相结合，为驾驶员提供车辆导航和驾驶数据传输功能，实现车辆与外部环境信息的全面连接，LTE-V 通信标准结构如图 1.4 所示。标准中将 LTE-V 分成三层，分别是接入层、网络层和应用层。接入层的主要工作是在正确的接口接收和发送数据；网络层的工作是进行数据封装和解析、数据传递及内部管理；应用层的主要工作是提供各种服务。

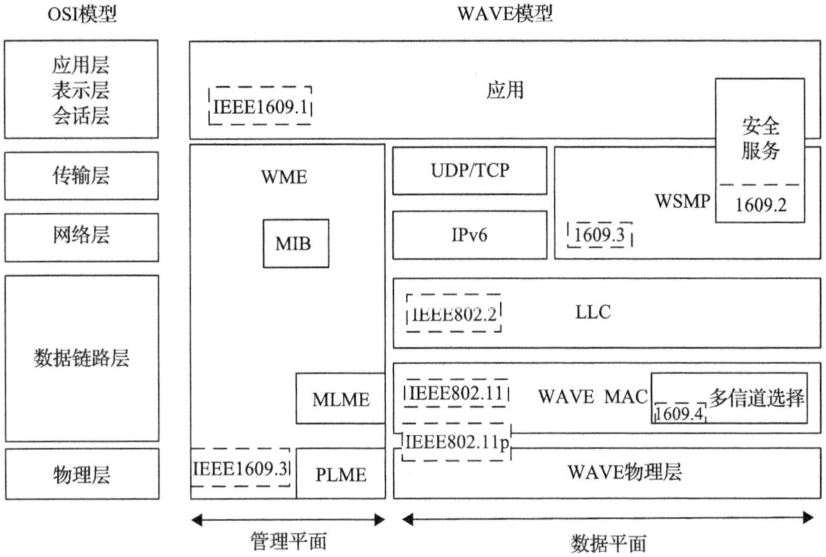

图 1.3 WAVE 协议栈架构

OSI：open system interconnection，开放系统互连；WME：WAVE management entity，WAVE 管理实体；MIB：management information base，管理信息库；MAC：medium access control，媒体访问控制；MLME：MAC sublayer management entity，MAC 子层管理实体；PLME：physical layer management entity，物理层管理实体；UDP：user datagram protocol，用户数据报协议；TCP：transmission control protocol，传输控制协议；IPv6：internet protocol version 6，互联网协议第 6 版本；LLC：logic link control，逻辑链路控制；WSMP：WAVE short message protocol，WAVE 短消息协议

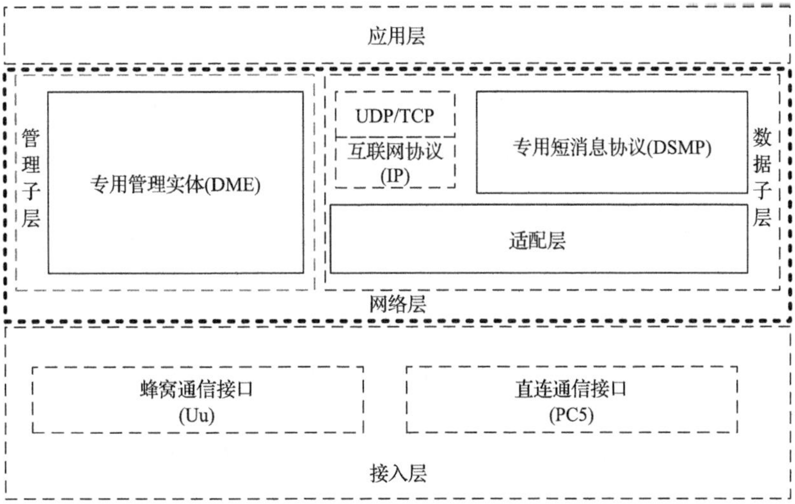

图 1.4 LTE-V 通信标准结构

DSRC 和 LTE-V 两种通信协议各有侧重，DSRC 的有效通信距离在 240m 左右，所以主要应用在短距离、低带宽的通信，而 LTE-V 的有效通信距离大概在 440m，高于 DSRC，所以该协议主要应用于长距离、高带宽的通信[6]。两者优势互补，协同作业，提供更优质的车联网服务。

1.4 车联网关键技术

1.4.1 数据采集技术

数据采集包括整车数据采集和车外数据采集。整车数据采集主要通过传感器对温度、位置、车速、加速度和振动等车辆信息进行实时、准确的测量，并通过控制器局域网络(controller area network，CAN)对整车进行监控与诊断。车外数据采集的信息主要包括车辆的位置、行驶状态、道路状态、前后及两侧车辆状态等，所用技术主要包括雷达/激光测速、地感/地磁检测和雷达/超声波测距。数据采集技术具体包括以下几种。

1. 传感器技术

汽车用的传感器有温度传感器、压力传感器、位置旋转传感器、流量传感器、废气传感器和一些其他类型的传感器[7]。下面简单介绍其中几种传感器。

汽车上有温度变化的情况很多，如发动机的冷却水吸排气温度、机外空气温度、车内温度和轮胎温度等都需要进行测量。但是，若要对发动机实行有效、细微的控制，则需要研制出高性能的温度传感器。目前的温度传感器主要是硅半导体温度传感器、金属磁芯型温度传感器、感温铁氧体传感器三种。

压力传感器是一种或多种可感测压力信号并将其根据特定规则转换为输出电信号的设备。汽车用到的压力传感器比较多，其种类也比较多，主要有半导体压力传感器、静电容量型压力传感器、声表面波压力传感器等。

位置旋转传感器主要用在汽车的转向和曲轴旋转定位，检测旋转角度和位置有两种方式：一是直接测量与曲轴相连接的旋转盘方式；二是在配电器内部配置相关装置的方式。对定位部件而言，传感器技术十分成熟，应用场景也很多，主要包括发电式、整体元件式、光学式、振荡式、磁场探测晶体管式等。对旋转部件而言，传感器通常采用磁力式或光学式的非接触方式。

2. 测速技术

随着车辆数量的激增，公路上测速器的数量也越来越多。移动测速仪、固定测速系统和区间测速系统作为主要测速设备，广泛应用于警用交通执法的过程中。区间测速系统通过拍摄同一车辆在一个区间的两个固定位置，可以计算该车辆在测速区间的平均速度。

3. 车辆检测技术

车辆检测技术是在道路交通系统中以车辆检测器等原件组成系统辅以相关的计算机信息处理技术，及时、准确地获知道路交通流运行状况的一种技术。车辆检测器的类型很多[8]，但其主要的工作原理有以下三种：①在某开关触点闭合的情况下检查机械力；②检测由汽车的移动或者存在而引起的能量变化；③检测摄像机视频范围内的变化。

4. 测距技术

测量车辆之间距离的技术称为测距技术，测量距离主要是为了解决车辆碰撞的问题。当车辆之间的距离小于某一个设定值时，车辆通过检测发出警告并采取制动等措施来保证车辆、驾驶员和行人的安全。

车辆测距技术包括超声测距、微波雷达测距、激光测距、机器视觉测距和红外测距等。各种测距技术都有其自身的适用场景，在实际应用中，车辆都是根据自身测距设备的测距进行综合判断的。车辆测距技术是智能车辆发展的关键，并且为解决车辆风险预警、实时控制与预测、路线规划及自动导航等问题奠定基础。

1.4.2 识别技术

目前，主要识别技术有语音识别技术、视频图像识别技术和射频识别技术；其中，视频图像识别技术主要是用机器学习的方法来进行的，其识别率逐渐提高。

当前，多数汽车制造商已经推出了车载多媒体交互系统，该系统通过语音识别技术来控制车载诊断。语音识别技术可以通过解放驾驶员的双手和双眼来提高驾驶安全性；视频图像识别技术采用如光电、图像处理、模型识别和远程数据访问之类的技术来识别车辆牌照，并对车辆行为进行监督；RFID 技术是一种非接触式的识别技术，通过射频方式进行双向通信数据交换，以达到自动识别的目的。

车辆识别技术是 ITS 的核心技术，其目的是确定目标车辆所属的类型[9,10]。根据车辆的特性，车辆标识又可分为颜色标识、车辆型号标识和车辆牌照标识[11-13]。车辆识别的主要问题来自以下几个方面：

(1) 受到光照、雨雪等特殊天气情况的影响，车辆的特征会变化，同时视频等的清晰度受到影响，进而采集的信息也会受到影响。

(2) 摄像头的位置和参数会发生改变，车辆的位置和移动速度不同，车辆在图像中的尺寸也会不尽相同。

(3) 很多车辆外形是非常类似的，车辆之间的差异不大，难以识别。

(4) 在山区、旅游区等地区存在十分特殊的地形和交通规则，还有交通拥堵等情况遮挡车辆，这些都给车辆识别带来了巨大的挑战。

从 20 世纪 90 年代开始，许多学者基于视觉分析对车辆的识别技术进行了研究，并取得了很多研究成果，其中部分研究成果已经逐渐得到应用。2012 年，卷积神经网络在 ImageNet 视觉识别挑战赛中获得了巨大成功，随之人们将卷积神经网络应用在语音识别、图像识别等各个领域，并且经过测试，其应用性能远超传统方法。此外，通过在车辆识别领域引入深度学习，研究人员也取得了重大进展。

RFID 技术在车联网中应用场景广泛，下面对该技术进行详细介绍。

RFID 技术是一种非接触式的识别技术，又称为电子标签。它可以自动通过射频信号识别目标对象并得到相关数据，能够识别在路上高速移动的车辆并识别多个标签。而车联网中采用 RFID 技术主要是为了实现更远距离的读/写通信。

在不同的应用中，RFID 系统的组成会略有不同，但通常由电子标签、读写器、高层系统这三个部分组成，如图 1.5 所示[14]。

1. 电子标签

电子标签又称为射频标签，基本由天线、编码器、解码器、负载、电源、存储器、中央处理器(CPU)或逻辑控制单元组成。其结构图如图 1.6 所示。

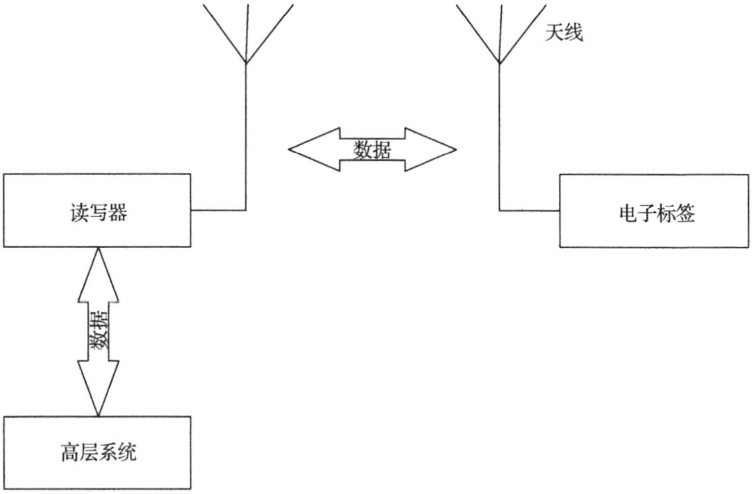

图 1.5 RFID 系统的基本组成

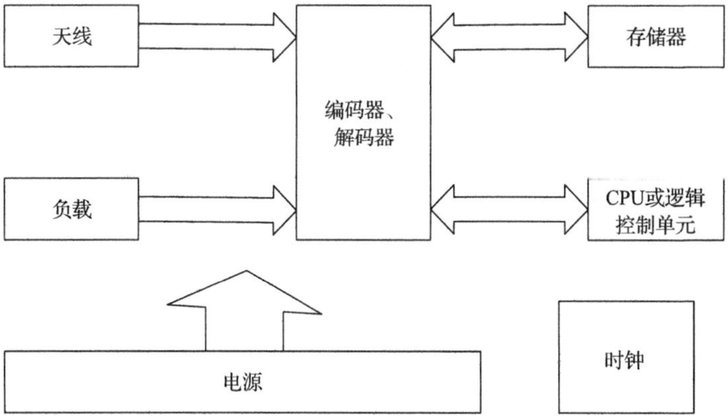

图 1.6 电子标签结构图

在图 1.6 中，天线主要用于数据通信，天线获得的载波信号经过分频后得到的分频信号可以作为 CPU、编码器、解码器电路的时钟信号。天线的种类可以分为很多种，其比较常用的分类如图 1.7 所示。

RFID 标签中存储着被识别目标的相关信息，由耦合元件和芯片组成，每个标签局域唯一的电子编码附着在物体上用来表示物体。标签内有内置的天线，用于和 RFID 其他天线进行通信。一般来说，按照发送射频信号可以将标签分为主动式标签和被动式标签两种。主动式标签通常具有较长的通信距离和较高的价格，主要应用于火车监控、高速公路收费系统和其他

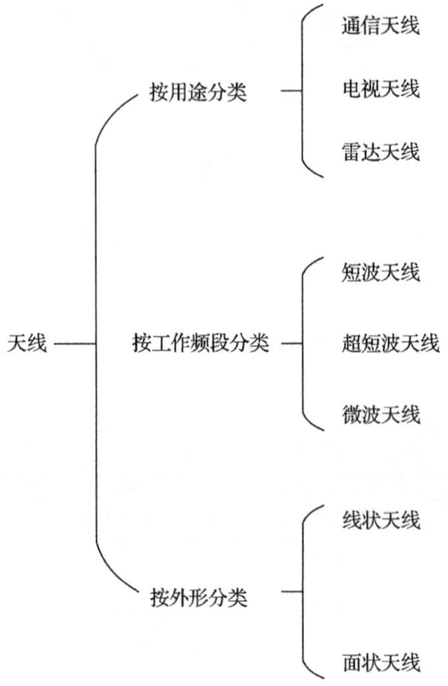

图 1.7　天线常用的分类

贵重物品远距离检查的领域。而被动式标签具有价格低的优势，但它的工作距离和存储容量均有较大限制，主要应用于门禁卡、校园卡、动物监督、物体跟踪等领域。

2. 读写器

读写器又称为阅读器，主要完成与电子标签、计算机之间的通信，对读写器和电子标签之间的数据进行编码解码、加密解密等，而且具备防碰撞功能，能够对多个标签同时进行通信。读写器是读写工作的核心，完成信息的收发，并且对从应答器传来的数据进行提取和处理，同时完成和高层的通信。其接口可以有多种形式，如通用串行总线(USB)或者其他形式的接口。

读写器的核心为防碰撞技术，当多个标签以同一频率向阅读器传输信息时，阅读器将不能对这些信息进行区分，即发生了碰撞。避免碰撞的方法通常分为不确定性方法和确定性方法两种类型[15]。前者中标签使用随机时间来响应阅读器的命令，通常是基于 Aloha 协议的。后者是根据标签识别码的唯一性选择通信标签的方法，最简单的确定性方法是二进制树机制。

3. 高层系统

一般来说，对于简单的应用，读写器就能完成相关的工作，但是对于大多数的应用，高层系统是必不可少的。RFID 系统是由许多读写器构成的复杂系统，高层系统可以整合多个读写器资源，协同完成查询、管理和数据交换等复杂工作。

1.4.3　无线通信技术

无线通信技术的发展程度参差不齐，存在部分通信技术已经较为成熟，而部分通信技术的应用仍处于发展阶段[16]的情况。

1. 陆地移动无线(land mobile radio，LMR)通信

传统公共安全、消防和医疗响应设备之间的通信主要通过 LMR 通信系统进行。20 世纪 90 年代中期，LMR 通信频率被分配到 512MHz 或以下及 800MHz 或以上两个部分。

2. RFID

RFID 可以通过无线电信号识别特定对象，并读写相关数据，其基本组成包括两个方面，即标签和阅读器。前者由耦合元件和芯片组成，并且每个标签具有唯一的电子编码，以便识别。后者为标签信息读取装置，通常使用低频、高频、超高频等技术。

3. WiFi

WiFi 的出现旨在改善基于 IEEE 802.11 的无线产品之间的通信质量。IEEE 802.11b 无线网络标准是 IEEE 802.11 网络标准的扩展，最大带宽为 11Mbit/s，如果信号较弱或受干扰，则可以将带宽调整为 5.5Mbit/s、2Mbit/s、1Mbit/s。通过带宽的自动调整，WiFi 在开放区域通信距离达到 305m，而在封闭区域的通信距离也可达到 76～122m。除此之外，WiFi 与现有有线网络融合得很好，组网成本更低。

4. DSRC

DSRC 技术是 ITS 的基础技术之一，IEEE 将 5.9GHz 频段分配给该协议，用于安全和商业应用，并且已经实现了 IEEE 802.11p 相关标准。DSRC 是一种车载通信技术，能够提供高速的数据传输，保证了通信网络的低延时和系统的可靠性。利用这些优势，该技术可以对数十米范围内高速运动的目标进行识别和交互通信，实现车-路与车-车的双向通信、实时视频、语音和数据传输等功能。与其他技术相比，DSRC 具有传输速度快、干扰少、安全性好等特点，所以基于 DSRC 的车-路、车-车通信是国际 ITS 发展的趋势。

5. LTE-V

LTE-V 的全称为 LTE-V2X（vehicle to everything，车-一切），其中 V2X 包括 V2V、V2I、V2P（vehicle to person，车-人）及 V2N（vehicle to network，车-网络）通信，旨在实现车辆、道路、行人的全方位网络互连。该协议由以中国和欧洲为首的第 3 代合作伙伴计划（3rd generation partnership project，3GPP）制定，并于 2016 年完成标准化过程。由于该技术基于蜂窝网络，所以可以重复使用现有的蜂窝基础建设和频谱资源，无须进行大规模的 RSU 布点，更容易推动该技术的应用和发展。

6. 5G-V2X

5G 具有传输速率更高、反应速度更快的优势，所以将 5G 应用到车联网环境中是大势所趋。而且 5G 通信利用超密集移动通信技术，在感知驾驶技术、信息安全管理和驾驶算法等方面，可做到信息的及时收集、处理和反馈。

7. 红外线

红外线是一种电磁波，波长为 750nm～1mm，其频率比微波高，比可见光低，是人眼看不到的一种射线。红外线波长较短，对障碍物的衍射能力较差，比较适合在需要短距离无线通信的地方进行点对点的数据传输，一般用于红外数据通信的波长为 850～900nm。

8. 全球微波接入互操作性

全球微波接入互操作性(worldwide interoperability for microwave access，WiMAX)，即 IEEE 802.16 无线网络，是一种新兴的宽带无线接入技术，可以为互联网提供高速接入，而且数据传输距离较远，可达 50km[17]。WiMAX 具有服务质量(quality of service，QoS)保证、传输速度快等优点。

9. 蓝牙

蓝牙是一种应用于个人区域网(简称个域网)的无线通信技术，标准为 IEEE 802.15.1。但是蓝牙的组网特点和最大 100m 的传输距离极大地限制了它在 V2V 通信中的应用，而对 V2P 通信却是不二选择。手机通过蓝牙技术与汽车音频无线连接，可以在驾驶时建立更安全的通话系统。目前，一些汽车已经配备了蓝牙通信的外设，如免提电话、音响系统等。在未来，基于蓝牙的汽车应用将被各个汽车制造商广泛采用，并且随着研究的不断深入，将会有更多的蓝牙应用出现在汽车智能屏幕上，包括多媒体下载、远程车辆情况诊断和车辆安全系统等。

10. Zigbee

Zigbee 是一种基于 IEEE 802.15.4 的低功耗个域网网络协议。该协议所述的技术是连接近距离传感器或简单设备的无线通信技术，具有短距离、低复杂度、自组织、低功耗、低数据速率、低成本等特点。目前，车联网相关通信技术比较详见表 1.1。

表 1.1 车联网相关通信技术比较

通信技术	用途	距离 L/m	理论传输速率 R_b/(Mbit/s)	延迟性能	是否现成	应用实例
LMR	V2V、V2I、I2V	40000	变化的	中等	是	紧急调度
RFID	V2I、I2V	<30	0.5	低	是	电子收费、CVO
IEEE 802.11a (WiFi)	V2V、V2I、I2V	100~200	54	高	是	CAMPVSCC、C2CCC
IEEE 802.11b/g (WiFi)	V2V、V2I、I2V	10~100	11 (b) 54 (g)	高	是	WLAN
DSRC	V2V、V2I、I2V	250	6~57	低	不是	CAMPVSCC
LTE-V	V2X	450	< 1000	低	不是	车辆状况远程诊断

续表

通信技术	用途	距离 L/m	理论传输速率 R_b/(Mbit/s)	延迟性能	是否现成	应用实例
5G-V2X	V2X	—	20000	极低	不是	自动驾驶
红外线	V2I、I2V	200	中等	低	是	3MOSP
WiMAX	V2I、I2V	20000	0.5~20	中等	—	Enterprise WAN
蓝牙	车内	1~10+	0.7	中等	是	通用公司车内通信
Zigbee	车内	1~75+	0.25	低	不是	暖气加热系统

注：I2V：infrastructure to vehicle，路边设施-车；CVO：communications validating office，通信设备验证处；CAMPVSCC：CAMP Volvo safety concept car，CAMP 沃尔沃安全概念车，CAMP 为 Calamp Corp 公司的缩写，该公司为无线通信解决方案的领先供应商；C2CCC：Car-2-Car Communication Consortium，车辆间通信联盟；3MOSP：3M Opticom signal preemption，3M Opticom 信号灯抢占器(3M 和 Opticom 是两个公司)

1.4.4 数据处理技术

最近几年，人们对大数据高度关注，并扩大其应用范围，试图释放所有数据所包含的潜在价值。美国提出的大数据研发计划，旨在提高人们从大量复杂数据中获取知识的能力，扩大大数据应用的范围。我国举办的首届大数据应用论坛就是顺应大数据发展而来并共同探讨大数据在各种场景下的应用价值。同时，随着经济的发展，城市交通日趋复杂，对交通环境的要求也越来越高，所以在车联网中需要及时、高效、准确地获取、分析和处理数据，以构建合理的城市交通系统，而大数据可以很好地解决这个问题。

大数据[18]是一套集数据采集、数据管理、数据分析和数据处理为一体的信息技术。当大数据技术应用于车联网环境时，城市交通管理中心可以通过大数据平台进行交通通信，而驾驶员可以通过该平台了解实时路况信息，并合理规划出行路线。

在车联网中，数据采集主要由客户端系统通过监控感知技术完成，将人、车、环境等静态信息和动态信息进行统一收集由数据处理完成。针对不同的信息类型，数据采集的技术也不尽相同。例如，对于静态信息，可以从本地数据库、互联网或物联网等数据源加载到车联网中，而车辆本身的信息会直接传输到 CPU 进行处理；对于动态信息，车辆需要使用如 GPS、RFID、传感器和相机图像处理等设备进行收集。

数据分析是整个大数据处理过程的核心，因为数据的价值是在分析过程中被挖掘出来的，而实时数据处理是大数据分析的根本要求。根据信息的状态，可以将数据分析方法分为实时分析和离线分析。对于动态信息，其信息价值会在车辆的行驶过程中不断减少，因此需要实时分析，并在很短的时间内返回分析结果。例如，在车联网中，可以利用思爱普公司(SAP)的 HANA 实时分析工具对 GPS、RFID 和传感器采集的速度与距离等信息进行分析，该工具将传统关系型数据库组成并行处理集群，并采用内存计算平台以提高计算速度；可以利用网页数据级别的交互式数据分析系统 Dremel 对摄像头采集的图像数据进行分析，因为对图像数据进行计算会涉及相同数据的不断更新和大量消息的传递，为避免反复地序列化和反序列化可以用 Dremel 系统进行数据分析。由于动态信息的价值具有时间损失性，所以应尽快对最新数据进行分析并得到分析结果，一般对于动态信息的处理均采用流数据处理模式。对于静态信息，车联网中采用基于 MapReduce 的离线分析和批处理模式，以提高数据分析的效率。MapReduce 模型首先将车联网收集到的信息进行分块，然后交给不同的 Map 区进行分析处理。

车联网中的各种交通管理主体分布在不同的区域，并出现了水平分散和垂直分散的现象，这就导致公共交通管理的碎片化。而大数据具有信息聚合的优势，可以将用户可能使用的各种交通工具收录到系统中，将数据进行统一、集中处理，这将有助于构建综合交通信息系统，发挥整体性交通功能，同时在大数据中进行检索和提取相关信息，以满足不同的交通需求。

利用大数据进行车联网的智能化管理可以有如下应用：某路段发生问题，如交通堵塞、交通事故、设施损坏等，可立刻从大数据中调取相关信息，以确保交通的连贯性；此外，利用大数据还可以进行路面状况预测和为基础设施的改进提出建议，如某路段经常出现早高峰，可以结合人们的行车路线对道路进行规划建设。

1.4.5 信息融合技术

随着人们需求的日益丰富，目标识别在生产生活中占据着越来越重要的位置，如人脸识别、车牌识别等，而目标识别的主要问题在于如何获取待识别目标的特征。但是，对目标进行全方位、多角度的特征描述，单一传感器获得的数据已经不能满足需求，所以多个传感器协作的方式越来越受到关注。

在传统的目标识别中，由于技术的局限性、环境的复杂性及待识别目标的单一性，数据通常由单个传感器获取，所以目标或场景中的信息通常是单面的，并受到光照和环境等其他因素的影响，准确性较低。在这种情况下，人们提出了一种基于多传感器、多个特征的目标识别方法。通过将传感器、图像信号处理、计算机仿真和人工智能相结合，形成了一种快速有效的现代处理技术。其中利用对人类感官系统的模拟，并利用先验知识进行综合分析，以获得陌生环境的可靠信息。通俗地讲，将不同的或者相同的多个传感器的信息进行有效结合的方法称为信息融合，也称为多传感器融合[19]，而信息融合是其应用最广泛的称呼。

在车联网中，车辆对行驶环境的感知离不开信息融合技术，对复杂路况的识别、对行人和车辆的判断均需要多个传感器合作以提高对环境的感知能力。车辆的感知行为可以分为单车感知和多车感知。单车感知，即通过车辆自身的传感器，包括摄像头、雷达等，获取周围环境的相关数据，并对这些数据进行综合处理以形成对车辆周围环境的理解。多车感知，即在单车感知的基础上，利用通信技术，结合其他车辆对环境的理解，形成对行驶环境的大范围认知。单车感知需要对多种传感器的不同类型数据进行有效融合。而多车感知先要形成本车对环境的认知，然后通过与周围车辆进行通信，获得其他车辆的环境感知信息，最后将这两种信息进行有效融合和联合处理。

由于信息融合技术处理的数据具有多样性，所以可以在车联网环境中通过信息互补在恶劣环境下形成对周围环境的感知。例如，在雨雪等复杂天气条件下，摄像头得到的图像数据中可以提炼的信息有限，可以通过雷达或者其他车辆传输的信息弥补摄像头得到的图像数据的不足，以获得对周围复杂环境的综合认知。

1.5 车联网应用

车联网的应用领域十分广泛，并且应用重点因地区而异。例如，由于欧洲和日本等地区的路况比较复杂，所以其车联网应用主要侧重于导航和定位服务；而中国一方面侧重于提高驾驶员的驾驶体验，另一方面又面临比较严重的交通问题，所以其车联网应用主要集中在娱乐和交通管理。

车联网的最终目的是给用户提供好的体验并且支持上层应用的正确运

行，能够支持车联网中的具体业务和应用。根据具体用途不同，其可分为以下几类[20]：

(1)安全类应用，如车辆碰撞预警，即通过单跳广播将碰撞预警消息发送给周围车辆，以提醒周围车辆并使之及时采取措施。而发送此类信息的方式有两种：基于事件驱动的发送和基于周期性的发送。基于事件驱动的发送，即只有当紧急情况发生并被检测到时，才会发送相关的预警信息，例如，当消息发送源车辆检测到自身已经发生或即将发生交通事故时，将迅速向后继车辆发送警告消息。而基于周期性的发送表示消息发送源车辆将定期主动向其邻居车辆发送自己的驾驶状态信息，而无论自身是否检测到紧急情况，所以在车辆密集的区域，基于周期性的发送极有可能导致无线信道过载。

(2)交通效率类应用，如路线导航和规划、驾驶速度建议和行驶辅助。路线导航和规划及驾驶速度建议类的应用更适合于 V2I 的交通模式，并且路边基础设施可提供有效的信息来协助决策。而行驶辅助，如车道并行辅助，则更适合于 V2V 的交通模式。

(3)信息/娱乐类应用，该类应用表现为功能集成化，即将车辆的信息、音频、视频及通信功能进行有效的结合，如数字电视、多媒体播放器等。此外，为了更便捷地获取信息，大量的网络应用也是必不可少的，如无线上网、视频通话、语音电话等。

下面重点介绍几个典型的车联网应用系统。

1.5.1 紧急救援系统

道路紧急救援是指当驾驶员遇到危险情况或需要现场抢险时，向驾驶员提供的拖吊、换水、充电、换胎、伤员救治、道路疏导等救援或服务，包括 I-CALL 信息呼叫、B-CALL 道路救援和 E-CALL 紧急救援三种类型。I-CALL 信息呼叫为驾驶员提供电话、新闻、股票和其他服务，旨在使驾驶员获得相关的信息服务；B-CALL 道路救援为驾驶员提供现场道路救援服务，如送水、送油、充电、拖车和换胎等。E-CALL 紧急救援会在驾驶员遇到危险情况或驾驶员在路上遇到需要救助的其他人时提供服务。

随着我国汽车工业的快速增长，汽车保有量迅速增加，机动车驾驶员的数量也持续增加，而交通事故已成为造成人员伤亡和财产损失的主要因素之一，更令人吃惊的是我国的交通事故死亡率是发达国家的 4～8 倍。尽管我国道路交通事故发生的原因众多，但紧急救援不及时是交通事故死亡率高的重要原因。由此可见，加强交通事故紧急救援工作是当务之急。

为驾驶员提供准确、快速和有效的道路紧急救援服务是汽车行业高度重视的技术之一[21]，但是传统的救援方法不仅不能及时发现待救援车辆，而且对救援资源的分配不尽合理，图 1.8 为传统救援方法的问题。而车联网的发展和应用为实施汽车道路救援提供了良好的发展平台，这不仅有效提高了交通事故救援的效率，还确保了人员生命、财产的安全，可以积极有效地解决上述问题。

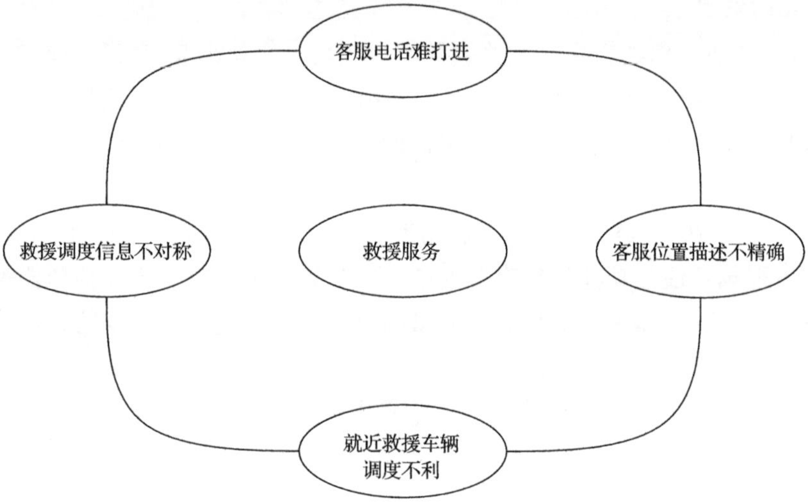

图 1.8　传统救援方法的问题

1.5.2　辅助驾驶与自动驾驶系统

辅助驾驶是指利用在车辆和路边基础设施中收集的数据，通过网络提前通知驾驶员，并建议驾驶员及时采取适当的驾驶行为[22]。同时，车间通信还可以实现汽车的协调行驶，有助于保持适当的速度和距离，提高行驶安全性。

为驾驶员的驾驶操作提供辅助的系统或功能均属于辅助驾驶领域，如倒车辅助、泊车辅助、车道偏离提醒、车道保持、巡航等。

辅助驾驶是自动驾驶的基础。对于从辅助驾驶到自动驾驶的过程及其定义，行业中许多制造商形成了一致意见，如下所示：

(1) 驾驶员驾驶，驾驶员执行所有驾驶操作。

(2) 辅助驾驶，驾驶员控制车辆的纵向和横向，其他任务可以在一定程度上交给辅助驾驶系统完成。

(3) 部分自动驾驶，系统接管了车辆纵向和横向的控制，驾驶员监控驾驶状态，并可以随时操作车辆，如欧盟 HAVEit 项目中开发的限定在高速公路上行驶的自动驾驶汽车。

(4) 高度自动驾驶，系统接管了车辆纵向和横向的控制，驾驶员无须一直监视系统状态。如果系统要求驾驶员接管车辆驾驶任务，则驾驶员必须能在一定的缓冲时间内接管车辆驾驶任务，如欧盟 AUTOPILOT 项目。

(5) 全自动驾驶，系统永久地接管了车辆纵向和横向的控制，假使请求驾驶员接管车辆驾驶任务但未得到响应，则系统应自动将风险降至最低。

1.5.3 智能化交通管理系统

智能化交通管理是指通过车联网收集信息、处理信息和发布信息，以便驾驶员能够掌握整个道路的交通状况。智能化交通管理的功能还包括协助交通管理部门实现远程指挥、ETC、违章违法车辆跟踪等。

智能化交通管理系统需要建立在基于车联网的智能交通管理平台上，其网络拓扑结构如图 1.9 所示。该管理系统主要包括交通管理系统和道路优化系统。交通管理系统主要负责公交车辆的实时运行监控机制、公交调度自动化机制、行人候车服务、行人自助叫车机制、周边停车场的信息联动机制、交通事故报告和处理自动化机制、道路意见报告自动化机制、实时天气服务、实时路况服务、道路维护信息发布机制等。而道路优化系统主要包括对实时路况信息的统计、每个公交站早中晚高峰的人数统计、车载终端报告的交通事故和道路意见、停车场分布及动态使用情况的数据收集，并利用数据挖掘技术，对易发生拥堵的路段、易发生交通事故的路段、高峰时间和人口稠密地区进行分析，最终为道路优化提供决策依据。

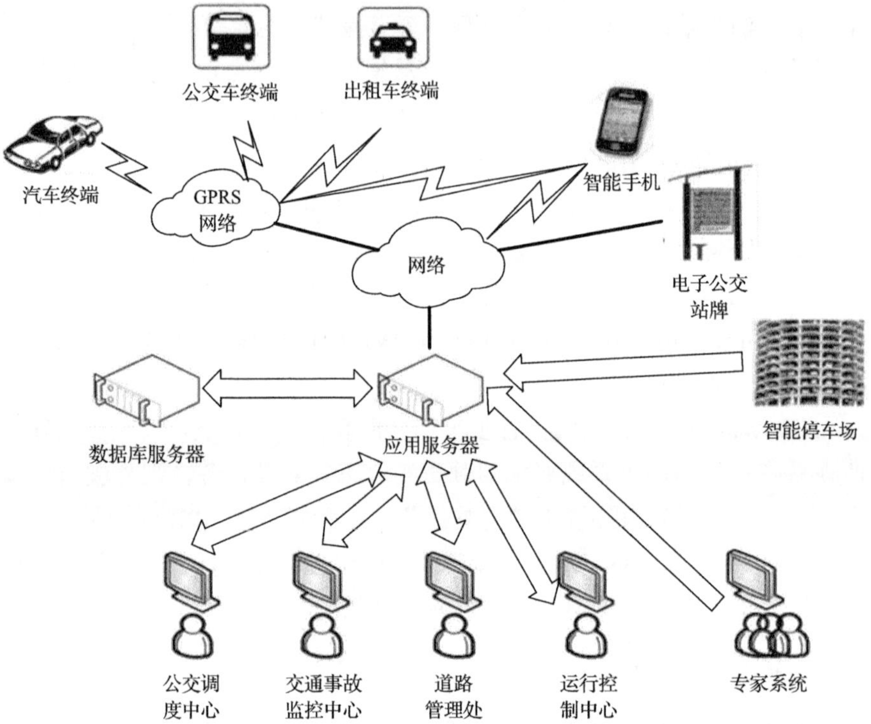

图 1.9　智能化交通管理系统网络拓扑结构

GPRS：通用无线分组服务

综合上述两大方面，智能化交通管理主要有以下内容：

(1) 智能等车服务，通过公交站的智能终端，即每站的电子公交站牌，提供公交车的准确到达时间，以及实时路况查询、出租车信息查询、天气状况查询和其他服务。

(2) 公交车监控机制，基于物联网、Zigbee 和传感器技术，对公交车内可燃气体、门窗状态、各站点各时间段人流情况、实时车位及车速等信息进行采集，为公交车的调度提供依据，同时可以提供公交车到达某站计划用时与实际用时的比较服务。

(3) 智能自助叫车机制，通过手机终端或者公交站的智能终端，可以实时查看周围出租车的位置和状态，也可以通过电话与出租车司机联系，以便得到出租车司机的立即回复。这不仅可以节省客户的时间，还可以减少出租车司机寻找客户的时间和燃料的消耗。

(4) 实时路况查询服务，提供实时路况的查询，为驾驶员或者行人的出行提供路况参考，以便及时规划合理的出行路线，避免拥堵。

(5)停车场信息服务，主要为驾驶员提供所在位置周围的停车场停车信息，包括位置、距离、规模、剩余车位数、收费情况等。这可以很好地解决驾驶员问路误时、无处泊车的问题。

(6)交通事故定位和预警机制，事故由过往车辆的驾驶员通过智能终端平台报告，后台交警部门的远程监控中心可以迅速找到事故位置并处理事故；同时，当其他车辆即将到达发生交通事故的路段时，车载智能终端会对驾驶员进行提醒，以使其做好准备。

(7)道路优化意见报告机制，驾驶员均可通过车载智能终端对道路优化提出建议，交通管理部门对这些建议进行汇总，并优先考虑在同一地点报告频率较高的意见。

(8)道路养护信息发布机制，驾驶员可以通过车载智能终端直接查询道路养护的相关信息，并在即将进入道路养护路段或封闭路段时获得提醒，使驾驶员可以及时选择其他路线出行。

(9)智能交通专家系统，旨在通过采集数据，深入挖掘，发现规律，并以此为依据进行道路优化，减少人力成本，并避免过多的主观因素影响。

1.5.4 车载社交网络

车联网社交，即通过网络实现车主与车主之间的社交通信，具体可以分为同品牌车联网社交和不同品牌车联网社交[23]。

同品牌车联网社交处于车载社交网络的初级阶段，因为每个汽车企业均有自己对车联网发展的规划，而且每个品牌的具体方案也不尽相同，所以最开始只需要开展同品牌车联网社交即可。其具体实现方法：车主在购买车辆后可以注册社交账号，包括昵称、性别、车辆品牌等，车联网会将该注册信息导入数据库中，然后车主就可以像使用社交软件一样使用车联网的社交服务。例如，可以查看周围相同品牌的车辆信息，并对比车辆的使用情况；可以针对某车型交换使用心得，包括油耗评估、常见问题和使用小技巧等；也可以将车主的驾驶行为进行分析，并在同地区、同车型的范围内进行排名，还能分享相关的荣誉。这样既能宣传车辆性能，又能满足现代人的社交需求。

不同品牌车联网社交主要取决于各个汽车公司之间的车辆信息交换，而且要求各个汽车公司的后台建立联系。不同品牌车的车主可以通过车联网的社交平台进行交流，如交流驾驶习惯、油耗和其他有关车辆的信息，从而增加车主之间的互动，更好地增强车主对车联网功能的黏性体验，以期实现车主上车后放弃手机社交功能，在车内完成社交。

但是，为了确保汽车公司的利益，每个汽车公司都屏蔽了汽车的重要参数，所以实现车载社交网络仍有很长的路要走。对于汽车公司，应该打破原有的发展思维，与时俱进，更好地融入互联网思维模式并不断创新，从而增强车主对车联网的依赖，以便更好地推出个性化的车联网功能，使车主在习惯车联网社交功能的同时使用车联网的传统功能，从而为车联网行业带来更多利润。

1.6 车联网发展面临的挑战

1. 技术上没有统一的标准

互联网的终端节点为个人计算机或者智能手机，个人计算机的操作系统包括 Windows、macOS、Linux，而智能手机的操作系统包括 iOS、Android，各个节点即使操作系统不同，通过相同标准的网络也可以很好地进行交流和通信。但是目前车联网还没有一个明确的车联网标准，缺少业界统一标准，各个厂商使用的处理器不同，操作系统不同，传感器也不一样，从底层硬件到上层软件的标准都不一样，这就导致了车联网难以推广。作为一个产业，应该形成统一的标准，不论是宝马、奥迪、大众，还是长城、奇瑞等都应该使用一套标准，接收的指令也都大致相似才行[16]。

目前，已经出现了两个大的标准，即美国首推的 IEEE DSRC 标准、中国和欧洲推出的 3GPP LTE-V 标准。这两大标准之争正处在关键阶段。

DSRC 是美国于 1998 年提出的基于 IEEE 802.11p 的通信技术。随后，欧盟、日本、新加坡、韩国等先后引入了不同频段的通信标准。同时，经过多年的发展，DSRC 方案具有低时延、高可靠性等特点，已经得到验证，并且发展相对成熟。它的主要驱动力是传统汽车公司和芯片公司。

另外，是基于蜂窝通信技术的 LTE-V2X 技术，该技术始于 2010 年。LTE-V2X 技术包括两种工作模式：集中式（LTE-V-Cell）和分布式（LTE-V-Direct）。LTE-V-Cell 需要基站作为控制中心来实现大带宽、大范围的通信，而 LTE-V-Direct 不需要基站的支持即可直接实现车辆与周围环境节点之间的低延时、高可靠性的通信。该技术将在 5G 时代演变为 C-V2X（蜂窝车联网)技术，其主要推动者是电信企业。目前，华为、爱立信、诺基亚、英特尔、奥迪、宝马、戴姆勒等公司已共同建立了 5G 汽车通信技术联盟，以支持该标准的制定。

2. 安全问题难以保障

在汽车接入网络之后，容易遭到黑客的入侵和控制，而车辆的安全关系着驾驶员的人身安全，遭到入侵之后可能会导致十分危险的后果，现在的技术难以完全杜绝黑客的入侵，不能完全保证道路行驶的安全。一旦黑客将病毒植入到汽车网络中，人们的行车安全就更加难以保证。黑客可以窃取车主的行车记录，了解车主的日常驾驶路线，远程控制汽车，甚至造成悲惨的车祸。因此，可能会陷入配置越高就越危险的恶性循环。

车联网的安全实际上就是移动终端的安全、互联网的安全，如今移动终端的安全和互联网的安全都难以保障，因此很多人认为车联网的安全更加遥遥无期。这也导致人们普遍难以接受自动驾驶。

3. 技术瓶颈难以突破

开发一个完整、高效的车载系统，技术难度很大，其复杂性远远超过手机系统的开发。就交互模式而言，尽管许多高端汽车都安装了智能车载系统，但仍有更多用户选择在汽车中使用手机，他们的反馈意见均是智能车载系统难以使用，而手机却易于操作。然而，手机的操作看似简单，但很耗时，仅发送一个微信表情就需要四个步骤：找到联系人，单击表达式按钮，选择表情，单击发送按钮。在智能车载系统中，没有时间允许驾驶员执行如此冗长的操作步骤。根据上海市统计局的统计，在 2014 年，醉酒致死的事故占醉酒驾驶事故的 2.6%，同期使用手机造成的致命事故则高达 29.6%。因此，智能车载系统首先需要进行一系列的单手操作改进，使得驾驶员可以用一只手完成一系列动作，并且操作步骤不会太复杂，最好可以直接进行语音识别。但是，仅此单手操作改进就具有很高的技术要求。除此之外，智能车载系统的硬件设备也与手机的硬件设备有很大不同。在为智能车载系统选择硬件设备时，需要考虑更多因素，如高低温耐受性、启动时间、抗震能力、信号接收能力等，而且智能车载系统还需要与汽车本身匹配，可以连接到 CAN 总线、电源等汽车自身的设备上，但目前这些都难以达到预期的效果。

第2章　移动性管理

2.1　概　　述

为了增强用户体验，解决移动节点因通信中断所造成的连续性问题，国际标准化组织的国际电信联盟电信标准分局(International Telecommunication Union-Telecommunication Standardization Sector, ITU-T)、国际互联网工程任务组(the Internet Engineering Task Force, IETF)、3GPP、欧洲电信标准化协会(European Telecommunications Standards Institute, ETSI)、移动无线互联网论坛(Mobile Wireless Internet Forum, MWIF)等根据各自领域从不同的角度提出了相关的标准和要求。随着网络的发展，移动终端的种类越来越多，移动需求也越来越多。传统的移动性管理，不受位置和访问技术变化的影响，独立于网络服务接入点(access point, AP)的变化，具有持续提供通信服务的能力。

因此，移动通信网络的移动性管理主要用于确保终端服务无障碍沟通，以及当移动终端移动时，保证沟通和用户获取的服务不会受这些变化的影响。与传统的移动性管理相比，它主要关注位置管理和转移管理，但在移动通信网络中，转移时也需要考虑上下文管理[24]。

移动性管理分类会因为原则不同而有所区别。

(1)根据支持的程度，移动性管理可分为无缝移动、游牧移动和漫游。无缝移动意味着，当接入点由于用户的移动而发生变化时，当前的通信不会中断，仍然可以保持与网络的连接。在游牧移动中，当接入点发生变化时，不需要保持与网络的连接，用户服务会话将完全完成并重新启动。漫游意味着，用户在离开本地网络后，仍然可以根据用户和服务属性使用访问网络提供的访问功能和通信功能，从技术角度上来说，漫游与游牧移动差别在于，漫游重视控制由网络变化和通信服务环境改变对用户服务的影响。

(2)根据移动支持的目的，移动性管理可分为终端移动性、个人移动性、服务移动性、会话移动性和网络移动性。其中，终端移动性是根据在交换网络接入点时移动节点进行通信的能力定义的。根据实施移动性的主要支持者划分为边缘移动性和主机移动性。边缘移动性，是指网络将数据路由到移动节点的当前接入点。主机移动性，是指在没有网络协助的情况下移动节点本身以主动获取数据流。前者的技术典型如蜂窝网的域内移动性管理和基于网络的本地移动性管理(network-based localized mobility management，NetLMM)；后者则以移动 IP 和主机身份协议(host identity protocol，HIP)为典型。个人移动性包括通信的可访问性和服务的个性化。实现无障碍沟通的关键是将用户看作实现通信可达性的重点，为每个用户配置独特的身份标识并与特定领域或特定终端进行动态的映射。服务移动性的实现需要用户的个人信息和服务属性随着用户移动，从而使用户获得一致的、定制的服务。会话移动性侧重于垂直传输(在异构网络环境中的传输)和多接口终端的连接管理。将一组节点组成的互联网进行移动则属于网络移动性。

(3)根据移动性的范围，移动性管理可分为接入网内、接入网间和网间移动性。三者根据用户在网络的移动范围进行分类。

(4)根据不同类型的无线移动网络，按有、无基础设施进行无线移动网络的移动管理分类。

2.1.1　移动性管理模型及基本功能

图 2.1 展示了一个移动性管理协议参考模型。协议参考模型包括三个层：传输平面(数据平面)、控制平面和管理平面。从协议的角度分析该协议的传输平面，其涉及物理层、链路层、网络层、传输层和应用层。该协议的控制

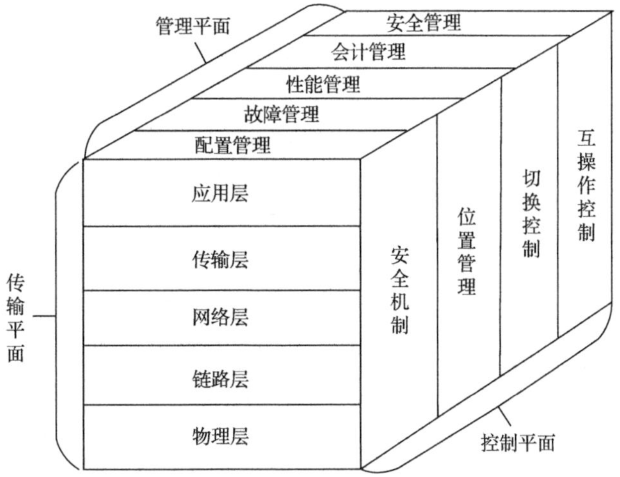

图 2.1　移动性管理协议参考模型

平面从功能的角度分析应有四部分：安全机制、位置管理、切换控制和互操作控制。而管理层应分为配置管理、故障管理、性能管理、会计管理和安全管理等功能。

1. 传输平面的基本功能

移动性管理的传输平面划分与传统协议相同，物理层、链路层、网络层、传输层和应用层包含在移动性管理的传输平面中；物理层实现了移动性管理物理信号检测的相关功能，物理层用于优化移动性管理的功能。其他层有支持移动性的典型协议，网络层独立于底层协议，物理传输介质提供终端和网络移动性。传输层独立于网络基础设施，提供端到端的移动支持。应用层则支持终端移动性、个人移动性、会话移动性和服务移动性。图 2.2 显示了处理每个层的移动性及其作用范围的协议。在接下来的两小节中，将分别按层选择、分析和介绍典型技术。

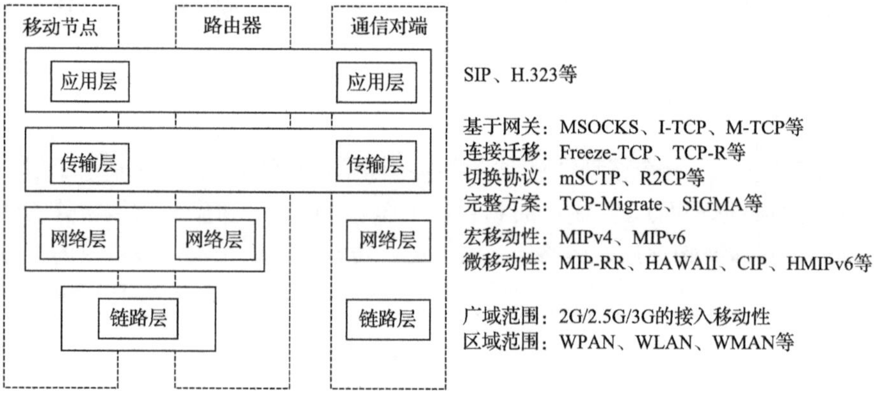

图 2.2　各协议层的移动性管理技术

SIP：session initiation protocol，会话发起协议；MSOCKS：mobile protocol for sessions traversal across firewall securely，移动防火墙安全会话转换协议；I-TCP：indirect transmission control protocol，间接传输控制协议；M-TCP：transmission control protocol for mobile cellular networks，移动蜂窝网络传输控制协议；Freeze-TCP：freeze transmission control protocol，冻结传输控制协议；TCP-R：robust transmission control protocol，鲁棒性传输控制协议；mSCTP：mobile stream control transmission protocol，移动流控制传输协议；R2CP：radio-router control protocol，无线路由器控制协议；TCP-Migrate：transmission control protocol migrate，迁移传输控制协议；SIGMA：SIGMA 协议；MIPv4：mobile internet protocol version 4，移动互联网协议第 4 版本；MIPv6：mobile internet protocol version 6，移动互联网协议第 6 版本；MIP-RR：mobile internet protocol regional registration，移动 IP 区域性注册协议；HAWAII：HAWAII 协议；CIP：common industrial protocol，通用工业协议；HMIPv6：hierarchical mobile internet protocol version 6，层次化移动互联网协议第 6 版本；WPAN：wireless personal area network，无线个人局域网；WMAN：wireless metropolitan area network，无线城域网

2. 控制平面的基本功能

下面将按照安全机制、位置管理、切换控制和互操作控制的顺序介绍移动性管理控制平面的基本功能。

1) 安全机制

不可否认，数据安全保障、注册和认证管理、信令消息完整性及移动服务这四个主要功能组成了移动性管理技术的安全机制。现有的大多数技术只提供以下功能：记录和认证管理、负责管理认证和授权及服务属性的管理。认证和授权功能被划分为：对用户/终端连入网络的认证和授权，以及在服务使用期间对服务的认证和授权，其中涉及移动安全相关问题。认证负责验证和确认移动目标的身份，授权负责验证和确认移动目标是否有权使用所请求的访问或服务。

2) 位置管理

位置管理包括位置更新和位置搜索，可执行追踪、储存、检索和移动目标位置信息的更新。其中，追踪是移动目标对系统的位置变化；检索是指系统寻找移动目标位置的过程。位置储存管理需要支持位置数据库，数据库采用分层、树状或中央数据库结构，主要以更新消息开销、更新延迟、寻呼信令开销等为性能评估参数。各种场地管理方案必须在位置更新和位置查找中取得平衡，但由于该难度为非确定性多项式(non-deterministic polynomial, NP)难，所以很难做到。两者的比较如表 2.1 所示。

表 2.1　位置更新与位置查找的比较

位置管理功能	发起方	开销	开销与位置区大小关系
位置更新	移动节点	更新消息、占用信道资源、增加系统和位置数据库的负载、处理时延	位置区设置越大，开销越少
位置查找	网络	寻呼信令开销	位置区设置越小，开销越少

3) 切换控制

传输控制在接入点移动过程中发生变化时仍允许通信会话连续，即当前接入点对访问服务的转移，该接入点具有确定转移标准、切换对资源的分配方式和控制方式的功能。通常使用切换成功率、掉话率、新呼叫阻塞率、平均切换次数、切换时延、强制中断率等参数对切换控制进行评估，切换控制一直是移动性管理的重要研究内容。目前，蜂窝网络中的切换控制技术更成熟。在未来无处不在的网络环境是不均匀的，除了内部的切换控制外，也应包括网际之间、运营商和用户之间的切换控制。从不同的视角进行分类，会使转移出现许多不同的分类方法，根据网络的范围，可以分为网络内传输和网络间传输；根据所涉及的技术是否相似，可以分为水平传输(或系统内传输)和垂直传输(或系统间传输)；从性能的角度来看，可分为快速切换、平滑切换和无缝切换；根据转移的需要，可以分为强制转移和非强制转移；根据用户控制在切换中是否被授权，分为主动切换和被动切换。

4)互操作控制

互操作控制是指未来移动性管理技术所特有的且与控制平面中其他功能相关的控制功能。互操作控制包括两个方面：一方面是面对异质性造成差异的接入技术，如安全上下文映射中接入认证、业务上下文映射及终端能力适配等；另一方面是将多层设计思想应用于移动管理，包括耦合不同层的移动支持方案，以层间的信息交互实现功能和性能优化。

3. 管理平面的基本功能

图 2.3 为移动性管理的网络参考模型及其功能实体，图中涉及四种负责移动性管理的功能实体：移动性管理服务器(包括数据库)、接入点、域移动控制器和移动性管理协议。该图将通信网分成访问(外地)网络与归属(家乡)网络两类。

1)移动性管理服务器

移动性管理服务器提供相应的移动管理功能，包括一个注册认证服务器和一个位置管理服务器。注册认证服务器记录认证注册信息(包括网络业务接入认证和认证服务)和业务属性等，并可单独实现。位置管理服务器记录、更新、搜索和删除用户当前的位置信息，访问网络的服务器中只存储临时登录信息，即用户离开网络时删除信息；而归属网络中的服务器会存储信息(半永久)，并和访问网络的服务器通信，定位用户的访问网络，以便及时更新用户的位置信息。

2)接入点

负责提供连接通道、地址和号码的适配职能，并有相关切换控制功能的节点称为接入点，例如在蜂窝网络和 WLAN 中，接入点分别为基站和天线访问点。当用户的移动导致接入点服务区域更改时，就会发生切换控制。

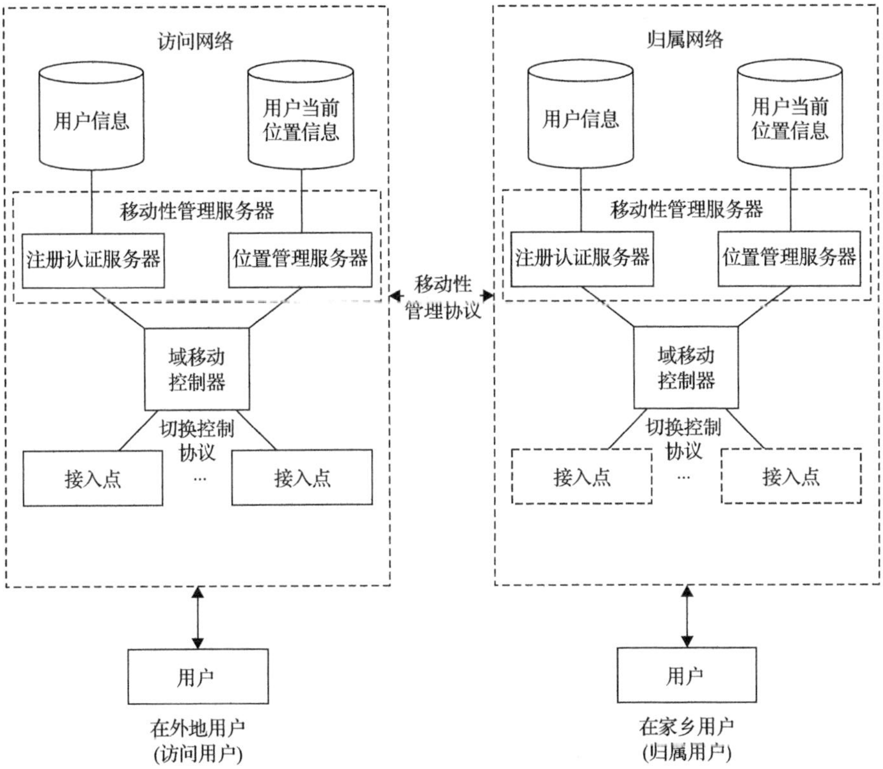

图 2.3　移动性管理的网络参考模型及其功能实体

3）域移动控制器

域移动控制器主要负责控制：接入点之间切换，如域内和域间；跨域网关功能，例如，在访问网络和家乡网络之间提供移动记录管理信息和位置信息，如蜂窝网络、MIP（移动 IP）的归属代理和访问代理。

4）移动性管理协议

移动性管理协议主要分为注册管理协议、位置管理协议、切换控制协议和互操作性控制协议四类，实现功能实体之间的相互通信，达到身份验证、信息交换、控制和其他功能。

2.1.2　移动性上下文管理

终端对移动通信网的访问需要一系列如访问控制、身份验证授权等过程，网络为终端创造了一个移动环境，包括终端标识符、终端临时标识符、终端安全上下文、终端移动状态上下文和终端连接状态上下文。终端标识符是一个永久标识符，可用于搜索终端所订阅的数据。而终端临时标识符是根据签名用户的身份在网络移动性管理节点管理下分配的，可以在索引终端的移动性上下文中使用。身份认证的存储、保护完整性和加密安全参数是终端安全上下文的主要内容。终端移动状态上下文主要用于记录终端当前的移动状态。终端连接状态上下文用于记录终端当前的连接状态。在长期演进技术网络中，所有终端都使用统一状态机，终端的移动状态分为记录状态和停用状态，终端的连接状态分为连接状态和静止状态。用户终端(user equipment，UE)进入演进的分组系统移动性管理(EPS(evolved packet system) mobility management state, EMM)注册状态代表UE的附着请求被网络成功接收；当UE退出网络时，UE进入EMM注销状态。当UE注册了不可访问层(non-access stratum，NAS)连接时，其中包括连接无线资源控制(radio resource control，RRC)和S1信令逻辑连接，NAS进入ECM(EPS connection management，EPS连接管理)-Connected状态，对应的UE的RRC层进入RRC-Connected状态；当NAS连接被释放时，NAS进入ECM-Idle状态，RRC层进入RRC-Idle状态。在5G网络的研究中，虽然可能不需要使用终端的类型、移动性特征等状态，但要确定终端定义统一的状态机。

2.1.3 位置管理

位置管理的目的是跟踪终端的位置，以保证业务可达性，主要包括位置区域管理、位置查询(寻呼)及终端可达性管理。下面将分别对其进行介绍。

1. 位置区域管理

位置区域管理的功能是使网络能够跟踪终端的位置。在不同的移动通信网络中，终端定位区域的大小是不同的。在全球移动通信系统(global system for mobile communications，GSM)中，终端的位置区域是根据位置区域的粒度来管理的。位置区域内含多个蜂窝小区，相互之间不重叠，而位置区域由访问位置寄存器(visitor location register，VLR)管理。VLR具有位置属性，该属性通常位于移动交换中心(mobile switching center，MSC)中，用于管理固定位置区域。当终端离开当前终端进入新位置区域时，终端必须启动VLR在新位置区域中进行位置更新操作。如果接收位置更新请求的

VLR 是新的 VLR，那么新的 VLR 必须向归属位置寄存器(home location register，HLR)发送位置更新请求，旧的 VLR 在收到 HLR 请求后通知删除位置。

UMTS 网络承载着电路交换(circuit switch，CS)域和分组交换(packet switch，PS)域，CS 域仍然是典型的基于粒度控制的，PS 域终端位置的管理根据路由区域(routing area，RA)粒度进行。与位置区域类似，RA 也包括一个或多个蜂窝小区，两者之间是多对一的关系，即位置区域中有一个或多个 RA。服务 GPRS 支持节点(serving GPRS support node，SGSN)管理终端所在的 RA，而位置区域由 VLR 管理。当终端离开活动 RA 并进入新 RA 时，它必须启动一个进程，以更新新的 RA 到 SGSN 的 RA。如果随后收到位置更新请求的 SGSN 是一个新的 SGSN，则新的 SGSN 将向 HLR 发送一个位置更新请求，HLR 将在收到位置更新请求后向旧的 SGSN 发出位置删除请求。如果终端同时退出活动 RA 和活动 LA，则终端必须启动联合 RA/LA 更新。在收到请求后，SGSN 应更新请求的 VLR，当 VLR 发生变化时，还需要在 HLR 中记录 VLR 的更新。

与 GSM 和 UMTS 网络相比，LTE 网络中的位置区域管理发生了变化。首先，终端定位区域最多由 16 个跟踪区域(tracking area，TA)组成，由跟踪区域标识(tracking area identity，TAI)进行表示，其中覆盖多个蜂窝小区。移动管理节点(mobility management entity，MME)功能根据终端的当前位置和网络策略分配监控区域列表，因此可以将不同的 TAI 列表分别包含同一 TA 中的不同终端。当移动终端在 TAI 区域内移动时，没有必要申请并网更新请求，但是如果在移动终端列表中注明移出 TAI 区域，则需要激活跟踪区域更新(tracking area update，TAU)过程。在收到 TAU 的请求后，MME 会在终端重新分发一个新的 TAI 列表。如果是新的 MME 接收了 TAU 请求，则 MME 必须向归属签约用户服务器(home subscriber server，HSS)发送一个更新的请求，HSS 收到请求后，会要求之前的 MME 删除旧的位置。

2. 寻呼

在移动通信网络中，寻呼的目的是和尚未与网络建立通信连接的终端进行消息传递，通过该方式找到终端的确切位置，进行通信并重新建立与终端的连接。寻呼服务通常利用广播在该终端所在的区域进行呼叫，当终端接收到来自网络的呼叫时，与终端的通信连接恢复并执行流量传输。

在 GSM 网络中，MSC 依次在终端所在的位置区域、相同位置区域二次寻呼/终端的签约用户标识进行寻呼，直至找到该终端。

在UMTS网络的PS域中，SGSN负责在终端所在的RA启动寻呼操作。在指定的时间，SGSN 确定寻呼失败，则再次启动寻呼，直到呼叫成功或达到最大重复寻呼次数为止。

LTE 网络在分配给终端的 TAI 列表所覆盖的区域中进行寻呼，由 MME 发起的寻呼操作，如果未接收到响应，则确定寻呼失败。在指定的时间内再次启动寻呼，直到呼叫成功或达到最大值为止。当 MME 为终端分配 TAI 列表时，需注意寻呼的开销与寻呼区域的大小密切相关，即 TAI 列表覆盖的区域需要对寻呼的开销和 TAU 频率之间进行权衡。

3GPP 在 SG(signaling gateway，信令网关)网络的研究中，提出了仅移动发起的通信(mobile initiated communication only，MICO)模型的终端，该模式下的终端不会得到网络分配 TAI 列表，因为这种模式下的终端不监听下行链路的寻呼，当网络找不到终端时，与网络断开连接后的位置终端将无法被呼叫。此外，3GPP 还提供了一种无线接入网(radio access network，RAN)寻呼机制，RAN 节点收到信令或下行数据，然后由其本身向网络发起 RAN 级别的寻呼。RAN 节点自己分配 RAN 的寻呼区域，但不能脱离核心网分配的寻呼范围，当 RAN 级别的寻呼区域不再包含终端时，RAN 要根据消息对寻呼区域重新分配；为了不浪费网络资源，导致寻呼消息丢失，当 RAN 节点无法在指定的寻呼区域内进行寻呼时，需要取消使用该机制并通知核心网络激活用户连接。

3. 终端可达性管理

在移动通信网络中，为了确保系统的容量并节省终端的功率，终端可以在不进行数据传输的情况下与网络断开连接。在网络覆盖范围内，有必要定期在网络和终端之间执行可访问性检测，确定此类终端是否移出了范围，也就是定期向网络发送请求消息，一旦网络接收到这些请求消息就确认终端可用。

首先需要依靠 UE 和 MME 确定 TAU 的周期长度。当确实发生连接断开的问题时，二者分别以协商确定的周期启动计时器，UE 启动周期性 TAU

计时器，MME 启动移动可达计时器。二者对计时器超时的处理不同，当 UE 发生超时时，UE 发起周期性 TAU 过程，MME 收到周期性 TAU 请求后，停止移动可达计时器。如果 MME 在超时前都没有收到 TAU 请求，则 MME 认为其不可达，不进行下行寻呼，并为了进行隐式去附着定时启动隐式去附着计时器。

2.1.4 移动通信网络中的切换管理

移动通信网络中的切换管理主要是为了保证终端在移动时的用户体验，使服务连续，根据数据传输过程中分组是否丢失而分为有缝传输和无缝传输。在未来的移动通信网络中，特别是异构访问的网络中，不同于在传统的移动通信网络中的主动服务切换，切换也可以由主机自主地或在网络的推动下发起。

切换过程分为切换准备和切换执行两个阶段，第一个阶段用于选择目标基站，第二个阶段用于切换数据信道。切换执行有时也细分为两个传输执行阶段，分别对应于目标基站的无线访问和更新核心网络的数据传输通道。

2.1.5 典型移动性管理技术分析

1. 链路层移动性管理技术

链路层移动性管理技术包括：无线个人局域网（wireless personal area network，WPAN）、WLAN、无线城域网（wireless metropolitan area network，WMAN）（WMAN 中的 IEEE 802.16d 在缺少如位置管理和切换控制之类功能的情况下归入简单的链路层移动性管理技术，IEEE 802.16e 本质上是一种移动通信系统，即 WiMAX）和无线广域网（wireless wide area network，WWAN）（电信网络，通常是蜂窝移动通信系统）。WPAN 和 WLAN 仅具有非常有限的移动通信能力（分别约为 10m 和 300m），WMAN（如 IEEE 802.16d）是一种简单而廉价的移动性管理技术，应用于在大城市区域（如 1～50km）提供区域覆盖和对移动通信的移动访问，WWAN 可以提供广泛的移动通信，蜂窝移动通信网络是其典型代表。蜂窝移动通信系统的功能分层模型如图 2.4 所示。就协议而言，它包括一个接入层和一个非接入层。接入层的主要功能是实现对无线信道的共享，需要无线访问设备参与处理；非接入层的主要功能是移动终端和核心网络处理，不需要无线访问设备的参与，包括连接

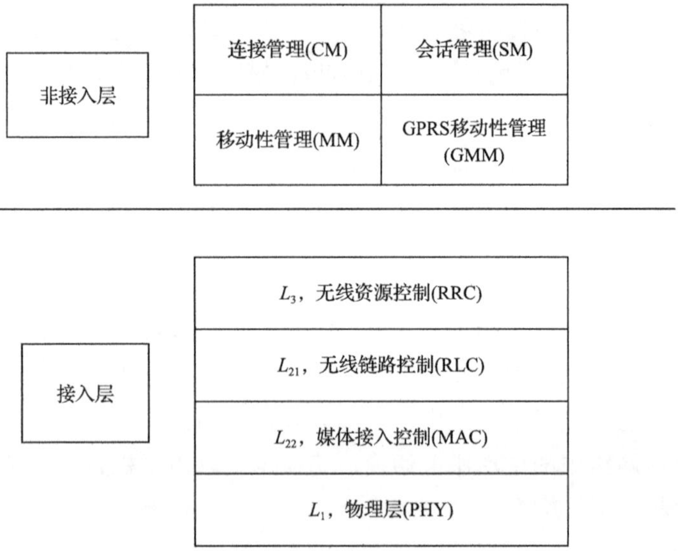

图 2.4　蜂窝移动通信系统的功能分层模型

管理(connection management，CM)、会话管理(session management，SM)、移动性管理(mobility management，MM)和 GPRS 移动性管理(GPRS mobility management，GMM)。GMM 管理分组域中的移动性功能，而 MM 负责电路域的移动性管理。移动性管理功能的实现主要涉及单元一般为移动台。

若以网络参考模型的各个部分来划分蜂窝移动通信网络的归属网络和访问网络，基站子系统(base station subsystem，BSS)应划分为接入点，MSC/GMSC(gateway mobile switching center，网关移动交换中心)为域运动控制器，HLR 和设备标识寄存器(equipment identity register，EIR)构成注册服务器，而定位服务器由注册服务器和 VLR 构成，其中定位服务器具有两级定位数据库结构。

根据协议参考模型，蜂窝移动通信系统的移动性管理在基础的两层上，即链路层和物理层(主要是无线信号的测量)，表 2.2 列出了控制平面具有的功能。

表 2.2　控制平面具有的功能

控制功能	技术要点
安全机制	移动站的 SIM(用户识别)卡和 AUC(鉴权中心)之间的信令交互提供了身份验证和加密功能。身份验证过程主要包括移动台(mobile station，MS)(SIM 卡)、HLR / AUC 和 MSC / VLR，SIM 卡存储用户身份验证和加密信息，而 AUC 存储用户身份验证信息和加密密钥

续表

控制功能	技术要点
位置管理	采用 HLR 和 VLR 两层位置数据库结构，实现移动台位置信息的管理；MS(SIM 卡)中存储移动用户的位置信息；具有位置更新和寻呼功能
切换控制	自动链路转移(automatic link transfer，ALT)。根据传输原因，传输类型可以是紧急传输、边缘传输或流量传输；根据传输过程中涉及的网络覆盖范围，也可分为基站控制器(base station controller，BSC)传输、MSC/VLR 传输(BSC 之间)和 MSC/VLR 传输；传输类型包括硬传输和软传输，具体取决于在传输过程中通道最初是否断开连接

蜂窝移动通信系统不断得到改善，随着网络结构的发展，虽然移动性管理的实现略有不同，但管理能力得到了增强，图 2.5 从网络结构和移动性管理两个方面展示了 3GPP 标准每个版本的网络的特点。图中相关概念如下：

(1) 移动锚点(mobility anchor point，MAP)，本质上是网络中的一种特殊路由器，它向移动节点提供类似于本地代理的服务，可以指定多个路由器。

(2) 无线网络控制器(radio network controller，RNC)，是第三代(3G)无线网络中的主要网元，是接入网络的组成部分，负责移动性管理、呼叫处理、链路管理和移交机制。

(3) 异步传输模式(asynchronous transfer mode，ATM)，是一种面向连接的技术，是一种为支持宽带综合业务网而专门开发的新技术，它与现在的电路交换无任何衔接。当发送端想要和接收端通信时，它通过 UNI(user network interface，用户网络接口)发送一个要求建立连接的控制信号。接收端通过网络收到该控制信号并同意建立连接后，一个虚拟线路就会被建立。

(4) 宽带码分多址(wideband code division multiple access，WCDMA)，是一种利用码分多址复用方法扩频 3G 移动通信的空中接口。

(5) 频分双工(frequency division duplexing，FDD)，是指上行链路(移动台到基站)和下行链路(基站到移动台)采用两个分开的频率(有一定频率间隔要求)工作，该模式工作在对称频带上。FDD 适用于为每个用户提供单个无线频率信道的无线通信系统。

(6) 时分同步码分多址(time division-synchronous code division multiple access，TD-SCDMA)。

(7) IP 多媒体子系统(IP multimedia subsystem，IMS)，是核心网的业务域，与 PS(分组交换域)、CS(电路交换域)处于同一层次。

(8) 会话发起协议(SIP)，是 IP 网络进行呼叫控制的协议之一，由 RFC

3261 定义，类似 HTTP，协议的内容是文本型。SIP 设备采用 C/S(客户端/服务器)模型交互，比较简单。

(9)高速下行分组接入(high speed downlink packet access，HSDPA)。

(10)多媒体广播多播业务(multimedia broadcast multicast service，MBMS)。

(11)UMTS 陆地无线接入网(UMTS terrestrial radio access network，UTRAN)。

(12)多输入多输出(multiple-input multiple-output，MIMO)。

(13)验证、授权和记账(authentication authorization accounting，AAA)，是一个能够处理用户访问请求的服务器程序，提供验证授权以及账户服务，主要目的是管理用户访问网络服务器，对具有访问权的用户提供服务。

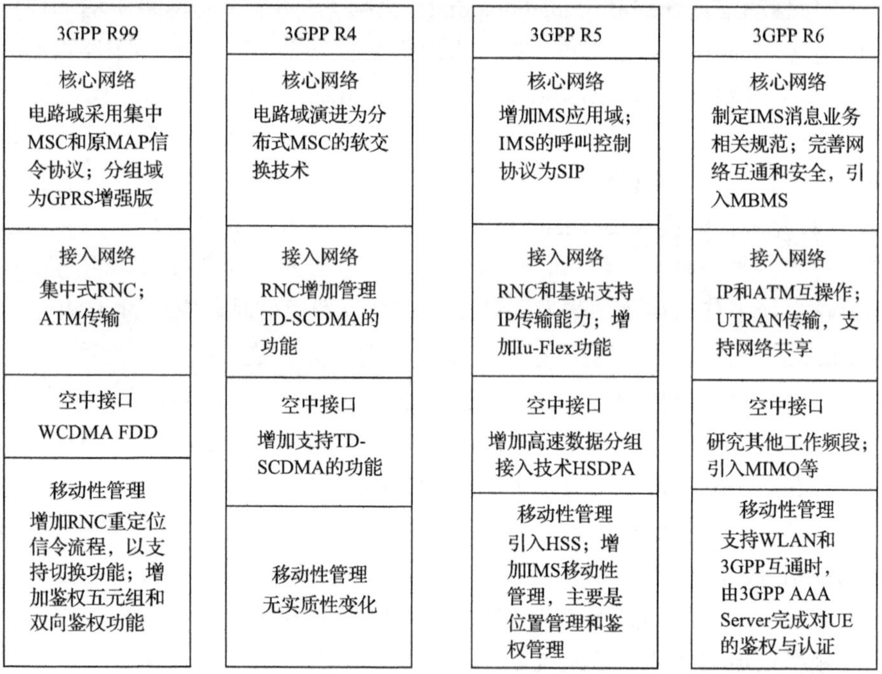

图 2.5　3GPP 标准各版本网络结构和移动性管理的主要特征

2. 网络层移动性管理技术

MIP 主要包括 MIPv4 和 MIPv6，是一种支持 IP 网络节点移动性的技术，使移动节点在保持通信而无须更改地址的情况下更改其接入点，即在不同网段之间漫游。在移动 MIPv4 协议的情况下，移动节点、家乡代理(home agent，HA)和外地代理(foreign agent，FA)被重新定义。其中 HA 具有与网络参考模型相对应的移动控制器、注册服务器和位置服务器的功能，FA 是域移动控制器。HA 和 FA 均需维持与 MN 相关的记录，例如，蜂窝网络中的本地 HLR 数据库和 VLR 访问数据库。

MIP 是一种独立于链路层协议和物理传输介质的传输层上管理网络层节点的移动性技术，提供透明(对上层而言)的移动性。从控制平面的角度来看，MIP 具有如记录管理、有限的位置管理(具有位置更新，但不可寻呼)和有限的切换控制等功能，如表 2.3 所示。

表 2.3　MIP 的移动性控制功能技术要点

控制功能	技术要点
安全机制	提供网络节点间的安全连接
位置管理	家乡代理缓存移动节点的家乡地址和服务地址的链接信息，并存储移动节点的位置信息；MIP 的位置管理主要通过移动节点的位置注册或链接更新机制来实现，标准 MIP 没有定义寻呼功能，MIP 的扩展方案可以支持 IP 寻呼，实现位置查找功能
切换控制	两个不同子网之间的切换，主要切换方式包括快速切换、平滑切换和无缝切换

为了减少由 MIP 和链路层协议(连接中断时间)的独立性而导致的注册和传输时延，出现了各种改进的交换技术，如 MIPv4 的低时延交换技术、MIPv6 的快速切换技术(预切换、隧道切换)、平滑切换等。

MIP 适用于移动对象的大规模移动管理(称为宏观移动管理技术)，但是其在传输时延和高丢失率方面存在重大缺陷。为此，学术界已经引入位置管理和区域寻呼概念以提高移动性管理的效率，并且已经引入微移动性管理技术。其提供的服务包括分层 MIP、蜂窝 IP 等方案，使用标准 MIP 的宏观管理可确保全球漫游兼容性，但是，本地可以根据实际情况使用不同的技术优化局部移动性管理。

3. 传输层移动性管理技术

SCTP(流控制传输协议)是 IETF 在 RFC 2960 中新定义的通用数据包传输协议。它具有 TCP 中拥塞和流量控制的机制，并具有许多新特性，如家乡性、多流性、面向消息传输、选择性确认等，可以为上层提供可靠的传输服务。mSCTP 是加入了动态地址重配置(dynamic address reconfiguration,

DAR)的扩展的 SCTP，由于扩展了多个特性，mSCTP 已成为支持传输层移动性的典型协议。mSCTP 上的内容完全反映了端到端的概念，即移动功能实体不需要网络基础结构的支持，仅具有通信终端。

从控制平面分析，mSCTP 具有安全机制，但无位置管理功能，传输控制由多家乡性和 DAR 扩展提供，如表 2.4 所示，mSCTP 必须结合其他技术来提供位置管理功能，在使用 mSCTP 实现无缝切换前，需要利用 SIP、MIP 等确定并建立移动终端的位置。

表 2.4　mSCTP 的移动性控制功能技术要点

控制功能	技术要点
安全机制	拥有 TLS(传输层安全性协议)/SCTP、SCTP/IPSec、S-SCTP(安全流控制传输协议)等安全机制，这些安全机制能够提供对关键数据保密性、注册认证管理和信令消息完整性的支持
位置管理	无，需要与其他技术结合才能实现位置管理功能
切换控制	多个位置或 mSCTP 端点可以具有多个 IP 地址，并且 mSCTP 选择一个地址作为主要地址。动态地址重新配置扩展是指一旦建立关联，便可以添加、删除和动态更改主地址。在移动过程中，将第一个新获得的 IP 地址添加为备用地址，并且其他移动将地址替换为主地址。之后，旧的不可用地址将被动态删除以进行切换

4. *应用层移动性管理技术*

原本 SIP 是作为用于多媒体会话的应用层控制协议而提出的，用于控制会话性能的建立、终止和协商，包括用户代理(user agent，UA)和 SIP 服务器(包括代理服务器、重定向服务器、位置服务器、注册服务器等)。借助 SIP 本身的架构对其进行扩展形成的则是移动性管理协议。

SIP 可以在用户的公共身份和当前 IP 地址之间建立连接，用户可以在任何支持 SIP 的终端(个人计算机、移动电话)上注册，该功能支持用户发现和移动性。当目标移动到新的网络时，位置信息将由记录服务器通过 SIP 注册消息在位置服务器上进行更新，位置服务器存储并向用户返回可能的位置信息；当对象移动时，代理服务器使用更新后的位置信息。根据上述移动性管理协议参考模型，从传输平面角度看，SIP 是应用层协议；而从控制平面来说，它具有安全机制、位置管理和部分切换控制功能。SIP 可以与 mSCTP 和蜂窝 MIP 结合使用以实现更好的传输控制。

扩展的 SIP 之所以成为应用层移动性管理协议的典型代表，是因为其在某种程度上允许个人、会话和服务移动性。

3GPP 提供的 IP 多媒体子系统结构就使用基于 SIP 的记录和会话命令。SIP 代理服务器和注册服务器的位置管理功能由 IP 多媒体子系统的 CSCF(呼叫会话控制功能)实现，通过在应用层基于 SIP 消息切换实现 IP 多媒体子系统的切换功能。

应该注意的是，虽然以上移动性管理技术在不同协议层中实现了不同部分控制平面的功能。例如，mSCTP 仅在传输层具有安全机制和切换控制功能，而没有进行位置管理；SIP 的安全机制和位置管理功能仅存在于应用层，同时切换控制功能非常有限，因此可以对现有的移动性管理技术进行组合以达到更好的效果。

2.2　集中式移动性管理

集中式移动性管理(centralized mobility management，CMM)的定义如下：将移动节点的位置和会话信息存储在移动锚点的逻辑实体中，该逻辑实体根据节点网络的变化及时更新移动节点的最新位置信息。如果移动节点进行了网络切换，则首先必须将所有发送到网络中移动节点的数据包都传输到移动锚点，该移动锚点将数据包转发到移动节点。CMM 架构如图 2.6 所示，其中 AR 为接入路由。

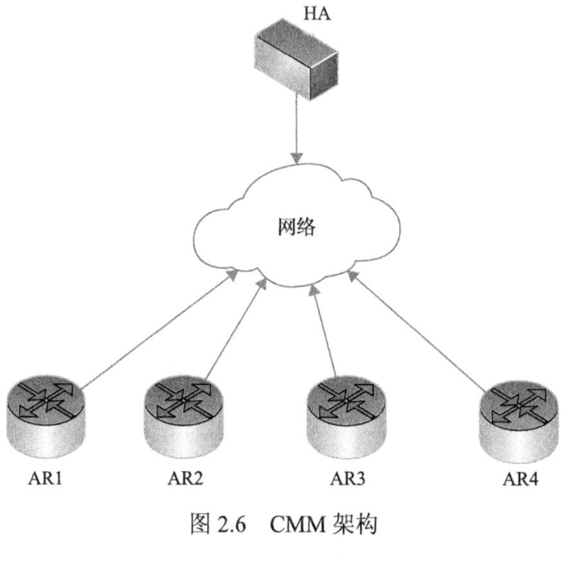

图 2.6　CMM 架构

1. 集中式移动性管理的优点

(1)在 CMM 中，只有一个收集所有信令的集中控制器家乡代理，减少了实现同步所需要的信令交互。

(2)在 CMM 中，移动节点和通信对端由家乡代理来做决策，中心控制器来做完全控制，可以实现全局最优。

2. 集中式移动性管理的缺点

(1)路由方式受限。例如，在服务器位于网络边缘时，传输信息仍然首先要经过集中控制器，这会增加服务器的传输时延，也会造成核心网的负荷过重，容易形成三角路由问题。

(2)集中式网络架构缺陷。无法随着数据传输业务的增长对集中式网络架构进行升级，将来集中控制器的节点将面临严峻的考验。

(3)扩展性差。所有的分组都要经过集中控制器的方式势必导致集中控制器达到服务能力的上限，它所能服务的用户也将是有限的。

(4)鲁棒性不佳。当中心控制器受损时，所有的用户都会受到影响。

2.3　分布式移动性管理

IETF 标准组织的分布式移动性管理(distributed mobility management，DMM)工作组以分布式的解决方案来解决单点故障和三角路由缺陷。为了解决集中式性能瓶颈，DMM 通过部署多个锚点，缩短传输距离使用户的边缘更易收到数据，提升网络带宽利用率和系统性能。

在 DMM 体系结构中，数据平面是分布式的，因此 DMM 可以通过在网络边缘部署移动锚点来对核心网络的流量去负载。此外，DMM 可根据需要提供灵活的移动性支持，数据流可以在不同的网络实体之间平均分配，从而避免了流量拥塞的形成，有效地利用带宽资源。下面将介绍一种分布式移动性管理方案：迁移家乡代理(migrating home agent，MHA)。

1. 迁移家乡代理

迁移家乡代理协议是 MIP 的扩展，在初始 MIP 中，每个移动节点都有唯一的分配代理，移动节点与相对的通信节点(correspondent node，CN)之间的距离越来越近，但是移动节点与分配代理之间的距离越来越远，这是因为所有数据都是通过分配代理经过双向隧道传输的，在一定程度上有效解决了三角路由问题。

迁移家乡代理传输时，当移动节点从一个访问网络切换到另一个访问网络时，首先使用选择机制来搜索分配代理：由于代理为分布式部署，所以通常最接近移动节点的分配代理首先响应，即将其认作该节点的最新分配代理。然后，移动节点将绑定更新(binding update，BU)信令消息发送到归属代理，该归属代理在分配代理被处理并创建之后响应该移动节点的绑定更新消息。同时，分配代理还必须向分配代理的其他移动节点指示最近的位置，以完成它们之间的信息交换。移动节点再次移动，新的代理会截获与移动节点关联的所有数据包，并通过隧道将它们发送到旧的代理，可以根据不同的位置通过不同的路径进行传输，优化了路由选择。

使用分布式部署会导致数据同步出现问题，因此如果网络中存在很多移动节点或代理数量，将需要大量的通信来同步数据。此外，每个分配器不仅负责传统的数据包传输任务，还负责维护移动节点的信息，不仅导致分配器性能下降，而且影响有效沟通。

2. 其他改进协议

文献[25]提出了一种基于代理移动 IPv6(proxy mobile IPv6, PMIPv6)的分布式移动锚定(distributed mobility anchoring，DMA)系统，经典的集中式移动性管理中的锚定功能是分布式的，移动节点的锚点将不再唯一，有效地解决了单点失效的问题。

2.3.1　完全分布式移动性管理

完全分布式的移动性管理将分布式的方法同时应用在了控制层和数据层，不需要额外的实体，而是通过信令在不同的移动锚点之间传输节点信息。但同时该方案存在信令过载和无法进行路由优化的问题。

完全分布式的移动性管理方案包括多个路由器，其功能与移动锚点的功能相似，主要负责移动节点的路由和与节点相关联的位移的操作处理。程序是完全分布式的，数据层和程序控制层是分布式的，并且没有集中控制实体来管理整个网络中节点的移动性上下文信息。移动锚点希望获得有关移动节点的信息，信令询问节点有权访问的锚点是必需的。

完全分布式的移动性管理程序结构如图 2.7 所示，图中的虚线代表信令流，实线代表数据流，箭头是数据流的流向。

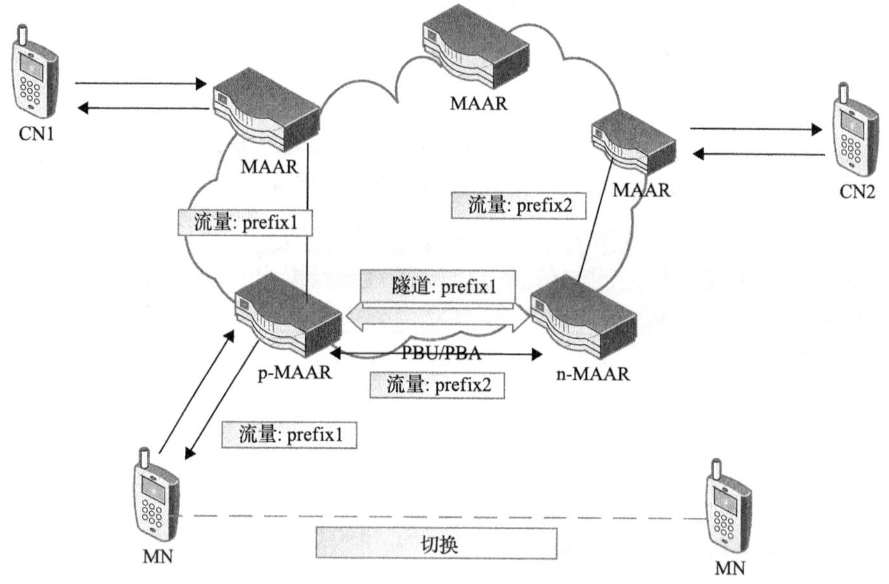

图 2.7 完全分布式移动性管理程序结构

MAAR：mobility anchor and access router，移动锚点接入路由器；p-MAAR：previous MAAR，原来的 MAAR；n-MAAR：new MAAR，新的 MAAR；PBU：proxy binding update，代理绑定更新；PBA：proxy binding acknowledgement，代理绑定确认

如图 2.7 所示，MN 最初访问的锚点为 p-MAAR，在定位点访问 MN 后，p-MAAR 将网络前缀 prefix1 分配给 MN。在那里，必须通过 p-MAAR 进行 MN 和 CN1 之间的通信：prefix1 从 p-MAAR 传输到 n-MAAR 之后，n-MAAR 为 MN 分配前缀 prefix2。经由 n-MAAR 发送更新/链接消息，确认在锚点 p-MAAR 处的位置更新节点的移动性上下文。

从图 2.7 中可以看出，目前 CN1 尚不知道 MN 离开了 p-MAAR，但是它正在向 p-MAAR 传输数据，也就是说，CN1 和 MN 之间的通信首先在主锚点的 p-MAAR 处，然后通过隧道在节点当前锚点的 n-MAAR 处，交换节点和 CN2 之间新启动的通信可以直接路由到 MN 的当前锚点 n-MAAR，再从 n-MAAR 传输到 MN，而不必经由主锚点重新传输。

从上述通信过程可以看出，要在节点的主锚点和当前锚点之间传输数据，有必要在节点的主锚点和节点之间建立双向隧道，当前的锚点需要额外的隧道成本。此外，随着节点的移动，隧道成本也会增加。

2.3.2　部分分布式移动性管理

不同于完全分布式的移动性，部分分布式移动性管理程序的所有控制层和数据层并不都是分布式的，其控制层是集中式的，而数据层是以分布式方式管理的。该程序引入了中央数据库来收集节点信息，要求移动性管理实体管理移动节点的上下文信息并存储该移动节点信息，如果网络通过更新/链接确认消息将相关信息链接到中央数据库记录节点，则需要锚定上下文信息以用于节点的移位并通过信令发送简单的中央数据库请求。锚点之间的信令减少了，因此比完全分布式移动性管理程序更有效。

部分分布式移动性管理也是基于 PMIPv6 的移动性管理，因此与其有许多共性，PMIPv6 作为集中式移动性管理协议的典型，要建立本地移动锚点(local mobility anchor, LMA)和移动访问网关间的双向隧道，通过隧道使移动访问网关接收上行链路数据;类似地，下行链路数据首先由 LMA 接收，然后由隧道分配给 MN 当前访问的移动访问网关，再发送给 MN。移动访问网关以代理绑定更新(proxy binding update, PBU)和代理绑定确认(proxy binding acknowledgement, PBA)消息协调本地移动锚点和移动访问网关之间的网络状态，以确认本地移动锚点能否访问移动访问网关。

移动访问网关的角色由锚定的 MAAR 代替，MAAR 成为实际的访问路由器，并负责将数据包从网络传输。当节点更改接入点时，它不会中断数据流，中央数据库取代 LMA 存储每个节点的信息，包括分配给该节点的所有前缀及该节点当前所在的 MAAR。另外，PMIPv6 中的扩展更新/链接确认消息允许中央数据库在切换发生之后发送指令，在不中断通信的情况下更新节点移动性上下文信息，以便将主锚点获得的数据传输到该节点的当前锚点。

图 2.8 是部分分布式移动管理的架构图，图中虚线和实线分别表示信令流和数据流，各个流的方向使用箭头进行表示。p-MAAR 作为 MN 的初始锚点。

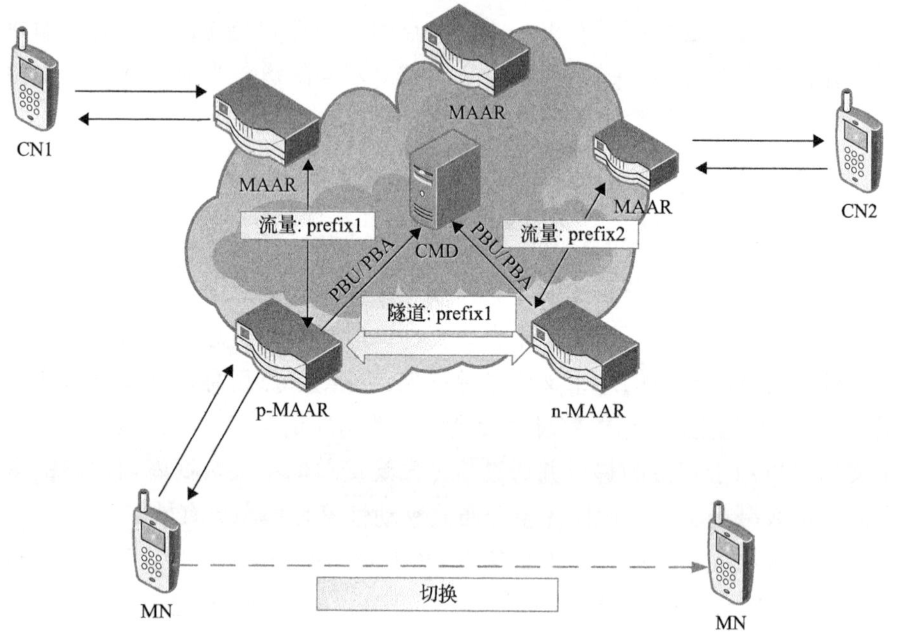

图 2.8　部分分布式移动管理的架构图

CMD：centralized management database，集中管理数据库

图 2.9 是部分分布式移动管理信令流程图，节点接入网和切换过程如下：首先发送路由器请求(router solicitation，RS)消息的 MN 向 MAAR1 请求访问网络，接收到 RS 消息后接入对 MN 的访问，MN 得到由 MAAR1 分配的前缀 prefix1，之后 MAAR1 通知中央数据库该访问信息并注册。MN 通过扩展 PBU/PBA 消息，并将包含 MAAR1 分配的网络前缀的中央数据库注册信息保存到 MN。由于 MN 是初始访问，所以中央数据库为 MN 创建一个新条目，以存储 MN 的实时位置信息和获得的网络前缀映射，然后 MAAR1 通过 RA 将网络前缀通知给 MN。此时，MN 成功访问网络，并通过 MAAR1 进行 CN 和 MN 之间的数据通信，如图 2.9 中前缀 prefix1 中的通信量所示。

如图 2.9 所示，MN 从 MAAR1 到 MAAR2 并重复之前的访问过程，当 MAAR2 从 MN 接收到 RS 消息时，MN 从它得到了一个新的网络地址前缀。PBU 消息发送给中央数据库，中央数据库更新 MN 数据库条目并更新当前 MN 接入点为 MAAR2。通过 PBU/PBA 消息，中央数据库指示已建立 MAAR1 和 MAAR2 中的双向隧道。该隧道用于将分配给主锚点的会话从

MAAR1 重定向到 MAAR2。但是，该隧道仅用于在切换之前建立的通信会话传输。前缀 prefix1 通过从 MAAR1 到 MAAR2 的隧道，但是如图 2.8 中的数据通信流量 prefix2 这样新创建的 MN 的通信不需要通过隧道和 MAAR1 直接传输到 MN。

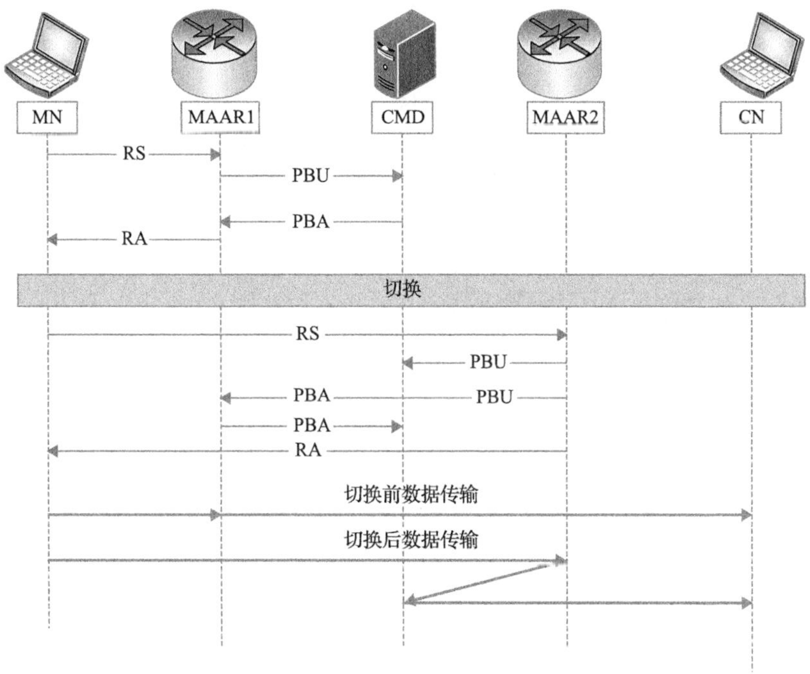

图 2.9　部分分布式移动管理信令流程图

上面的描述表明，数据层是在几个 MAAR 之间分布和传输的，控制层由中央数据库集中控制，因此该程序也称为部分分布式移动管理程序。

为 MN 分配一个新的 IPv6 前缀在部分分布式移动管理模式中的动态流量控制，每当 MN 移至新的 MAAR 时，MAAR 就会为其分配一个新的前缀，在该前提下通过 RA 消息，MN 创建了新会话，因此每个 MAAR 都有一个 IPv6 地址的单元。当 MN 进入其访问链接时，MAAR 会为 MN 分配一个地址。根据 MN 访问的 MAAR 的多少，MN 会得到一个或多个 IPv6 地址以锚定数据流于不同的 MAAR 上。MAAR 的地址数量过多会导致资源浪费，并且由于节点每次到达网络都必须为其分配地址，这就要求节点支持多个 IP 地址，但这很难实现，所以对该解决方案的应用部署造成困难。

2.4　车联网移动性管理

与传统的基于移动 IP 的移动性管理不同，车联网通信具有特殊性。传统的基于移动 IP 的移动性管理要求移动节点与基础设施之间具有直接连接，车联网并不对此加以约束。一方面，支持多跳路由的无线网络未能考虑节点的移动性；另一方面，由于道路拓扑和车载网络中车辆节点的移动速率明显高于移动网络，并且车载网络中节点的移动具有相对固定的移动方式。移动 ad hoc 网络中的“网络”不能直接应用于车载网络，由于车辆的特性，车联网移动性管理的性能将大大降低。

尽管无法将传统无线网络中的移动性管理策略直接用于车联网场景，但它可以反映出车联网中的移动性管理方法。文献[26]中使用移动节点的当前位置和速率信息进行预测，并强调了节点移动方式的重要性。本质上，车联网中的车辆具有相对固定的模式或运动规则，文献[27]中的移动 IP 网络环境提供了一种有效的方法来管理网络上 V2I 通信模式中的移动性。

文献[28]中关于自组织移动网络的研究重新定义了移动性管理概念，将移动性管理结合多跳网络与多跳路由策略。特别地，作为研究车联网通信模式的移动性管理基础理论，可将自组织移动网络的移动性管理和基于地理位置的路由协议管理的研究结果作为依据。

2.4.1　位置服务管理

位置是车联网中移动性管理的重要寻址依据，为了管理网络拓扑，每个节点需要有效地维护相关节点的位置信息，记录节点与节点的链接信息。其内容主要包括以下两个部分：

(1)位置更新，保证节点的位置时刻可追踪。

(2)位置检索，其他节点可随时获得想要进行通信的节点的位置信息。

位置信息的管理面临两个主要问题，即控制信息的过载和位置信息获取的延时。节点不仅必须发送数据信息，还必须发送命令信息以更新查找位置，当网络中的节点数较多时，命令信息会消耗大量有限的带宽资源。该节点在车联网中的位置变化非常频繁，并且在更新位置时，必须以最小的延时将位置信息传输到位置信息存储节点。当前，有许多移动性管理策略被提出来解决这些问题，主要分为基于洪泛移动性管理协议和基于组的移动性管理协议两大类。

1)基于洪泛移动性管理协议

通过传播记录在整个网络上位置信息的信令来确保位置信息的管理，从而覆盖全球网络。接下来以两例进行介绍：移动定位服务的距离路由效应算法(distance routing effect algorithm for mobility location service，DREAMLS)上的每个节点都会定期向所有注册其位置的节点发送位置更新消息，此消息包括该移动节点的详细信息。通过控制发送的频率控制传输频率，位置更新消息发送到邻居节点的频率更大，但仍未能完全解决带宽利用率的问题。反应性位置服务(reactive location service，RLS)协议中，当目标节点必须与目标节点通信时，如果 RLS 协议中的位置信息不符合要求，如在自己的邻居中无法查找到目标节点，则在全网使用广播，直到该消息发送到目标节点为止，目标节点将反馈发送到该节点。随着需要从源节点到源节点接收位置信息的节点激增，在高车辆密度的市区无法部署该方案。

2)基于组的移动性管理协议

所有节点最优位置服务器的选择依靠节点位置或地理位置信息，通过位置信息的静态或动态配对实现最佳定位。现有基于组的移动性管理协议包括交叉口定位服务(intersection location service，ILS)[29]、负责区域定位服务(responsible section location service，RSLS)[30]和基于地图的位置服务(map based location service，MBLS)[31]，提出这些协议的文献通常提供归因区域(home region，HR)的概念作为选择位置服务器的基础。其中，MBLS 系统作为随机选择点的主归因区域，不能确保定位服务器与其他节点的连接，ILS 系统和 RSLS 系统使用十字路口作为主要区域，从而确保了位置服务器与其他节点之间的高度连通性，但是十字路口节点的数量过多大大增加了交换节点的数量。这些节点之间的控制消息，导致位置服务器超负荷，此外，它们在控制系统开销方面也不能令人满意，高频交换信息会降低网络性能。

2.4.2　基于群组的拓扑管理

拓扑的概念指定了一组多跳网络中用于节点之间信息传输的通信链路，由于车联网中节点移动性主要由节点移动性和网络组成，所以需要对其拓扑进行管理。车辆对车联网性能的影响是多种多样的，因此管理的主要目的是如何保证网络的鲁棒性和伸缩性，减少链路冗余并保证带宽的可用性，主要策略分为采用分组和采用分层两种，原因如下：

(1) 从稳定性上来说，车联网是一个自组织移动网络，在主网络路径上建立了移动车辆节点之间的通信，分组方法中一个组的成员拥有相对移动性并且减小了这些节点的相对移动性差异，从而可以维持组内网络拓扑的相对稳定性，并使组内链路保持恒定的通信状态。

(2) 在伸缩性方面，分组/分层是提高伸缩性的一种典型方法，IP 网络中的子网划分和网关功能使本地网络可以完全访问基本网络而无须考虑上层子网的内部细节。车联网访问组可以通过中央节点和横向基础结构来访问有线基本网络，或者可以通过中央节点进行多个局域网的互连。

(3) 在网络开销方面，如果控制信息以洪泛的形式在网络上广播，则当网络节点密集时，带宽资源将变得稀缺。集中式网络拓扑可提供有效的控制，在中央节点和其他成员之间分配控制信息，从而有效地减少冗余链接、不必要的网络开销和其他成员之间直接通信的需求。

要对车辆进行分组，必须考虑两方面事项：一方面是成本低；另一方面是要求其具有足够的稳定性，包括其组成和领导者的选择。基于网格的分组是将被划分为虚拟网格区域的地理区域中的每个网格都形成一个组。对于 V2I 场景，这种方法可以通过以下方式有效地连接网格：通过将横向基础设施放置在网格的中央来进行安装，但是基于网格的分组不适用于 V2V 场景，车辆从一个网格快速移动到另一个网格，这并不能保证团队的稳定。

基于移动拓扑的分组方法是根据节点之间存在的链路状态对网络进行分类的[32]，网络的每个节点都有一个 ID，当在传输范围内从邻居中选择组头时，在单跳无线中，最小 ID 的节点将被选为组头节点。但实际上，该 ID 不能充分反映节点与其他节点之间的连通性关系，这阻止了组头在周围收集尽可能多的邻居节点，从而减少了组的大小、组的数量，导致网络存在冗余信息[33]。使用每个节点的邻居数作为选择依据，选择最大的节点作为组头，以便组头可以收集足够数量的邻居节点，但是该方法未考虑节点的迁移特性，组建立后快速分解，破坏了组的稳定性。一些研究[34, 35]考虑到节点的移动性，节点由较少移动的节点控制，这些移动速度较低的节点更可能形成稳定的连接，但是这种方法不适用于车联网，由于与邻居节点的相对速度差异较大，所以低速移动的节点离开了群组。还有一些方法通过计算给定时间段内相对距离的平均值和标准偏差，可以实时补偿移动性的不可持续性，但是只从过去一段时间内车辆的行驶状态无法正确预测未来趋势，这会使算法的收敛性下降[36]。有的算法从如何选择组头和成组入手，设计了一个新的度量值[37]，或者有的算法将运输领域的研究结果与车联网的分组相比，根据不同的流动状态定义了不同的分组培训和维护策略，获取完整的分组协议[38]。

从结果上来说，现在的两种主流算法都不能解决由节点的移动性导致的低稳定性、过度分组、信息冗余的问题。当前的车联网拓扑管理在大多数情况下都没有考虑到车辆的个体特性和宏观交通的规律性，仅将车联网视为一种网络类型，忽略其基本服务特性对节点移动和网络特性的影响。

2.5　移动性管理新技术

2.5.1　SDN 移动性

现代移动网络随着数据量的增加面临伸缩性和网络性能的问题，此外，集中式部署的锚点不但要考虑本身数据包，也要考虑移动 IP 环境的影响。例如，在 MIPv6 中，要提供位置管理，相关的 HA 必须同时收集大量数据，导致所有的数据包必须首先到达 HA，然后由 HA 再转发，给网络带来了不小的压力，在 PMIPv6 中也存在类似的问题。

因此，集中式 IP 移动性在处理大量移动性数据时，集中式部署的移动锚点不仅管理与移动性相关的信令，而且管理传输在所有已注册节点上的数据包数量，应注意以下缺点：①没有动态移动性支持；②路由优化不足；③伸缩性差；④单点故障等。

IETF DMM 工作组开始研究 DMM 协议，将其作为一种非常有前途的移动性管理技术来解决上述问题，即在处理数据时不需要注入核心网中。

尽管 DMM 协议减轻了集中部署的移动锚点的负担，但是 DMM 协议中必须在用户的先前锚点之间建立双向隧道以进行数据传输，这导致传输成本增加。如果用户之前访问过的锚点没有直接连接到用户当前定位的锚点，则需要考虑隧道的成本，因为此时两个锚点之间没有直接连接，所以隧道可能包含物理站，这将导致路由优化不足，并且传输会延时。

现在，引入 SDN 技术进一步提高了 DMM 协议的性能。SDN 的可编程网络设备和集中控制在解决移动性管理问题方面具有一定优势：首先，可编程网络设备可以减少甚至消除移动性管理中的三角路由；其次，SDN 的集中控制降低了网络协议的复杂性。

SDN 中的网络设备只是作为一个简单的转发硬件而不像传统网络会运行一系列的路由协议，因此能够以动态的方式控制、改变和管理网络及网络设备的行为。SDN 解耦控制层和数据层，由控制器决定数据包如何通过整个网络。从商业角度来看，可以明显减少网络操作、设备维护和服务升级上的费用。

SDN 作为开放流协议，破坏了固有的网络体系结构，控制网络基础结构元素与网络控制层中实体之间的通信。OpenFlow 是 SDN 的一个重要协议，所有主要的网络硬件提供商现在都支持 SDN 体系结构，核心是 SDN 控制器。该控制器提供、管理和控制服务及相关资源，为应用程序提供了北向接口，为资源提供了南向接口。这些接口允许用户和应用程序直接连接到网络，用户可以调用其他应用程序或修改资源状态。

图 2.10 展示了一个基于 SDN 的移动性管理框架，该框架由一个 SDN

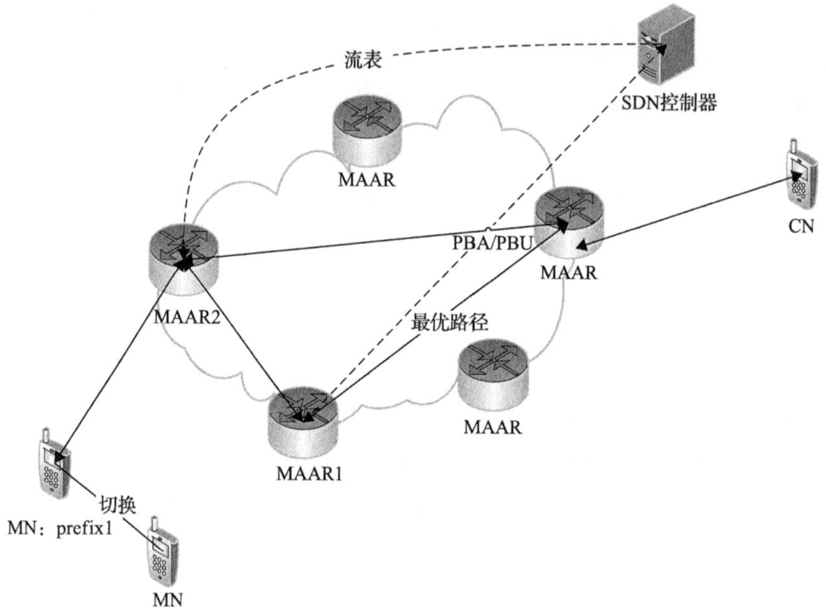

图 2.10　基于 SDN 的移动性管理框架

控制器和多个 MAAR 路由器组成，MAAR1 为初始访问锚，通过 PBU/PBA 消息记录 SDN 控制器缓冲节点的相关信息，当移动节点切换至 MAAR2 时，将使用新的 IP 地址和内存条目，该节点控制器中的高速缓存被更新，控制器将 MAAR1 的流表发送到 MAAR2 中，以控制 MAAR1 和 MAAR2 之间数据流的重定向。

图 2.11 是 SDN 的体系结构，南向接口连接了转发设备与控制器。控制器和应用程序之间的通信由北向接口管理，而南向接口以 OpenFlow 协议[39]管理，OpenFlow 协议使控制器能够通过判断当前的情况来对流表进行操作，进而操作交换机使其根据流表来转发数据包，控制器的顶端以应用的方式实现网络服务。

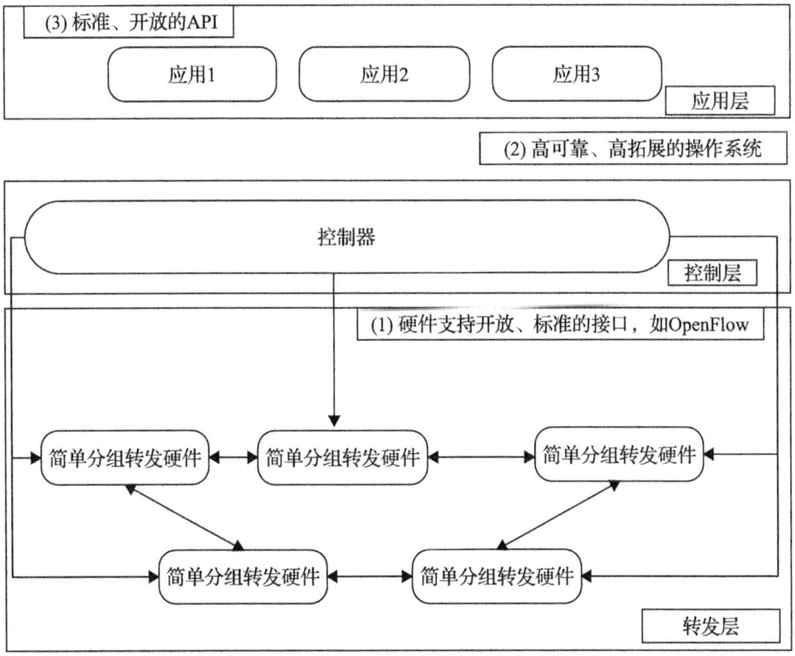

图 2.11　SDN 的体系结构

目前，一些研究计划将 SDN 应用于 IP 移动性管理，文献[40]试图把 5G 用作一组应用程序，并在其顶部部署移动性管理。文献[41]研究了如何在电信领域部署 SDN，特别是通过网络进行数据传输。文献[42]以 IP 移动性为例。文献[43]提出了一种基于 SDN 的移动网络，该网络使用两种类型的控制器：单独控制器和分层控制器。DMM 可以用作 SDN 应用程序，但是没有说明它是如何工作的。文献[44]提出了一种基于 SDN 的 DMM 路由优化系统，控制器可以更新 CN 终端的 OpenFlow 交换机的流表，并将数据包直接路由到 MN 的当前 OpenFlow 交换机，而不必经过先前访问的 MN 交换机。数据包必须遵循初始交换机和新交换机之间的路径，在新交换机和 CN 终端交换机之间重定向数据包，因此可能导致过程复杂和高消耗。文献[45]分析了 SDN 的研究进展，以及将 SDN 技术应用于 5G 的优势，并介绍了 SDN 的当前体现和未来的发展方向，描述了与 SDN 和网络功能虚拟化(network functions virtualization，NFV)技术集成相关的优点和缺点。

2.5.2 NFV 移动性

当网络提供新服务时，虚拟化能够降低网络的成本和复杂度，在维护服务的同时对网络资源进行管理，因此国内外一直在进行对虚拟化技术的研究。随着虚拟化机制的优势越来越得到认可，通用硬件技术、云计算技术和灵活的网络软件定义技术正在加速传统网络功能(如传统路由器)与虚拟化技术结合，将原本需要专有网络硬件的功能运行成虚拟设备上的软件应用程序，可以将虚拟机部署在物理主机上，也可以通过虚拟机的在线迁移将虚拟机从一个虚拟机迁移到另一个虚拟机。虚拟数据中心中灵活动态资源管理的基本技术称为虚拟机在线迁移，这种技术的部署可以优化延迟和丢失率，在虚拟机迁移导致服务失败之前，动态调整服务位置从危险位置移动到相对安全的位置。

NFV 使用虚拟化技术对网络功能进行虚拟化，目的是使用通用 x86 硬件对网络功能进行虚拟化，将传统网元与专用硬件分离，并确保功能不再依赖传统的硬件设备。在 NFV 模式下，为了缩短构建周期并加快网络发展进程，可将新的在线服务、更新传统设备等过程转换为软件加载过程。

图 2.12 展示了 NFV 虚拟网络架构，包括虚拟网络功能(virtual network function，VNF)、网络功能虚拟化的基础设施(network functional virtual infrastructure，NFVI)、NFV 管理和编排三个元素。

(1) VNF 是在 NFVI 上用网络功能的软件虚拟出来的一个个网元，用于实现某个网络功能。

(2) NFVI 是用于虚拟化网络功能(包括物理资源及其虚拟化)的基础架构。

(3) NFV 管理和编排包括物理基础结构的虚拟化、进行操作过程的管理和软件资源生命周期的管理及 VNF 的管理，主要是可在 NFV 上处理其中虚拟化的任务。

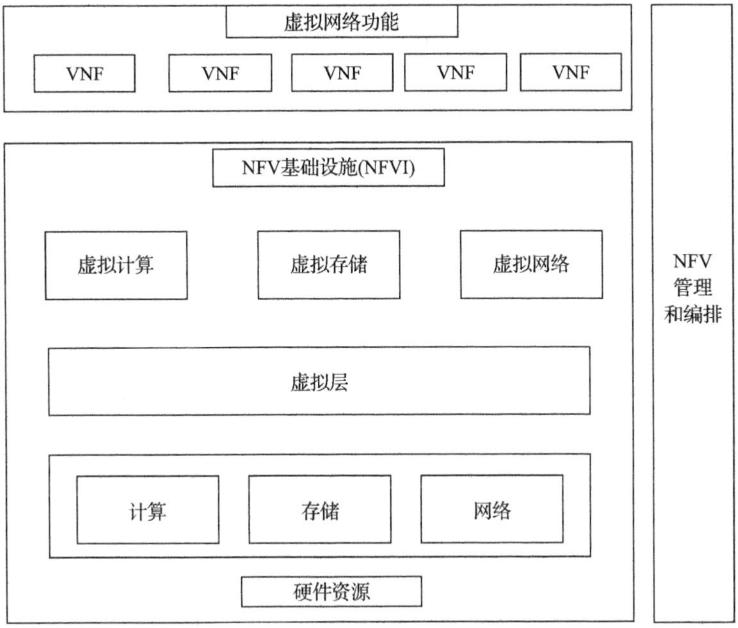

图 2.12　NFV 虚拟网络架构

5G 研究中十分重视 NFV，一些研究成果将 NFV 用于 IP 移动性管理，基于 3GPP 标准将 NFV 技术应用于 LTE 网络。在 LTE 网络中，可以将服务网关(service gateway，S-GW)和移动性管理实体(mobile management entity，MMS)替换为虚拟机，从而通过 NFV 技术使用单个设备进行全局控制，NFV 通过虚拟层提供更好的控制，用服务器的软件控制代替传统的交换机制，并降低了操作和维护的复杂性[46]。另外，文献[47]～[49]讨论了在 5G 网络架构中如何应用 SDN 和 NFV 技术进行网络架构设计，分析了一些 SDN 和 NFV 技术在 5G 架构中出现的问题。文献[50]介绍了 SDN 和 NFV 在 5G 网络架构中的优势和作用；相关学者开展 SDN 和 NFV 在移动网络结构方面的研究并取得了新的进展[51]。还有基于 SDN/NFV 的 5G 网络架构的演进方向的研究，并对 SDN/NFV 技术在网络架构设计中的应用进行了分析[52]，确定要解决的主要问题和当前的技术问题。

第3章 集中式移动性管理

3.1 概　　述

CMM的定义是将移动节点的位置和会话信息存储在被称为移动锚点的逻辑实体中，该逻辑实体根据环境的变化及时更新移动节点的最新位置信息。移动节点进行切换时必须先将所有发送到网络中的移动节点的数据包都传输到移动锚点，然后转发到移动节点。

在CMM中，有且仅有一个集中控制器HA，通信节点、移动节点和接入路由器(access router，AR)之间的信令必须经过该HA。单个集中式控制器的设计减少了同步所需的信令交互，有利于整体优化。

3.2 MIPv6

MIPv6[53]是一种典型的基于主机的移动性管理方案，即使在切换网络时，也可以确保从移动节点访问无线网络。

在MIPv6协议中，移动节点首次访问的网络称为本地网络，在访问本地网络后，会为其分配IP地址，称为家乡地址(home of address，HoA)。在其网络切换到新的外部网络后，它在新连接的网络中获得了一个新的IP地址，称为转交地址(care-of address，CoA)，并转发该转交地址以指示移动节点的当前位置信息。移动节点进行网络传输，它首先发送带有特定目标地址和任何广播地址的数据包，以检测HA。在检测完成后，绑定更新消息被发送到主代理以更新当前位置，主代理接收并处理该消息，建立隧道指向HA在移动节点处的方向并响应绑定确认(binding acknowledgement，BA)消息，移动节点在收到消息后创建一条反向隧道。当在双向隧道模式下交换通信时，关联的代理实体会拦截与移动节点关联的所有数据包，并将它们通过隧道发送到移动节点的转交地址。在收到隧道发送的数据包之后，移动节点将移出隧道头，实际消息将通过隧道传输并发送到更高级别的应用程序，以实现传输的透明性和连续性。如果通过路由而不是通过隧道来优化通信，则移动节点在位置注册之后，将链接注册消息发送到相对的 CN，以注册其当前位置。移动节点和对等通信节点可以直接路由并通过隧道传输，而无须通过关联的代理，但是该过程很复杂并且可能会出现问题。

MIPv6 协议的核心是始发代理维护移动节点的始发地址与转交地址之间的对应关系，并拦截与该移动节点关联的所有数据包。通过关联代理邻居的节点发现协议，与移动节点关联的数据包通过隧道通信传输，MIPv6 协议可以为移动节点提供移动性支持，以保证通信的连续性，即使移动节点在移动过程中执行网络传输，也不会中断正在进行的通信。

但这种方法还存在潜在的问题：最初选择的代理实体将成为整个网络的瓶颈，有可能导致单点故障；此外，如果移动节点与另一个节点之间的距离与分配代理越来越近的情况下，移动节点继续使用隧道来传输数据，则会导致严重的三角路由问题。虽然可用路径优化通信链路，但由于信令的复杂性及传输过程中传输时延的增加，可能会出现其他安全问题。

3.2.1 IPv6 地址

IPv4 地址长度为 32 位，地址空间为 2^{32}，IPv4 地址在如今的网络设备大量接入的情况下已经被逐渐耗尽，为了解决该问题提出了 IPv6 地址。

1. IPv6 地址空间

IPv6 地址长度为 128 位，有 2^{128} 个地址，满足用户同时访问网络并使用不同的网络地址的要求。

2. IPv6 地址表示

IPv6 地址用 16 位表示，该地址分为 8 段，每段 16 位。IPv6 地址的文本表示有以下三种形式[54]：

1）标准的格式

X: X: X: X: X: X: X: X，其中 X 代表 16 进制的一组 4 位长的数字。

2）简写

当两个或多个零字段同时出现在 IPv6 地址上时，可以使用 “::” 代替这些连续的 0 字段，从而简化了 IPv6 地址。由于多次使用这个方法会混淆地址，所以该简化只可使用一次。

3) 混合 IPv6 和 IPv4 的表示

X: X: X: X: X: X: X: X: d.d.d.d，前面是 IPv6 地址，后面是 IPv4 地址，两者共同组合表示一个地址。

3. IPv6 地址类型

IPv6 的地址用于表明网络接口，一个节点上同时可以有多个 IPv6 网络接口。IPv6 协议中定义了以下三种地址类型[55,56]：

(1) 单播地址是 IP 网络中最常见的，包含单播目标地址的分组发送给特定主机，并在多个本地网络之间同时进行路由时，允许站点进行通信。

(2) 组播地址代表接口组，每个接口组可以是多组组播地址，发送到该组播地址的数据报文被发送到该接口标识的所有接口。

(3) 任播地址都用于表示多个接口，即一个地址可以应用于多个网络接口。指定选择地址接口有助于数据包的传输，因为发送到选择地址的数据包只能发送到单个地址，即最靠近路由器的接口地址。

3.2.2　MIPv6 切换过程

1. MIPv6 协议基本概念

接下来介绍 MIPv6 协议中定义的一些基本概念[57]。

(1) 移动节点，通常是主机或路由器，能在不同的链路之间移动而不会中断正在进行的通信。

(2) 通信对端，可以是固定节点或移动节点[58]。

(3) 家乡地址，移动节点被分配的 IP 地址，也被视为节点的“永久”IP 地址，即使移动也不会发生变化。

(4) 家乡代理，充当路由器，负责维护有关分配网络中移动节点的信息。本地代理进入外部网络后，家乡代理拦截发送到移动节点的数据包，并通过隧道机制将其传输到移动节点的转交地址[59]。

(5) 转交地址，当移动节点进入外部网络时，为其分配的临时 IPv6 地址，与当前外部子网的前缀相对应。CoA 和 HA 之间的差异是移动节点可以同时获取多个地址，其中只有一个地址可以注册为归属代理路由器上的主地址。

(6) 主链接，子网前缀是带有本地子网前缀的链接，移动节点根据子网前缀配置主地址。

(7) 外地链路，除了移动节点的主链接之外的链接，特点是带有外部子网前缀的链接由移动节点根据子网前缀配置。

(8) 绑定，将移动节点的家乡地址与转交地址相关联，发送到移动节点的数据包可以根据关联信息由移动节点的当前位置确定。经由关联的代理路由器传输到关联于移动节点的外部链路[60]。

(9) 注册，是将链接更新信息从移动节点传输到代理路由器和通信对端的过程。

图 3.1 展示了 MIPv6 的结构。

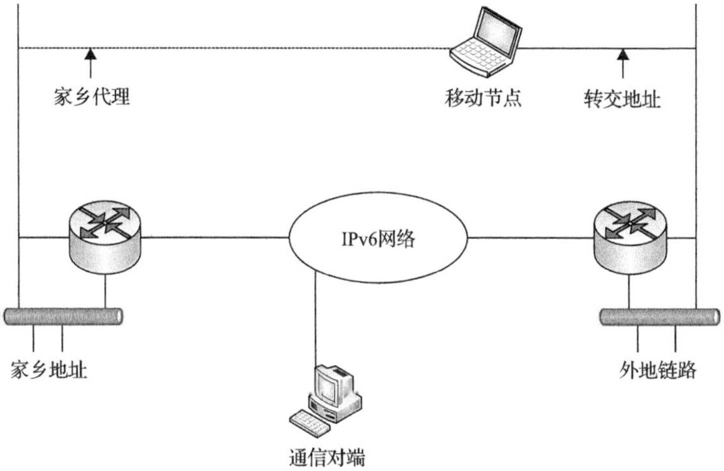

图 3.1　MIPv6 的结构

当移动节点与家乡网络断开连接并且进入外部网络时，移动节点通过其家乡地址与通信对端进行通信。MIPv6 切换过程由以下部分构成：MAC 层传输，将移动节点一个接入点移至另一个接入点；IP 层传输，移动性检测，注意配置地址和链接更新。

在发生 IPv6 切换时，移动节点从家乡网络切换至外地网络，具体过程如图 3.2 所示。首先，移动节点与 AP1 断开，建立与 AP2 的连接；然后，移动节点检测是否发生移动，确定后配置地址；最后，绑定更新需要家乡代理，移动节点和通信节点分别与移动节点进行交互，移动节点和通信节点可在重新绑定完成后进行通信。

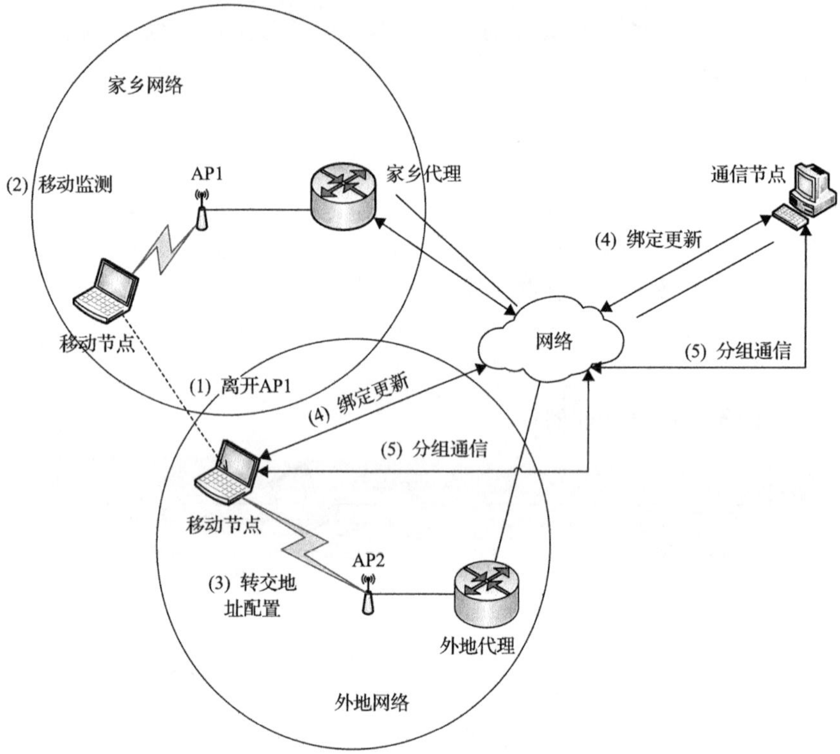

图 3.2　MN 从家乡网络切换到外地网络的过程

2. 移动检测过程

MIPv6 传输过程的重要组成部分是移动性检测过程，在图 3.2 中，当 MN 通过网络传输时，接入点从 AP1 移至 AP2。在此阶段，为降低移动网络不确定性的影响，有必要确定移动节点是否已移动。

MIPv6 协议中定义了移动性检测机制，如路由和邻域不可访问性检测[61]，但移动终端可以使用如由低层协议提供的触发信息之类的移动性检测机制作为替代，移动节点可以通过确定路由器是否可被访问来确定是否已经移动。路由器的可访问性是指移动节点可以接收路由器发送的数据包。

路由器通告(router advertisement，RA，下同)在路由发现机制中定义了一种通知信息，它通过 RA 消息确定节点是否移动，具体来讲，比较移动节点和 RA 中子网前缀的一致性。移动节点通过主动发送 RS 消息或被动等待接收广播的方式获取 RA。

3. 转交地址的配置过程

当移动节点确定节点正在移动时，根据活动的外部子网的前缀，CoA 会被自动配置，分为有状态和无状态两种自动配置模式。移动节点可以获取多个转交地址，但是在本地代理路由器上主要转交地址只能注册一个。

在获得 CoA 时，执行重复地址检测(duplicated address detection，DAD)的目的是确保唯一性，该机制的作用是确定要使用的地址是否被占用且只能作用于单播地址中。如果地址不可用，则必须用新的 IPv6 地址替换移动节点的原地址，否则将使用原 IPv6 地址，如图 3.3 所示[62]。

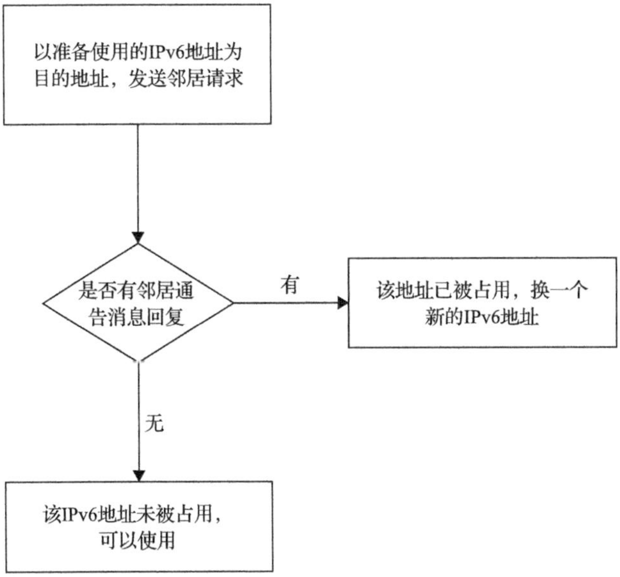

图 3.3　DAD 流程图

4. 绑定更新过程

在 MIPv6 传输期间，有移动节点和家乡代理之间及移动节点和通信节点之间的链接更新，如图 3.4 所示[63]。

1)移动节点和家乡代理绑定更新

在移动节点获取 CoA 后，发送给家乡代理一个更新消息，以执行两者之间的关联，目的是通知家乡代理当前的 CoA 更新，并确保发送给移动节点的数据包被家乡代理传输到移动节点的当前位置。

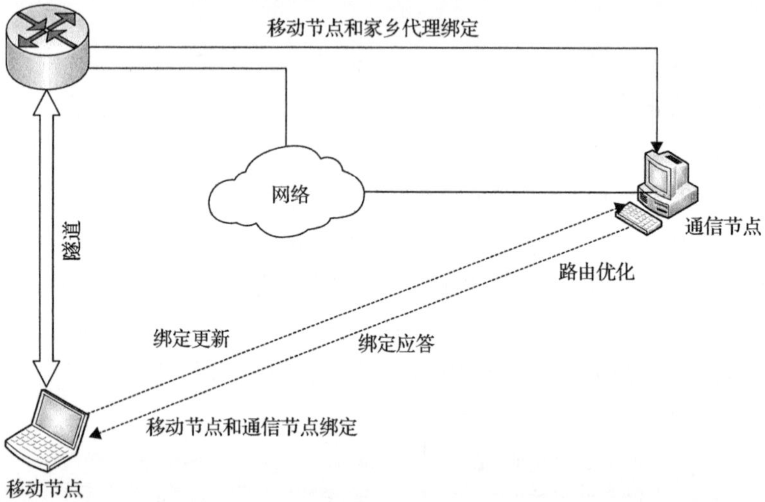

图 3.4　移动节点的绑定更新过程

2)移动节点和通信节点链接更新

移动节点的家乡地址与转交地址在通信节点上建立链接关系，可以优化移动节点和通信节点之间的数据包路由。到家乡地址移动节点的链接不是通过隧道和家乡代理，而是直接传输到通信节点，这将大大减少通信通道和网络的拥塞。

3.2.3　MIPv6 改进协议

研究人员希望最大限度地降低MIPv6转发的负面影响(如传输时间和丢失的数据包)，并提供转发解决方案(如快速移动 IPv6[64]、层次移动 IPv6[65]和快速-层次移动 IPv6[66])。

1. 快速移动 IPv6

总的来说，整个 MIPv6 切换过程包含移动性检测、地址获取和绑定更新三个部分，在实际实施中存在明显的延时，为了减少中断时间和传输时延，IETF 提供了快速移动 IPv6(fast handover for mobile IPv6，FMIPv6)，并希望通过改进该协议提高 IPv6 移动服务传输的质量。

FMIPv6 交换协议的改进可分为预测性快速切换和反应性快速切换两种，图 3.5 重点介绍预测性快速切换流程[65]。

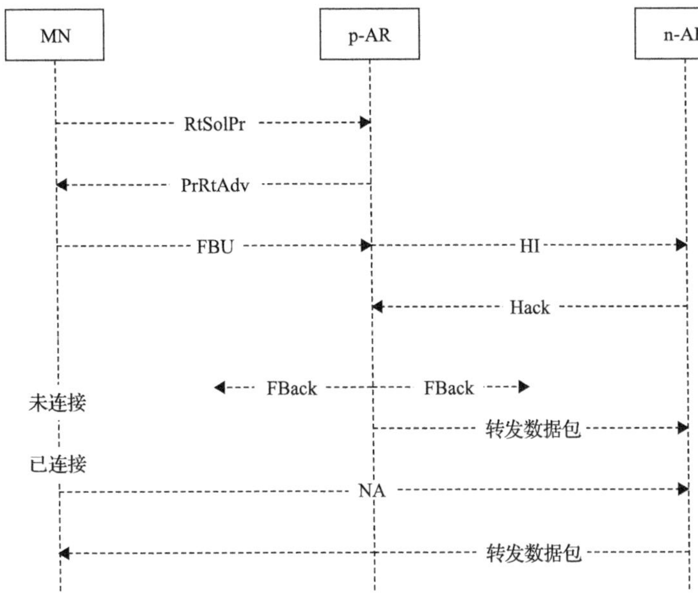

图 3.5　预测性快速切换流程

对该流程描述如下[67]：

(1) 当 MN 检测它将移动到的新网络时，将该 MN 新接入点的标识信息包含到代理路由器的公告消息 RtSolPr 中，发送至原来的接入路由器(previous access router, p-AR)。p-AR 接收到 RtSolPr 消息后，解析 MN 的和新接入路由器(new access router, n-AR)的地址信息，向 MN 回复路由器通告消息 PrRtAdv。

(2) 在 MN 接收到通告消息 PrRtAdv 后，生成新的地址注释，并将包括旧的转交地址和新的转交地址的快速绑定更新消息(fast banding updating, FBU)发送到 p-AR。

(3) p-AR 接收 MN 的 FBU，从中取出新的地址信息，按时更新存储的链接缓存，并确保目标地址，使承载移动节点的旧地址的数据包在被拦截以后可以正确传输，然后将 HI(切换启动)消息传输到 n-AR。

(4) n-AR 接收消息，经过重复地址检测后从该消息中分析 MN 配置的新传输地址，返回指示该地址是否可用于 p-AR 的确认消息 Hack。

(5) p-AR 收到 Hack 消息后，如果 MN 的新转交地址可用，快速更新/链接确认消息 FBack 返回到 MN 和 n-AR，之后建立双向隧道。

(6) 当进入新子网时，MN 向周围节点发送邻居通告消息(neighbor advertisement，NA)，并且 n-AR 在接收到该消息后得知该 MN 已经到达并将双向隧道建立于 p-AR。在 MN 与其通信目标之间建立会话后，旧地址不会更改，即通信数据包的源地址不变，但之后会在外部封装为新转交地址的源地址和旧转交地址的源地址。通过隧道连接到 p-AR，p-AR 首先取出这层外壳，然后将其传输到目标节点。

(7) 当 NA 被 n-AR 收到时，注册新的转发地址信息并更新 MN 传输的目的地址。

(8) 在通信双方进行绑定更新过程后，双方都可以使用移动节点上的新地址直接通信，传输数据包不再依赖 n-AR 及隧道。

FMIPv6 交换的目的是当新旧的访问路由器切换时，旧的访问路由器可以继续传输数据包，在移动节点与旧的访问路由器断开连接之前，先配置一个新的转交地址，而无须进行如下机制：检测移动性、获得转交地址和 DAD 延迟。

2. *层次移动* IPv6

为了提高通信效率，降低位置更新的成本，在移动层面上通过改进和扩展标准交换方案，IETF 提出了层次移动 IPv6(hierarchical mobile IPv6，HMIPv6)[66]，解决了两方面问题：一方面，若遵循标准的切换，则多个位置不固定的节点进行移动切换，会导致频繁的注册过程，从而导致网络拥塞；另一方面，增大了网络处理负载，降低了数据处理能力，此外，更长的传输距离也可能导致更大的分组丢失，无法保证移动节点通信质量。HMIPv6 网络拓扑如图 3.6 所示。

HMIPv6 定义了几个新的功能实体[67]。

(1) 区域转交地址(regional care-of address，RCoA)：在锚点和节点间传送消息，该节点会提供自己的网络前缀，节点自动配置其地址，就像其他地址一样，移动节点也会发送更新记录给家乡网络与通信节点注册更新自身的位置信息。

(2) 链路转交地址(link CoA，LCoA)：移动节点通过路由广播或请求消息在其所在的网络中配置相应的地址用于转发，该地址支持与移动 IP 协议中地址相同的功能目的，对于链接地址，仅应报告给移动锚点。

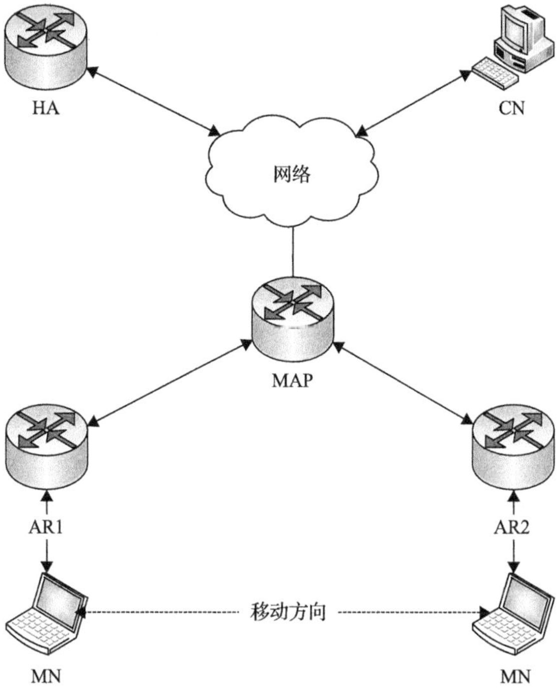

图 3.6　HMIPv6 网络拓扑

(3) 本地绑定更新 (local binding update，LBU)：移动节点将本地绑定更新消息发送到移动锚点，从而允许移动锚点建立或更新与区域关注地址及与移动节点相对应的链路地址有关的及时信息。

(4) HMIPv6 协议交换过程：IPv6 层次移动将移动节点的交换活动分为微移动和宏移动。微移动指定在移动节点和由同一移动锚点控制的不同接入路由器之间漫游；而宏移动是在移动节点和多个移动锚点之间漫游。

1) 微移动

(1) 若移动节点接收到接入路由器网络前缀信息不兼容存储的接入路由器网络信息的通告消息，则移动节点根据在新接入路由器上获得的网络信息配置新的链路支持地址。移动节点通过重复的地址检测，将成本链接消息从地址包络传输到链接的移动锚点以进行更新操作。

(2) 为了确定其最新位置信息，完成后发送注册确认消息通知移动节点，锚点接收注册消息，创建或更新相应的本地存储区域和链路转交地址相关条目。

上述操作标志着微移动一次过程的完成，这个过程减少了移动节点本身的通信量和网络中的消息量，并使移动过程对双方透明。

2) 宏移动

(1) 如上所述，在同一网络域中可以有多个移动锚点，在这样的网络中，移动节点只能从接收到的路由器公告包含的多个移动锚点选项选择一个接收服务。在选定的移动锚点位置选项中，将基于 64 位网络前缀信息和新的保护地址配置新的区域保护地址，并判断地址是否可用。

(2) 移动锚点从移动节点收到包含了可用区域转交地址和链路转交地址的消息，进行绑定更新注册。

(3) 移动锚点在接收到移动节点的绑定更新消息后，选择删除 DAD 的新绑定更新地址，创建新的区域关注地址和对应于移动节点的新链接关注地址的新条目，并向移动节点发送本地更新/链接确认信息。

(4) 当移动节点收到用于返回移动锚点的本地绑定更新确认消息时，通过以下方式将区域支持地址发送给家乡代理：移动节点的分配地址和接入端代理处的新区域支持地址之间建立更新绑定关系，该更新消息也可以同时发送到通信对端，这与 MIPv6 中的注册过程相似。

(5) 类似于 MIPv6 中的通信过程，家乡代理收到绑定更新消息后，更新或建立本地缓存条目中家乡地址和转交地址的映射，然后发送一个绑定确认消息。

可以看出，微移动和宏移动等分层结构的引入，可以大大提高移动节点的传输效率，而 IPv6 层次移动的不足之处在于，当宏移动时，移动节点仍然需要执行关于 MIPv6 的传输，与移动锚点、本地代理甚至通信对端进行绑定更新，因此大量的宏移动也增大了网络上的通信负载。

3. 快速-层次移动 IPv6

通过前面对快速移动 IPv6 和层次移动 IPv6 的研究，将这两个优点结合可进一步提高移动交换技术的性能，由此提出了快速-层次移动 IPv6 (fast handover for hierarchical MIPv6，FHHMIPv6) [68]。它是一种改进的移动传输程序，结合了快速传输和层次传输的优点，不仅将快速传输和层次传输结合在一起，也规避了两者简单结合可能造成的三角路由问题，图 3.7 描述了两者简单结合导致三角路由问题的过程。

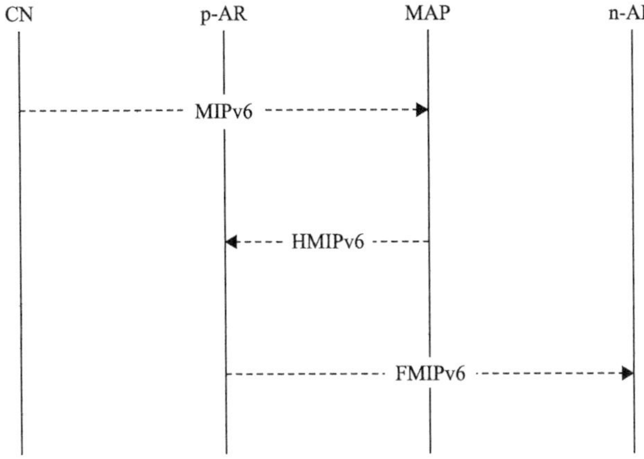

图 3.7　快速传输和层次传输的简单结合

发送到移动节点的数据包首先到达移动锚点，该锚点按访问路由器从旧到新的顺序传输数据包。在分层网络结构中，当将数据分组传输到新的接入路由器时，旧的接入路由器仍必须经过移动锚点，从而形成了三角路由。

实际上，为了快速优化 MIPv6 中的数据传输，数据传输功能是通过替换初始访问设备的移动锚点实现的。图 3.8 描述了通信对端传输的数据包在移动锚点由代理处理直接传输到新的接入路由器的过程，这种方式不经过旧的接入路由器，规避了三角路由问题。

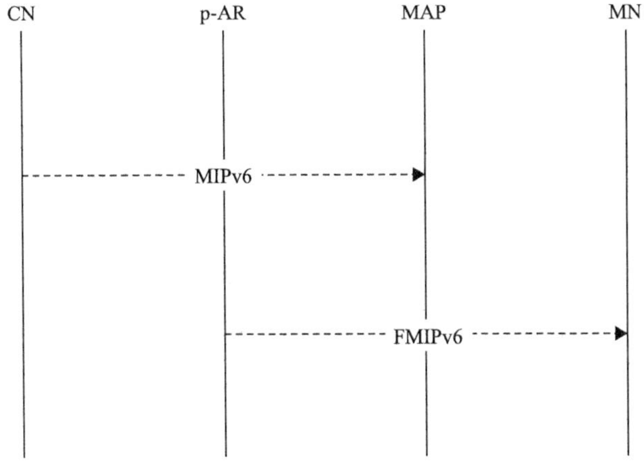

图 3.8　快速-层次移动 IPv6 数据流程

快速-层次移动 IPv6 协议增加了两个地址[67]：

原来的链路转交地址(previous link care-of address，p-LCoA)，指当移动节点位于旧接入路由器的链路上时，链路地址被重新配置。

新的链路转交地址(new link care-of address，n-LCoA)，配置的新链接地址需要移动节点位于新接入路由器的链接上。

同时，更改了“层次快速切换”中的消息：

在用于快速-层次移动 IPv6 协议时，新增位 F 标志位，并添加到移动锚点选项中，指示已执行了快速切换操作。

在保持 IPv6 快速移动消息格式前提下，更改每条消息的发送者和接收者。

下面介绍该协议的切换流程：

(1)在移动检测处理过程中，如果新的接入点被链路层检测到，则发送路由器代理请求消息到移动锚点。

(2)移动锚点接收上述消息后，从新的接入点中删除凭证并找到相应的接入路由器(告诉新的访问路由器)；然后通过代理路由器公告消息，将与新的访问路由器相关的网络信息发送到移动节点，移动节点配置消息中返回的网络前缀信息链接作为新的转交地址。

(3)将旧的链接转交地址和新的链接转交地址传输到移动锚点快速链接更新消息，前提是重复地址检测确认新的链接转交地址可用。

(4)移动锚点接收快速绑定更新消息，并将切换发起消息发送给新的接入路由器，在接收到这种切换发起消息后，新的接入路由器在从移动节点接收到快速邻居节点通告消息之前，将传输响应消息返回到移动锚点并缓冲发送到移动节点的数据分组。

(5)移动锚点在收到新的接入路由器返回的切换发起响应消息后，还将快速链接响应消息发送回移动节点，随后，开始拦截发往移动节点的报文数据，并通过隧道将其传输到新的访问路由器。

(6)移动节点在链路层切换到新的接入路由器，并开始向新的接入路由器发送快速邻居节点通告，新的接入路由器可以将缓存数据包发送到新的移动节点链接转交地址。

(7)移动节点通过移动锚点发起本地绑定更新消息进入层次传输 IPv6 操作，该移动锚点包含自己的链路转交地址，移动锚点接收本地更新消息链接，并使用新的访问路由器取消数据传输隧道。

(8)移动锚点将本地链接响应消息发送回移动节点，然后根据快速-层次移动 IPv6 协议分别选择宏移动或微移动切换操作。

3.3 PMIPv6

3.3.1 PMIPv6 基本架构

前述的 MIPv6、FMIPv6 和 HMIPv6 都是基于主机的移动性管理器，需要修改 MN 协议栈。IETF 提供了 IPv6 移动代理，该代理可管理基于网络的移动性，负责移动性管理，而不是 MN，无须修改 MN 协议栈即可促进移动 IP 技术的大规模部署[69]。RFC5213 对 PMIPv6 进行了详细说明，其结构如图 3.9 所示。

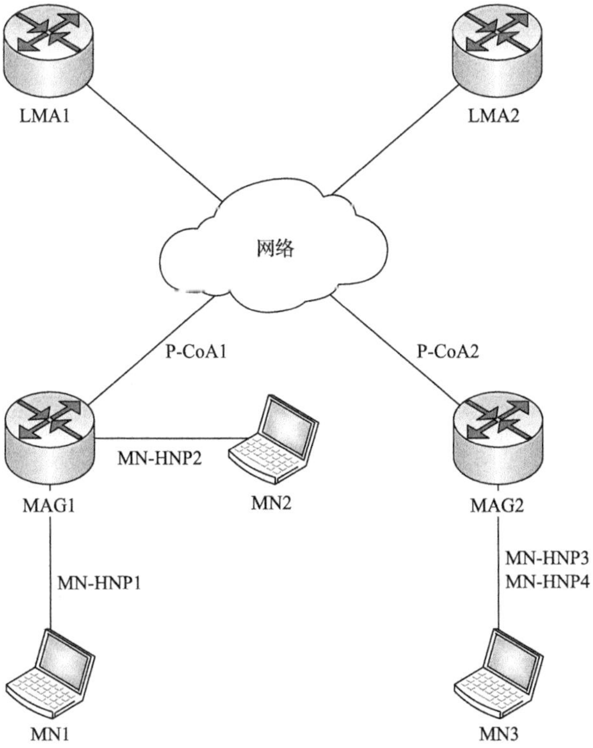

图 3.9　PMIPv6 基本架构

图 3.9 中，相关概念如下：

(1)本地移动锚点(LMA)，在 PMIPv6 域中，LMA 是负责 MN 的链接状态的家乡代理，也就是网络前缀的拓扑锚节点，与 MIPv6 中 HA 的基本功能类似。

(2)移动访问网关(mobile access gateway，MAG)，访问路由器上负责与 MN 相关的信令，监视 MN 的移动，检测输出和访问链接。

(3)代理转交地址(proxy care-of address，PCoA)，代理转交地址，这是在 MAG 的外部接口上，以及在 LMA 和 MAG 之间建立的隧道传输端点上配置的全局地址。

(4)MN 家乡网络前缀(MN-home network prefix，MN-HNP)，为 MN 和 MAG 之间链路分配的网络前缀，可以分配多个网络前缀，当有多个接口时，需要分配给每个接口的网络前缀必须唯一，并且 MN 可以根据网络前缀配置其接口地址。

3.3.2 PMIPv6 特点

与基于主机的移动性管理协议的部署不同，PMIPv6 无须更改 MN。IETF 以不同的方式提供了 FMIPv6 和 HMIPv6 来减少 MIPv6 的切换时间，而 FMIPv6 和 HMIPv6 仍然基于 MIPv6，因此 MIPv6 尚未大规模部署的原因是对 MN 协议的更改。PMIPv6 不需要更改 MN 协议栈，从而可以加快部署。网络可以将服务提供给不需要更改 MN 的用户。

在性能方面，无线资源通常是稀缺和宝贵的，为了增加网络服务的用户数量，需要对无线资源进行最佳使用，MIPv6 中的设备必须参与相关的信令由隧道进行无线传输的过程。在这种前提下用户数量的爆炸性增长导致了网络性能急剧下降。而作为基于网络的移动性管理协议，MAG 控制与移动性相关的信令，而不是 MN，从而大大减少了无线信道传输的信令。因为无线传输的延迟较大，所以无线信道的传输对整个系统的延迟有严重的影响，在 PMIPv6 中，减小了信令传输的延迟。

从网络服务提供商的角度来看，基于网络移动性管理程序，网络服务提供商可以轻松控制网络数据。

3.3.3 PMIPv6 切换过程

当 MN 进入 PMIPv6 域时，它的信令流程如图 3.10 所示[70]。

(1) 第一次进入 PMIPv6 域的 MN 链接到 MAG；

(2) 在 MAG 发现其已链接到 MN 后，会向 AAA 服务器发送消息查询标识 MN-ID；

(3) AAA 服务器以 MN 信息响应 MAG，包括 LMA 地址和 MN 的地址配置模式及 ID；

(4) MAG 代表 MN 向 LMA 发送 LMA 的代理更新/链接确认消息(代理绑定更新，PBU)，其中包括 MN 的标识符；

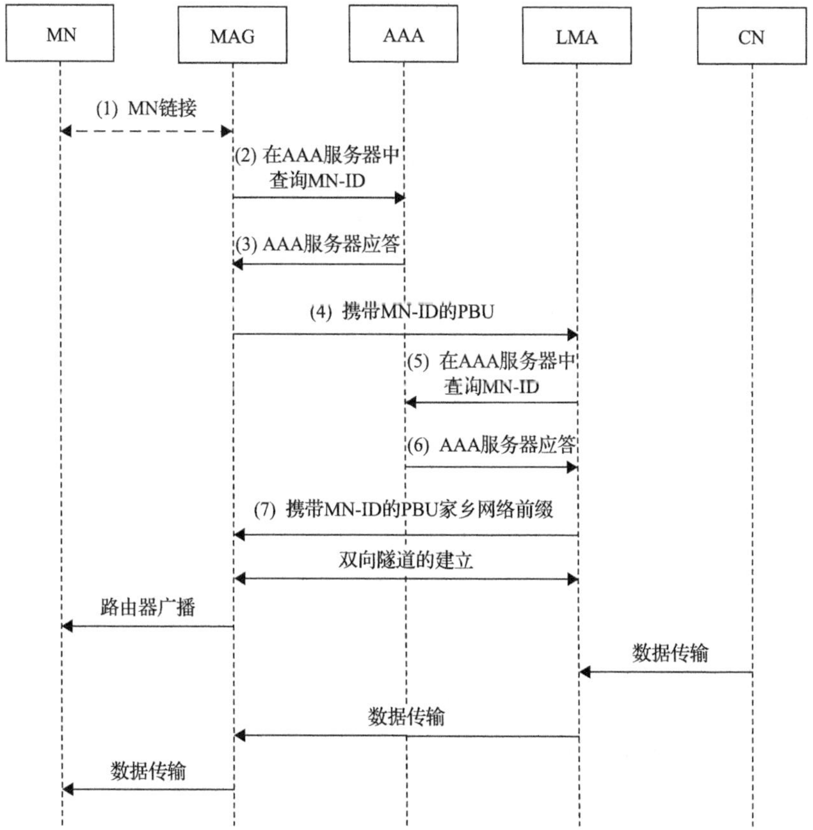

图 3.10　MN 进入 PMIPv6 域的信令流程图

(5)收到 PBU 以后 LMA 会向 AAA 服务器发送查询消息，询问 MN 是否为一个已认证的 MN；

(6)AAA 向 LMA 发送响应，确认 MN 已被认证；

(7)LMA 将链路响应发送到 MAG，包含 MN-ID 和网络前缀，然后在 LMA 和 MAG 之间建立双向隧道。

图 3.11 展示了当 MN 从原来的 MAG(p-MAG)移至新的 MAG(n-MAG)时的流程。

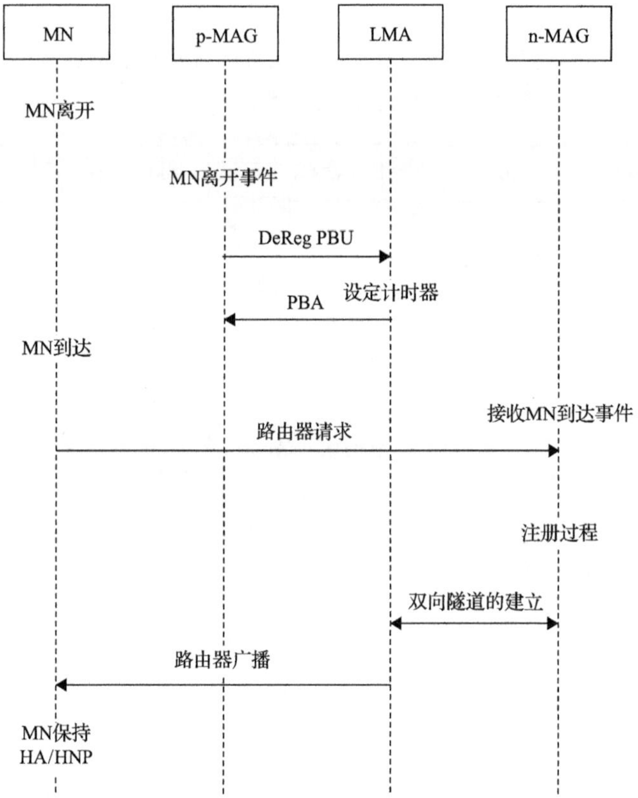

图 3.11　MN 在 MAG 间发生域内切换的信令过程

(1)当 MN 移动，p-MAG 知道它将要离开时，需要使用 DeReg PBU(去注册代理绑定更新)消息对 LMA 进行通知，告知 LMA 删除 MN 相关信息。

(2)收到消息后，LMA 在等待 n-MAG 更新相关列表的过程中设置一个计时器，在此期间，LMA 将记录 MN 的相关信息。在此时间内收到的 PBU

消息，LMA 将不会删除 MN 链接的列表。

(3) 其他流程与 NIN 进入 PMIPv6 域时相同。

在该计时器期间，n-MAG 将 PBU 消息发送给 LMA，当 LMA 检测到 MN-ID 时，知道 MN 是交换用户，则 LMA 为 MN 分配的网络前缀与该前缀相同。转移之前的分配网络，MN 根据网络前缀创建的 IP 地址与初始分配地址相同。因此，MN 将被视为没有移动切换。

3.3.4 PMIPv6 域间移动性管理

1. PMIPv6 中存在的问题

由于 PMIPv6 不需要改变 MN 的协议栈，所以为移动 IP 的实际应用提供了可能，但框架内仍有许多问题需要解决。

1) 传输时延

在 PMIPv6 中，传输时延也很重要，根据之前的分析，网络层传输时延包括移动性检测时延、地址配置时延。文献[71]～[73]提出了减小切换时延的方法。

2) 路由优化

如果 PMIPv6 中存在路由优化，则当 CN 和 MN 所连接的 MAG 位于同一 LMA 中并且距离更近时，CN 和 MN 数据包在此期间每次都通过 LMA 传输，则传输时延增加，并且 LMA 的负载增大。一些研究分析了 PMIPv6 路由优化场景[74]，而另一些研究分析了 MIPv6 路由优化算法[75-77]。

3) 平衡负载

在传统的蜂窝网络中，出现了如何平衡负载的问题，当一个单元超载而另一个单元没有用户时，为了平衡负载，是否可以将其移至重负载单元，MIPv6 和 PMIPv6 中也存在平衡负载的问题。如何实现不同 LMA 之间的负载平衡，如何实现不同 MAG 之间的负载平衡及如何在不同 AP 之间实现负载平衡。对于前者，文献[25]和[78]提出了平衡不同 MAG 之间的方法，而文献[79]对 PMIPv6 域中不同 AP 之间的负载均衡进行了探究。

4) 域与域之间的移动性管理

在 RFC5213 中，仅介绍了域内移动，而没有介绍用户在域之间的移动，关于域之间的切换过程将在后面进行说明。

2. 现有的域间移动性管理

前面介绍了 IPv6 移动代理的信令过程和基本特性，由于 PMIPv6 不必修改 MN 协议栈，所以提高了资源利用率。下一代无线网络使用 PMIPv6 协议作为移动性管理方案，随着 PMIPv6 的大规模部署，MN 可以在 MIPv6 域和 PMIPv6 域之间[80,81]或 PMIPv6 域之间传播[82-84]。本书介绍了与 MIPv6 和 PMIPv6 域之间移动性有关的内容[79]，文献[85]则在 5G 工业互联网的现实应用场景下试图解决域间传输问题。

图 3.12 描述了域内和域间的传输，方向从右向左，当 MN 移动到中间位置时，它仅在单独 LMA 下从一个 MAG 切换到另一个 MAG，会导致域内切换。这可以通过 PMIPv6 的标准协议进行解释。当它向左端移动时，它会从一个 LMA 的 MAG 移动到另一个 LMA 的 MAG，从而可以看出，这个过程是域间切换且已在 LMAh(横向 LMA)和 LMAv(纵向 LMA)之间创建了一条隧道。图中字母 v 表示横向，h 表示纵向。

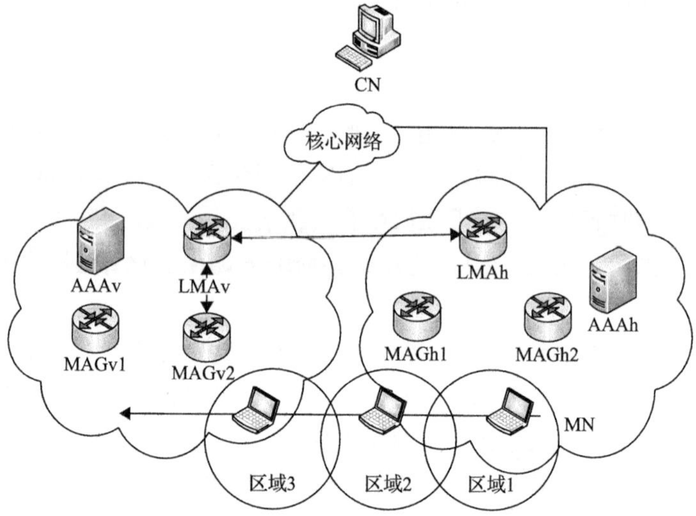

图 3.12　PMIPv6 域内和域间移动性管理架构框图

3. 切换流程

图 3.13 展示了 PMIPv6 域间移动性管理的信令流程。

CN 和 MN 之间的数据包通过 LMAh 和 LMAv、LMAv 和 MAGv 之间

的双向隧道传输，当 LMAh 和 LMAv 服务器数量众多时，会增加 PMIPv6 的负载。

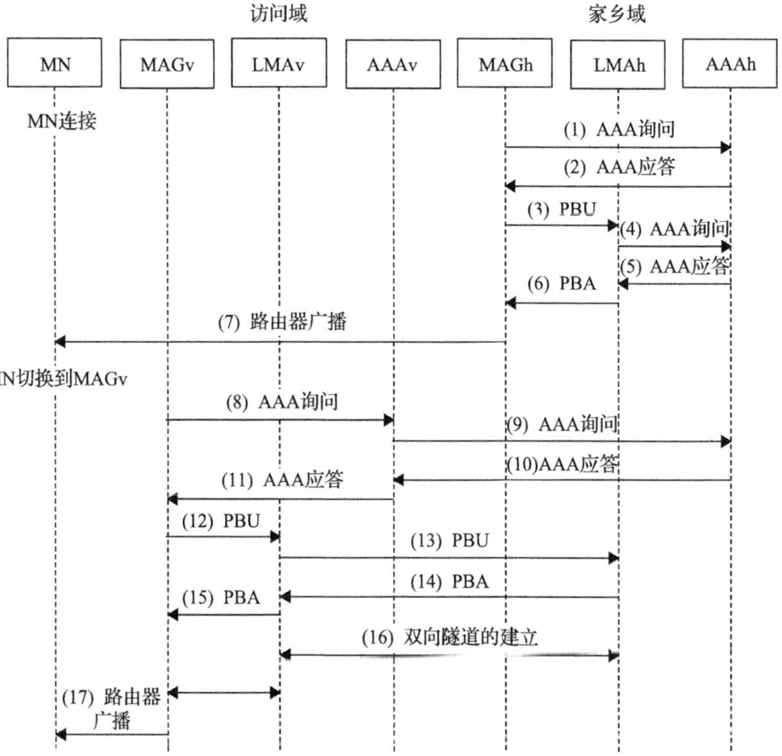

图 3.13　PMIPv6 域间移动性管理的信令流程

第 4 章　分布式移动性管理

4.1　概　　述

根据前面的分析，现有的 CMM 解决方案具有一些优点，如解决方案简单、易于放置等[86]。但是同时存在许多缺点，主要问题是网络中的节点失效和最短路线路由难以找到。此外，现有集中式解决方案中的 HA、LMA 和其他实体不仅负责定向和跟踪数据包，而且负责跟踪和存储有关移动节点位置的绑定信息，这会影响跟踪、包装和最终完成传输的效率。网络流量大量集中在网络中心，在网络边缘无法有效分配流量，导致网络中心负担沉重，一旦出现网络中心故障会导致整个网络瘫痪。

DMM 的概念是建立在 CMM 之上的。为了解决 CMM 中的单点故障问题和三角路由问题，IETF 标准组织于 2012 年 3 月成立了 DMM 工作组研究 DMM 方法[87]。DMM 的目标是消除集中锚点，并及时在网络端分配网络流量，将网络流量分到边缘资源中，从而消除单点故障问题，以此来消除网络瓶颈，实现网络中实际的负载均衡，提高网络效率和可靠性；同时，通过设计合理的隧道管理策略，以优化路由并提高网络数据速率和资源利用率。

4.2　集中式移动性管理的缺陷

1. 集中式移动性管理是一种次优化路由

在集中式移动性管理机制中，每条分组路由线路中总是存在线路绕行的情况。该情况在图 4.1 中有所描述。

首先，要考虑 MN 和 CN 之间的通信过程。假设 MN 和 CN 之间的拓扑距离较短，但是两者都离 MAP 距离很远。从 CN 发出且目的地是 MN 的所有数据包都不能在所连接的本地网络上直接转发消息，数据包必须路由到 MAP，再从 MAP 进行路由找到 MN，这是三角路由的典型应用方案[88]。接下来，考虑 MN 请求内容分发网络(content distribution network, CDN)镜像数据的过程，用户可以从镜像服务器获取需要的内容。为了减小传输时延来改善使用者的体验，服务提供者用缓存镜像的方式，将内容部署到镜像中，并将镜像部署在靠近用户的网络边缘[89]。这种方式使用的是现有的协议，不管镜像和MN的距离是什么样的，如果MN将HoA的地址作为请求地址，则镜像会将数据包先发送到MAP，之后才会通过网络将该数据包传送到MN，浪费网络资源的现象十分严重，在后续的MIPv6版本中，路由优化机制已经被考虑并继承到基本协议中。在锚点的层面上看，MIPv6的设计正式将MAP分布式地布署在接入网络中，从而使用户可以通过最邻近的MAP来完成更优化的路由过程。

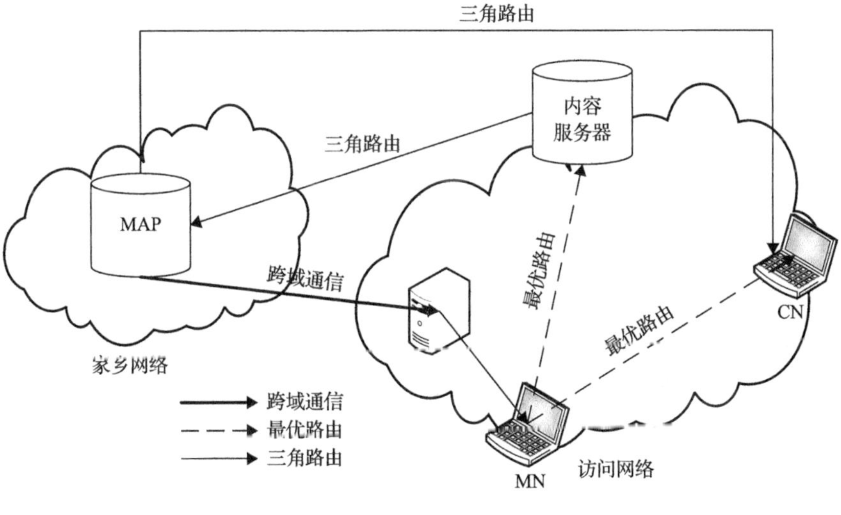

图4.1　次级优化路由示意图

另外，在CMM中，所有的数据都需要通过本地代理来路由，这样做的代价是很多的路由路径会增加额外的长度。如果拓扑结构中距离不远的MN和CN又都距离本地代理较远，这种方式的路由会浪费大量的网络资源且会增加数据延迟。

例如，CDN在本地CDN服务器上缓存内容，使用户可以从更近位置访问网络得到服务，从而减少核心网络上的用户流量。但是对于CMM，即使移动设备访问相同连接网络上的本地CDN服务器，也需要将流量路由到移动设备注册的CMM锚点，而不是直接传递给服务器。部署本地CDN服务器的好处是在CMM管理模式下不能充分地体现。

如图 4.2 所示，在 PMIPv6 中当 MN 移动且 CN 位于相邻的接入网，MN 与 CN 之间的通信需要继续通过本地移动性管理锚点路由时，路由路径并不是最佳的路由。另外，尽管 MN 和被访问的 CDN 服务器在同一访问网络上，但是它们之间的通信需要通过 MN 的本地服务器进行路由，其路由路径也和三角路由一样，不是最好的。

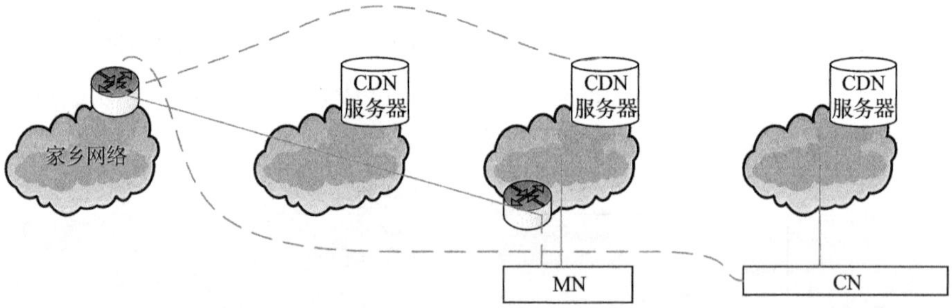

图 4.2　MN 和 CN 与本地服务器的通信

2. 网络演进架构的劣势

移动性管理网络与蜂窝网络的分层体系结构在一定程度上可以相互兼容。移动锚点是适用于分层网络的，但是随着用户量的增加，无线网的数据流量以惊人的速度快速增长，超过了集中式移动锚点的负载无法高效运行。如果网络架构还不进行任何的改变，要解决这种快速增长问题，运营商就必须花费大量金钱来对现有的设备容量升级。为了解决这个问题，移动网络的一种发展趋势是将分布式网络功能(如 CDN 的内容镜像服务器和数据锚点功能)推到边缘接入网络，使网络功能更接近接入网，在移动网络中，可以减少网络中的物理元素数量，以此来简化系统，减少系统维护和网络开销。

世界各地的移动网络运营商都开始以一种扁平的方式发展其网络架构，从 2.5G 时代的 4 层 GPRS 网络到 3G 时代的 3 层结构。网络层级简化从根本上减少了网络中网元的类型。这样可以实现方便的部署，减少系统成本和运营、维护开销[89]。如今，移动网络的趋势是越来越扁平化，多层集中式体系结构已不能满足流量和用户应用的要求。添加更平坦、更少层数的网络和 CDN 是用户越来越急切的需求，这种做法需要分布式移动性管理机制来运行。

如图 4.3 所示，蜂窝网络架构已从分层网络架构发展为平面网络架构。根据 3GPP 标准，GPRS 网络是由 GGSN(gateway GPRS support node，网关 GPRS 支持节点)、SGSN、RNC(radio network controller，无线网络控制器)、NB(node B，节点 B，3G 移动基站的称呼)组成的四层体系结构。在 3GPP EPC(evolved packet core，演进的分组核心)网络中，分层演进为由 P-GW (PDN(public data network) gateway，公用数据网网关)、S-GW、eNB(evolved node B，演进的节点 B)组成的三层架构[90]。在 LTE 中，可以联合引入一些网络技术来降低网络的分级。CMM 无法适应网络扁平化的趋势。

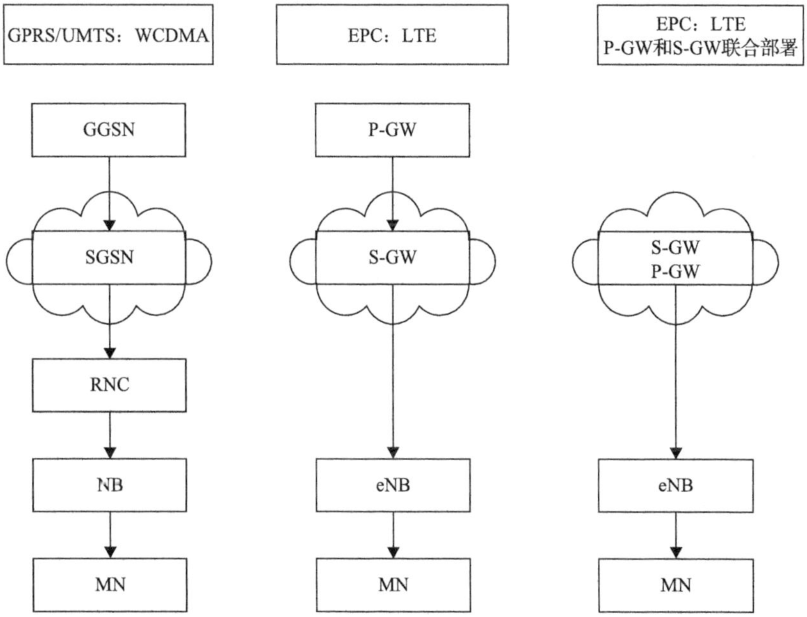

图 4.3　蜂窝网络架构的演进

3. 低扩展性和高成本信令维护

当移动设备进行网络的切换操作时，网络必须提供该移动设备的临时路由，才能保证会话连续不中断。从 CN 发送的数据包需要在 HA 和 FA 或 LMA 和 MAG(属于 PMIPv6[91]方案)之间建立隧道。但是这些网元位于隧道的尽头，必须提供移动节点和非移动节点。非移动节点数据包是根据传统路由规则直接路由不进行隧道封装，但是移动节点数据包具有需要封装服务的其他功能，必须根据网关设备的传入数据判断移动节点的数据包是否需要封装操作，在封装操作中，网关设备对移动节点数据包进行封装之外还需要分配合适的外部 IP 地址。然后，网关设备对“移动”和“非移动”数据分组进行分类，并执行各种操作。建立和维护特殊路由每个 MN 的移动性上下文信息随用户数量的增长而增长，并且通过集中式网络体系结构进行扩展可能非常困难且成本很高，基本没有可实施性。在 CMM 里面的数据包都必须经过 CMM 锚点才能进行路由。移动性管理锚点需要在自身管理域内所有注册的 MN 建立和维护移动性上下文，十分耗费本身的资源。当 MN 进行切换时，可以根据移动性上下文封装和转发数据包来确保移动会话的连续性[92]。但是随着接入 MN 数量的急剧增加，CMM 中的移动性管理锚点需要维护的移动性上下文数量和路由转发索引数量随之大量增加。集中式锚点需要提供更多资源来保证服务的运行，这使得在设计上扩展性较差。如果移动性管理节点发生故障或受到攻击导致锚点瘫痪，则会导致所有的相关节点无法正常运行。分布式路由维护和移动性上下文信息维护可以将功能分布到网络的多个节点上进行操作，有效提高可伸缩性。

4. 低移动性终端的固定化处理

当网络为许多不需要移动性支持的主机提供与移动主机相同的服务支持时，CMM 系统中的路由和移动性上下文信息维护过程中存在的缺点尤其明显。现有的网络协议可以为移动设备提供永久的移动性支持。但是，当大量移动用户通过移动设备访问网络时，会使用属于本地的流量。这些用户移动范围较小，在网络中的位置是不变的。数据表明，网络上的移动流量越来越多的是本地流量，本地流量占据的份额巨大[93]。此外，如前所述，许多应用程序设计机制可以维持会话连续性，而无须支持网络层移动性功能。很多应用程序是不需要进行 IP 移动性管理的，但是有一些协议对移动性管理是强制性的全面支持，导致大量的资源浪费。这就要求在网络层级别上对移动性管理提供协议上的支持，而不是提供实时、持久服务的应用程序和对设备进行动态路由。DMM 可轻松实现动态运维机制，动态移动性管理和 DMM 的结合研究是一种研究方向，两者的完美结合能对效率和功能进行优化[93]。

5. 移动 IP 的变种协议和拓展的多样性

如前所述，在过去的几十年中，针对各种应用场景和考虑因素，传统的移动 IP 协议一直在不断扩展和优化。但是由于设计与研发之间的不兼容，部署层级已更改，在处理不同变体协议之间的互操作性时，变得尤其复杂且难以兼容。考虑到广泛的兼容性，无论是基于移动 IP 的分布式移动性管理设计还是 PMIPv6，移动解决方案都可以根据不同的需求，向设备和应用程序提供移动性管理策略，能够达到终端移动性，这是动态移动性管理的目标之一。换句话说，一种移动支持解决方案可以针对设备选择性地打开或关闭，并且可以区分不同的移动信号。该设计是结合了灵活性和选项使用的解决方案，可以集成不同的移动性管理并实现兼容性[93]。因此，基本协议的扩展能在优化集成过程中起到很重要的作用。

6. 对终端设备一致性要求高

对路由方法进行优化，可以使用每个 IP 地址直接执行终端之间的通信。MIPv6 的路由优化模式是一种典型设计，其结构如图 4.4 所示。

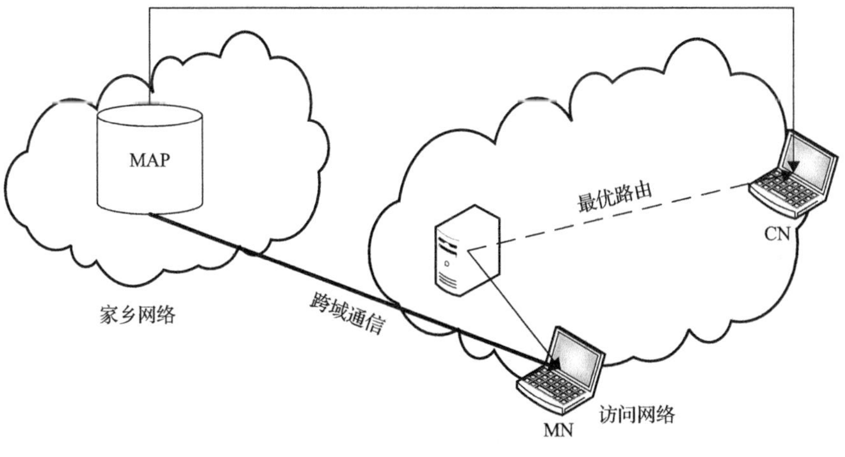

图 4.4　MN 与 CN 的直接通信

如果 MN(或 CN)不想公开拓扑位置，则路由优化模式期望在所有可能的场景中使用，也就是说，除非如网络地址转换(network address translation，NAT)之类的限制使 CoA 或 CN 放置在特定的“隐藏网络”上，否则路由优化预计将在所有的情况下使用。因为在 MN 和 CN 之间需要传输许多的相关信令，所以 MIPv6 中的路由优化模式对终端自身操作系统的协议栈的完整性提出了很高的要求。当信令交互和协议协商过程受协议栈的不同实现方式影响时，网络应该有可能优化路由，但是还可能会发生传输错误。当移动性支持不被需要时，动态移动性管理措施可将优化路由线路的成本降至最低，并减小由其他信号切换引起的切换时延。这些优势会在动态移动性管理对等通信服务的部署中的普及方面起到关键作用。

7. 单点限制

由于集中式移动锚点系统的功能节点是集中式的，所以存在单点故障或被攻击这种非常大的风险。在 IP 协议网络中，在发送协议信令和发送数据内容之间几乎没有优先级。如果功能集中的锚点由于繁重的数据流而导致网络拥塞，则不仅数据平面将瘫痪，而且控制功能也将被破坏。DMM 系统可以在特定区域内的本地网络中有效缓解此问题，在分布式移动性管理中至少能够保证部分地区的功能正常不至于整个瘫痪。将管理控制功能与转发功能部署到不同的设备实体上，从物理层面保障了其功能的鲁棒性，不至于出现因数据平面的拥塞而导致整个系统崩溃的问题。

4.3 分布式移动性管理协议

CMM 在移动性流量激增后开始力不从心，DMM 开始出现，同时移动 IP 协议为了适应网络的平面化网络架构发展趋势，在趋向平面的网络结构中需要使用 DMM 技术进行移动性管理。

DMM 可以适应蜂窝网络架构的扁平化发展趋势，并分散路由和移动性[90]。分散 CMM 锚点的上下文维护功能可减轻集中式锚点的负担。DMM 在访问网络级别上分配移动性管理锚点。在理想协议中，这些移动性管理锚点是与第一条接入路由器处于同一个级别，分布式的锚点管理使得集中式移动性管理相关锚点的瓶颈问题得到解决。MN 的路由问题也不需要中心锚点来解决，而是转移到相关的最近锚点来解决，这大大降低了形成三角路由的可能性，同时降低了数据传输的延迟。如果其中一个或者几个锚点出现故障不能进行相关的任务，那么受到影响的仅限制在与其相关的一部分 MN，不至于导致整个网络瘫痪，这大大增强了网络的鲁棒性。基于上述的原因，DMM 的长期计划仅在 IPv6 中进行部署。由于新协议的指定存在风险并且研究的调查工作还在进行，所以 IETF DMM 工作组打算对现有的 CMM 协议进行扩展，使其支持当前的网络和主机，解决兼容性的问题。

DMM 的目标主要有以下三个：

(1) 将移动性管理锚点进行分布式的放置。不同类型的数据在不同的锚点进行管理，避免同一个移动性锚点既进行数据平面包转发又进行信令平面的数据处理。用一个锚点只进行一种数据处理的方式以减轻锚点的负担。

(2) 将数据平面的流量进行分流。现在 MIPv6 中的路由优化也做了一些类似的设计，在该网络中 MN 能够和 CN 一对一地进行通信，这样就需要 CN 能够支持一样的路由优化方式。PMIPv6 在本地也有本地路由，这样可以在一定程度上起到流量分散的作用，但是本地的相关路由是可选项，在开始设计时不考略这些因素。

(3) 为 MN 分配最近移动锚点。在实际路由时，要为 MN 分配网络拓扑结构上离得最近的移动性锚点来处理这个 MN 的数据。

根据以上这些设计上的目标和要求，DMM 的研究可以分为演进型和革命型两种设计方法。基于现有的移动 IP 协议，演进型设计方法已经得到改进和完善，与现有的网络兼容，并且可以快速、强大地部署。演进型设计方法主要着眼于两个总体方向，是基于终端的移动性管理方法和基于网络侧的移动性管理方法。革命型设计方法主要指基于路由和基于 SDN 的方法，主要的思想是进行重新设计来达到相应的设计目标，不拘泥于已经成型的广泛应用的协议。在 IETF DMM 工作组的工作中，当前的革命型设计方法已经进入早期阶段，演进型设计方法的研究已经取得了很大的突破，进展顺利。

4.3.1　演进型设计方法

IETF DMM 工作组成员已经达成共识，在设计过程中需要先考虑当下的集中式 IP 移动性管理协议，因为 MIPv6 和 PMIPv6 等相关的协议已经在很多的领域得到了广泛应用。在设计过程中需要参照 IP 支持移动性的协议。DMM 演进型设计方法要求在移动性管理锚点进行 MN 移动性上下文的维护，并且在必要的时候对数据包进行路由转发。与 CMM 不同，DMM 在接入网络级别上分配移动性管理功能。基于终端侧的 DMM 方法是在

MIPv6 的基础上发展而来的，MN 需要向网络的移动性管理实体提供自身的相关信息，如位置等，MN 的相关协议栈就需要进行一定的更改来配合相关的功能。同时，对应的基于网络侧的 DMM 方法是在 PMIPv6 的基础上设计得到的，网络中的移动实体通过查询网络来得到 MN 移动的相关消息，所以在这种网络中 MN 并不参与移动相关消息的传递。

1. 基于终端侧的 DMM 方法

目前，MIPv6 使用 CMM 中的 HA 来维护移动性管理域中注册的所有 MN 的移动性上下文信息及路由的状态信息。这样 HA 的资源和功能制约了网络性能的发展。目前，学术界提出了一种基于 MIPv6 协议的终端侧的 DMM 协议设计。这种协议设计取消了 MIPv6 的一些限制，并适应了平面网络体系结构的发展趋势。因为基于终端侧的 DMM 方法类似于 MIPv6，所以还需要更改终端协议堆栈，这对现有的网络架构没有兼容性。现在的方法主要还是基于网络侧的相关移动性管理方法，但是在当前网络协议中很多不能支持相关内容的获取，所以终端侧的相关移动性管理方法也是有其存在意义的。

基于终端侧的 DMM 设计方法，将移动性管理的锚点和接入网络同级别对待，扩展了 MIPv6 协议的移动性管理信令，并重用了诸如 MN 的绑定更新列表、将缓存实体绑定到移动性管理锚点处、关联的移动锚点之间的双向传输隧道之类的现有 MIPv6 协议概念。此方法涉及的功能实体和信令包括访问移动性锚点(access mobility anchor，AMA)，MIPv6 的 HA 扩展到 AMA，即基于主机的 DMM 的移动锚点。AMA 分布在接入网络级别，在 AR(接入路由器)上运行。AMA 给 MN 分配相关的前缀来代表网络，同时进行缓存的维护并执行绑定的功能。绑定缓存根据来自 MN 或相邻 AMA 的移动性信令进行更新。服务 AMA 是指当前 MN 连接到的 AMA，是目前为 MN 提供服务的 AMA，源 AMA 能够配置 MN 的 IP 地址，MN 使用配置的 IP 地址来建立一个网络连接并进行对话。一个 MN 只能对应一个服务 AMA，但是可以对应关联多个源 AMA。

1)绑定更新(BU)和绑定确认(BA)

MN 先向服务型 AMA 发送一条 BU 消息告诉 AMA 自己要进行注册，MN 所有当前有效的 IP 地址信息(注册相关的消息)都会包含在该消息中。在这之后，服务 AMA 会再次向 MN 发送一个确认的消息，目的是确定地址是否已经注册完成。

2)接入绑定更新(access binding update, ABU)和接入绑定确认(access binding acknowledgement, ABA)

一旦服务型 AMA 收到来自 MN 的一条 BU 消息，其中 ABU 消息是更新 MN 移动性上下文并且发出在服务 AMA 和源 AMA (可能有多个)间建立双向隧道的请求，源 AMA 收到 ABU 消息之后就返回一条 ABA 消息，这样完成之后，就建立起双向隧道。

在基于终端侧的 DMM 设计的网络中，将 AMA 部署到网络中并将其相关的级别下调。MN 由服务型 AMA 提供网络前缀来得到新网络的地址，然后 MN 发送一条相关的消息向 AMA 进行注册地址，当 MN 更改访问位置并连接到新的 AMA 时，MN 将基于新进入网络的前缀配置新地址，但是保留旧地址，并将旧地址优先级降低为不推荐使用级别。MN 发送一条 BU 消息向新的网络进行再一次的注册，除了注册的地址之外，先前的地址也进行保留，服务型 AMA 可以在 BU 中得到先前的 IP 地址，然后 MN 发送 AMA 消息给源 AMA 进行双向隧道的建立。源 AMA 可以确保与 MN 锚定的地址关联的通信会话不会因此中断。

2. 基于网络侧的 DMM 方法

PMIPv6 对所有注册的 MN 使用集中式移动锚点进行管理，称为 LMA。网络性能集中的 LMA 成为网络性能发展的限制因素。基于网络侧的 DMM 协议是在 PMIPv6 协议之上扩展得到的，相关学者针对终端侧模型提出了基于网络侧的相关模型。

使用分布式锚点而不是 MN 执行与移动性相关的信令，这种方法被称为基本 DMM 方法。与 PMIPv6 一样，基本 DMM 方法仅提供本地移动性管理支持，用于特定基本 DMM 方法域中。在基本 DMM 方法中，移动性管理被称为基于网络的方法，因为它对终端透明。基本 DMM 方法是将数据平面分布到接入网络级别，若其中数据平面和管理平面均采用分布式，则称为完全分布式 DMM 方法。在完全分布式 DMM 方法中，PMIPv6 中的 MAG 和 LMA 被扩展为移动接入锚点(mobile access anchor，MAR)。由于其完全分布式的特性，通常需要经过 MN 接入前的锚点来获取相关信息，如何获得该接入点的信息成为关键问题。通常来说 MAR 的信息获取途径有以下几种：①在 MN 与 MAR 通信时利用两层机制检索 MN 配置的 IP 地址；②MAR 之间的对等通信，单播或多播；③MAR 发现的分布式模式，单播或多播；④网络层 IP 地址配置机制扩展；⑤其他 MN 向 MAR 进行通信协议；⑥MAR 使用 NIQ(node information queries，节点信息查询)协议从 MN 获取所需信息。

为了解决这一问题，基于网络侧的部分分布式 DMM 方法被提出。在这种模型中，数据平面的分布类似于 MAG，控制平面用于存储的管理和路由的获取。利用部分分布式 DMM 方法，MN 本身不需要参与移动性有关的信令，并且 MN 甚至不需要升级网络软件来支持移动性。在部分分布式 DMM 方法中，PMIPv6 中的 LMA 被扩展为中心移动性数据库(central mobility database，CMD)，MAG 扩展为 MAR。利用 CMD 维护绑定缓存实体(binding cache entity，BCE)，而 CMD 自身则不参与到数据的转发过程中，MAR 管理其域内的 MN 并负责为其分配网络前缀，维护本地 BCE。

需要注意的是，如果使用部分分布式 DMM 方法会使得信令开销大和注册延迟比较长。要使用完全分散的架构，则需要确保每个锚点的数据一致性。

4.3.2 革命型设计方法

演进型 DMM 方法要求必须通过双向隧道转发执行 IP 交换的流量，并且路由仍然不是最优路线。比较好的状态下，在 MN 进行网络移动之后，MN 的所有数据都应该进行最佳的路由。所有的路由协议都使用相关的算法进行路由表的更新，以便对数据包进行最佳路由，且 MN 在边界网关协议(boundary gateway protocol，BGP)域之间切换时需要重新配置 IP 地址。

1. 基于 SDN 的 DMM 方法

SDN 通过更灵活地设置数据路径来实现更有效的 DMM 路由[94]，仅更新路由表就可以实现目的。SDN 能够实现网络中数据和其他类型消息的管理与控制。SDN 提供一些灵活的方式来进行数据的管理，并且能够对网络路由状态进行更新。MN 的 MAR 需向控制器的 DMM 服务进行绑定更新，由控制器负责 MN 前缀分配、MN BCE 维护以及(P&S)-MAAR(push and send MAAR，推送和发送 MAAR)流表更新。数据的路径直接由 SDN 控制器指定的流表控制，无需隧道，可以实现路由的优化。这样，基于路由的 DMM 方法不会更改 MN 的 IP 地址，从而确保了应用程序级的会话不间断。SDN 具备移动性，还有很多问题需要解决，为此 IETF 制定了新的方法。

2. 基于路由的 DMM 方法

在基于路由的 DMM 方法中，当 MN 移动并连接到另一接入路由器(AR)时，检测由 MN 配置的 IP 地址并在触发切换接入 MN 的 BGP 域内路由的更新操作。基于路由的 DMM 方法能够对网络中所有的数据流进行线路优化，但要以交换更新路由时的大量信令开销为代价，即信令开销增大。另外，该方法还具有切换时延高和可伸缩性局限的许多问题：路由限制在域上收敛，更新路由会引起路由风暴，为了避免过长的切换停机时间，路由收敛时间应限制在足够短的时间间隔内。因此，基于路由的 DMM 方法需要进一步研究和开发。

4.3.3　DMM 方法比较

总而言之，基于现有的 IETF 移动性管理协议，当前的 DMM 方法可以分为演进型设计方法和革命型设计方法。根据 MN 是否参与移动性管理，是否为 AMA 发送相关的移动性消息，演进型设计方法划分为基于终端侧的 DMM 方法和基于网络侧的 DMM 方法。基于终端侧的 DMM 方法是以 MIPv6 为基础进行修改得到的。在基于网络侧的 DMM 方法中，MN 不参与移动性有关的相关操作，也不提供相关移动性管理消息，所以 MN 相关的移动性消息需要网络自己在网络中进行获取。因此，当前基于网络侧的主流 DMM 方法是部分分布式方法，其中数据平面分布在接入路由器级别，而控制平面仍然集中[94]。表 4.1 总结了几种具有代表性的 DMM 方法。

表 4.1　几种具有代表性的 DMM 方法

DMM 方法	方法概述
基于终端侧	将 MIPv6 的 HA 扩展为 AMA，控制到接入网络级别； AMA 负责为注册的 MN 分配网络前缀，与相关的 MAR 间建立转发隧道； BU/BA: MN 与 AMA 之间的消息； ABU/ABA: AMA 间消息
基于网络侧部分分布式	将 PMIPv6 中的 LMA 扩展为 CMD 或 MAG 扩展为 MAR； CMD 负责维护 BCE，不参与数据转发； MAR 为其管理域内的 MN 分配网络前缀，维护本地 BCE
基于网络侧完全分布式	将 PMIPv6 中的 MAG 和 LMA 扩展为 MAR，获取相关 MAR 信息途径： (1) MN 与 MAR 通信时通过两层机制检索 MN 配置的 IP 地址； (2) MAR 之间的对等通信，单播或多播； (3) MAR 发现的分布式模式，单播或多播； (4) 网络层 IP 地址配置机制扩展； (5) 其他 MN 向 MAR 进行通信协议，如 IEEE 802.21； (6) MAR 使用 NIQ 协议从 MN 获取所需信息

续表

DMM 方法	方法概述
基于 SDN	MN 的 MAR 需向控制器的 DMM 服务绑定更新； 控制器: MN 前缀分配、MN BCE 维护、(P&S)-MAAR 流表更新； 数据路径直接由 SDN 控制器指定的流表控制，不需要隧道，可以实现路由的优化
基于路由	由 MN 接入 AR 触发切换接入 MN 的 BGP 域内路由更新

4.4　分布式移动管理的四种方法

4.4.1　迁移家乡代理

本节介绍使用传统的移动 IPv6 协议及归属代理迁移的附加移动管理平面，可以实现网络规模移动性部署。在这个新的平面中，归属代理分布在整个网络上，并且交换有关它们可以到达的移动节点的信息。此部署是在任播路由的帮助下执行的，其中每个本地代理通告相同的 IPv6 预处理。因此，移动节点将透明地与其拓扑上最接近的归属代理交换流量，从而减小通信延迟，此外本节还介绍全球移动交换的概念，其中归属代理的操作类似于网络交换点中的路由器。

与其他专注于端到端通信或新路由架构以提供移动性的工作不同，该方法提供一种不会修改现有网络架构的网络规模移动系统。与其他解决方法相比，该方法很有意义，因为可以执行部署，具有切合实际的运营和财务成本。这可能会减缓此类技术的部署。另外，归属代理迁移保持对终端节点的遵从性，无论它们是否实现移动 IPv6，并且仅需要对常规归属代理进行小的更改，没有对终端节点进行修改，从而简化网络规模移动系统的部署。

1. 归属代理迁移

归属代理迁移系统的基本概念是从归属链路中脱离归属代理，以便将它们分布在网络拓扑中。这种新型归属代理部署的目的是提供一种有效的路由优化方案，该方案与移动 IPv6 的移动节点兼容，对于通信节点是透明的，并且减小了通信延迟。在开发此解决方法时，假设的主要对象是在国家范围内漫游的移动节点。本地代理遍布全球各大城市，以便更接近移动节点并提供对此架构的无缝访问。虽然这种情况主要涉及全球运营商，但这种解决方法也适用于小规模部署。例如，归属代理迁移对于通过多种网络接入技术(如 CDMA2000、CDMA 1xEV-DO 和 IEEE 802.11b)提供 IP 连接的服务提供商也很有用。网络运营商可以在其网络中建立归属代理，使得移动节点相对于其接入技术向归属代理注册。

在所提出的体系结构中，沿着网络拓扑部署了多个发布相同 IPv6 前缀的本地代理，此路由操作称为任播路由(anycast routing)，有助于解决负载平衡和冗余问题。如今，它主要运行于 DNS 服务器。归属代理可以使用任何互连的路由协议来形成覆盖网络，允许它们交换移动节点的数据流及信令分组。这些互连可以直接通过网络或专用的高速主干创建。

图 4.5 比较了传统移动 IPv6 和归属代理迁移系统的网络架构。由于归属代理在网络拓扑中的分布，移动节点将始终使用最近的归属代理，就好像归属代理已迁移到移动节点的位置附近。最近的归属代理称为主归属代理，因为它接收由移动节点发送的第一个绑定更新。类似地，通信节点发送的分组使用通用 IP 路由机制路由到其最近的归属代理，然后通过快速主干路由到主归属代理。在图 4.5 中，当移动节点和通信节点彼此通信时，使用优化的路径。

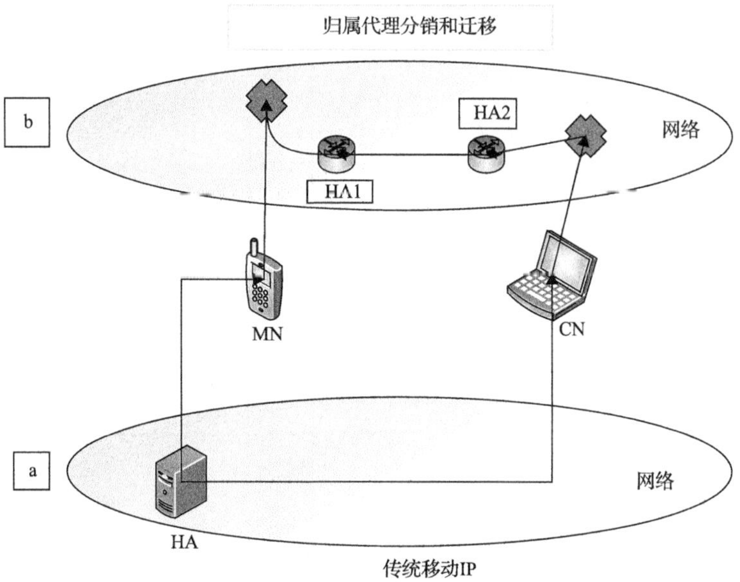

图 4.5　归属代理分销和迁移的概念

2. 全球移动交换

当前的网络基础设施依赖网络交换点(internet exchange point，IXP)。第 1 层互联网服务提供商(internet service provider，ISP)通过这些 IXP 互

连，并使用它们交换大部分数据流。使用归属代理迁移，可以在 IXP 中有效地部署归属代理作为移动服务的代表点。本地代理的运营概念类似于 IXP，因此人们将此部署称为全球移动交换(global mobile exchange，GMX)。GMX 的主要目标是降低与移动节点相关的传输流量的成本，并允许网络规模移动服务。根据管理移动的服务提供商的数量，可以部署不同的 GMX。在图 4.6 中，有三个移动互联网服务提供商(mobile internet service provider, MISP)管理不同的归属代理集，即 MISP1、MISP2 和 MISP3。所有这些都由位于 GMX1 和 GMX2 的本地代理互连。在 GMX 中，归属代理以常规路由器在 IXP 中交换流量和路由信息。为了提高性能，GMX 位于用户集中(包括流量)程度高的位置。

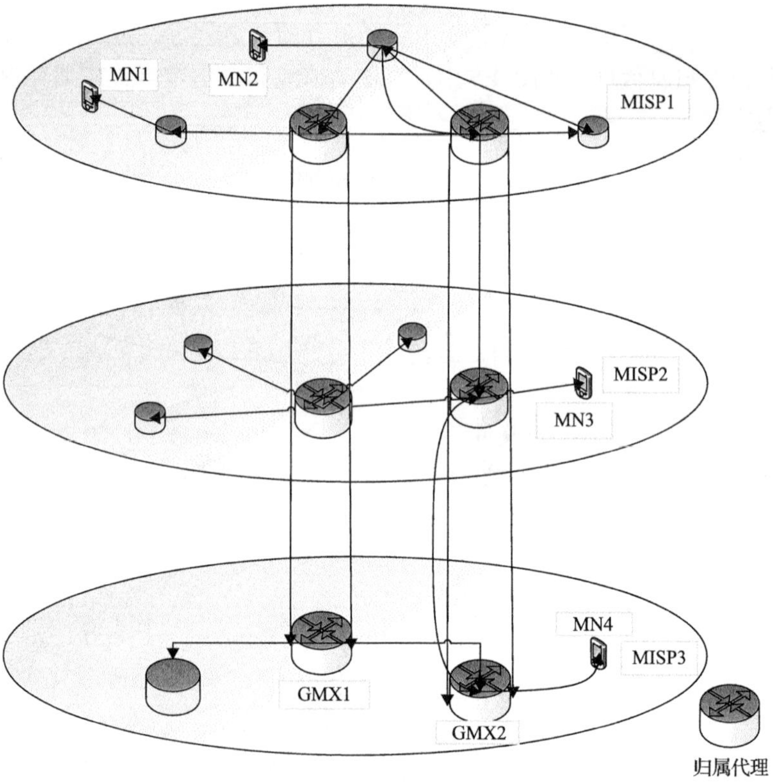

图 4.6　全球移动交换的概念

在远离其归属网络的情况下，移动节点将始终与最近的归属代理在网络拓扑方面相关联。由于本地代理在整个网络上分布，并且信令和数据流可以在本地代理之间分配，所以本地代理不再是性能瓶颈。归属代理的分布也减小了延迟并优化了路由。如果归属代理交换路由信息，则由移动节点发往或发出的分组可以直接路由到其主归属代理。

3. 迁移本地代理的优势

如前所述，在远离其归属网络的情况下，移动节点将始终与最近的归属代理在网络拓扑方面相关联，归属代理互连以交换移动节点的绑定信息。此外，它们还能够检测并报告彼此的失败。因此，当移动节点的主归属代理崩溃时，另一个可以向其发送故障警报。在接收到故障警报之后，移动节点可以向新的归属代理发送绑定更新并立即恢复通信。与传统的移动 IPv6 不同，归属代理迁移不易受到归属链路不可达性的影响，并且能够处理归属代理的缺陷。移动 IPv6 的路由优化过程存在严重的隐私问题，因为移动节点必须披露其转交地址。虽然此解决方法允许终端节点使用它们之间的最佳路径，但也暴露了移动节点不在其家乡网络中却访问另一网络的事实，所提出的解决方法没有公开移动节点的转交地址，保留其位置。另外，与路由优化过程不同，移动节点的流量不能在访问网络中被窃听，因为归属代理和移动节点之间的隧道可以用 IPSec 安全地进行保护。

4. 绑定缓存的概念

对于每个移动节点，绑定高速缓存维持转交地址、归属地址和与移动节点相关联的归属代理之间的关系。与移动节点相关联的归属代理称为主归属代理，使用归属代理迁移体系结构，归属代理共享相同的绑定缓存。因此，它们始终可以找到特定移动节点的主归属代理。该高速缓存是专用路由表，允许归属代理知道移动节点是否可达，以及用于将分组转发到移动节点的主归属代理。

为了同步这些关系，每个归属代理与其他归属代理建立安全隧道，并使用它来交换移动节点的信令和流量。当主要本地代理接收到绑定更新时，它会通过隧道将结果关系发送给其他本地代理。当其他本地代理接收到此关系时，会更新自己的绑定缓存。这种简单的基于网格的绑定同步显然可以被优化以提高效率，但是由于它不会影响移动节点的性能，所以这种机制足以满足相应的实验要求。

当移动节点向归属代理发送绑定更新时，移动 IPv6 要求归属代理使用归属链路上 IPv6 的 DAD 来验证归属地址的唯一性。但是，在本节的系统中，由于此链接是虚拟的，所以无法执行此检测。归属代理使用绑定缓存来执行唯一性测试，而不是常规 DAD。

5. 移动节点的移动

在移动 IPv6 中，移动节点使用归属代理地址发现机制来发现其必须使用的归属代理。类似地，在归属代理迁移系统中，移动节点必须找出其最近的归属代理。由于提议不需要对移动节点进行任何修改，所以在两个系统中以相同的方式执行此发现。如文献[95]中所述，移动节点将动态归属代理地址发现请求发送到识别归属链路上存在的所有归属代理的特定地址，当归属代理收到此消息时，会发回动态归属代理地址发现请求的回复，其中包括可访问的归属代理列表。因此，在本节的系统中，移动节点使用该回复来发现必须用于发送其绑定更新的归属代理的地址。

当移动节点移动并且需要主动更改其主归属代理时，发送新的动态归属代理地址发现请求。由于任播路由，消息被路由到离回复移动节点最近的归属代理。当归属代理发生改变时，移动节点在向新的归属代理发送新的绑定更新之前不需要从旧的归属代理取消注册。这是因为正在进行的绑定缓存由所有本地代理共享。但是，最近的本地代理可能在移动后保持不变，例如，如果日本移动节点从东京移动到横滨且本地代理迁移架构仅部署在东京和纽约，则会发生这种情况。

如果归属代理检测到它比其当前的主归属代理更接近移动节点，则归属代理的改变也可以是被动的。当归属代理从与另一个归属代理 HA2 建立的安全隧道接收到绑定更新时，触发发生。因此，主归属代理将要求移动节点绑定到 HA2。

6. 部署示例

在图 4.7 中，有四个归属代理(HA1～HA4)服务于相同的 IPv6 归属前缀 2001:200::/48，并通过 IPSec 隧道连接。即使归属代理位于不同的网络中，每个归属代理也从相同的归属网络前缀生成不同的归属代理地址。在图 4.7 中，HA1 将 2001:200:1 配置为其地址。

每个归属代理充当虚拟配置的归属链路的指定路由器，并拦截用于移动节点的分组。

当在不同网络中配置多个本地代理时，每个本地代理应事先知道其他本地代理并建立安全关联以确保与其他本地代理的安全路径。归属代理继承归属代理列表以管理其他归属代理，如移动 IPv6，但是，归属代理列表管理要求所有归属代理都应该在链接上。因此，使用称为“hello”的新消息来定期交换本地代理信息并确认本地代理可用性。由“hello”消息携带的归属代理信息与归属代理在移动IPv6中发送的路由器通告相同协议。

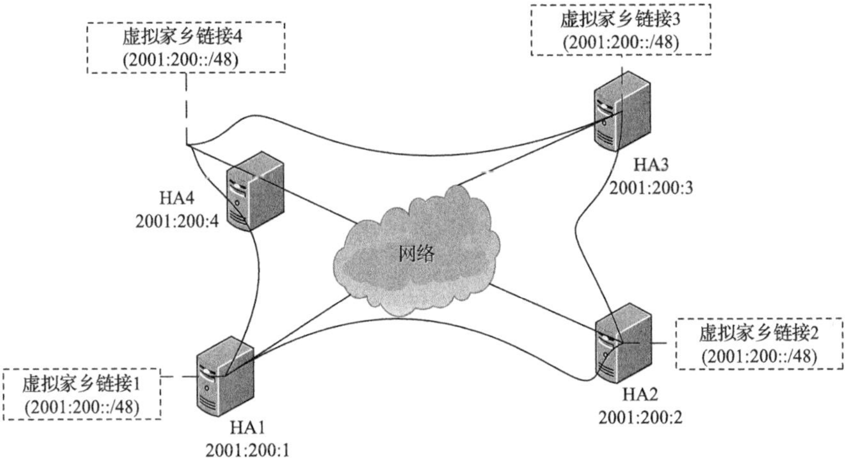

图4.7 归属代理配置的示例

图4.8详细示出了在归属代理迁移系统中的分组交换。该协议基于国际家乡代理协议[91]。MN首先绑定注册到其主归属代理(seq1)，主归属代理为移动节点的归属地址创建绑定，然后将副本发送到其他归属代理以同步绑定高速缓存。当归属代理从主归属代理接收副本时，它会更新其绑定的高速缓存。

当移动节点与通信节点通信时，来自移动节点的输出分组被隧道传输到主归属代理(这里是HA1)(seq4)，并且传输到归属代理HA2的传入分组被接近的主归属代理HA2拦截。然后，拦截的数据包通过隧道传输到主归属代理，主归属代理通过双向隧道(seq5)将分组传送到移动节点。如果移动节点由于移动而决定切换其主归属代理，则它向新的主归属代理发送绑定更新(seq7)，4.3节描述了如何发现最近的本地代理，然后新的主归属代理将绑定信息发送给其他归属代理，使绑定消息同步(seq8)。收到绑定副本更新(binding copy update, BCU)后，所有本地代理都会更新绑定以及新的主本地代理地址。

归属代理迁移可以符合网络移动性协议。除绑定缓存信息外，该过程与MIPv6相同。当使用网络移动性时，移动网络前缀信息也在绑定高速缓存条目中管理。

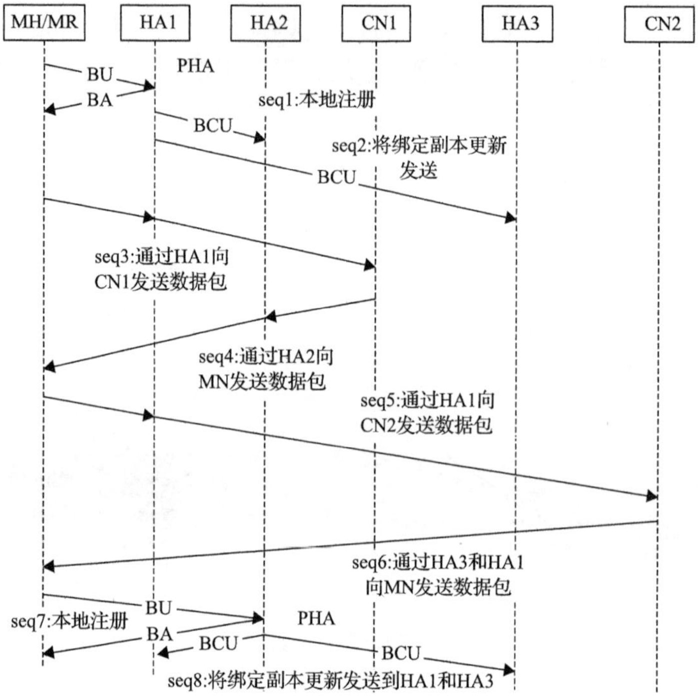

图 4.8　归属代理迁移系统中的分组交换

MH：mobile host，移动主机；MR：mobility routing，移动性路由；PHA：primary home agent，主站代理

4.4.2　分散流动锚点

该部分根据不同的配置和功能定义 DMM，以提供 IP 移动性支持。根据移动性支持的需要，网络可以配置基于网络侧或基于终端侧的移动性支持的分布式移动性锚定功能。在分布式移动性锚定环境中，多个锚点可用于 IP 前缀锚点的中间会话切换。要在移动节点移动到新网络时启动新数据流或处理不需要 IP 会话连续性的数据流，可以使用从锚定到新网络的新 IP 前缀配置的 IP 地址来启动或重新启动数据流。如果流量需要在网络变化中存活，则可以使用解决方法来启用 IP 地址移动性。下面描述了不同的锚定方法，具体取决于IP地址移动性需求，以及网络如何处理此IP地址移动性。

1. 基于网络侧的 DMM 方法案例

基于网络侧的 DMM 方法的主要特征如下[96]：

(1)控制平面可以是分布式的或集中式的(图 4.9)。

(2) 控制平面锚点(control plane anchor，CPA)和数据平面锚点(data plane anchor，DPA)可以位于同一位置或不同位置。如果 CPA 与分布式 DPA 位于同一位置，则存在多个共址的 CPA-DPA 实例。

(3) 分配 IP 前缀/地址 IP1(锚定到具有 IP 地址 IP1 的 DPA)供 MN 使用，MN 使用该 IP1 地址与 CN 通信。

(4) 位置管理功能可以共同定位或拆分到单独的服务器(图 4.9 中 LMs (location management server，位置管理服务器))和客户端(图 4.9 中 LMc (location management client，位置管理客户端))中。在这种情况下，位置管理功能可以是集中式的，而 LMc 可以是分布式的也可以是集中式的。

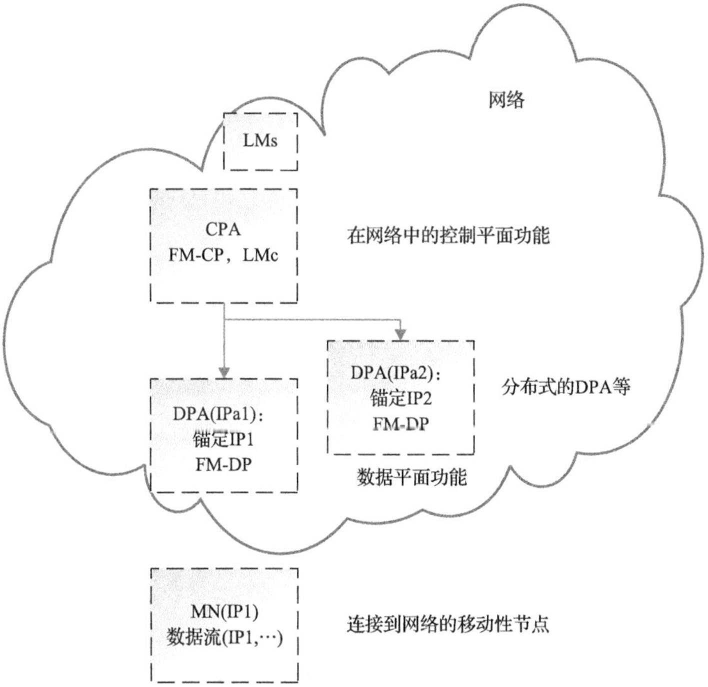

图 4.9 基于网络侧的 DMM 配置

FM-CP：控制平面中的转发管理功能；FM-DP：数据平面中的转发管理功能

2. 基于终端侧的 DMM 方法案例

图 4.10 显示了基于终端侧的 DMM 配置。在该配置中，移动节点执行 CPA 和 DPA 移动性功能，即转发管理和位置管理(终端)角色。

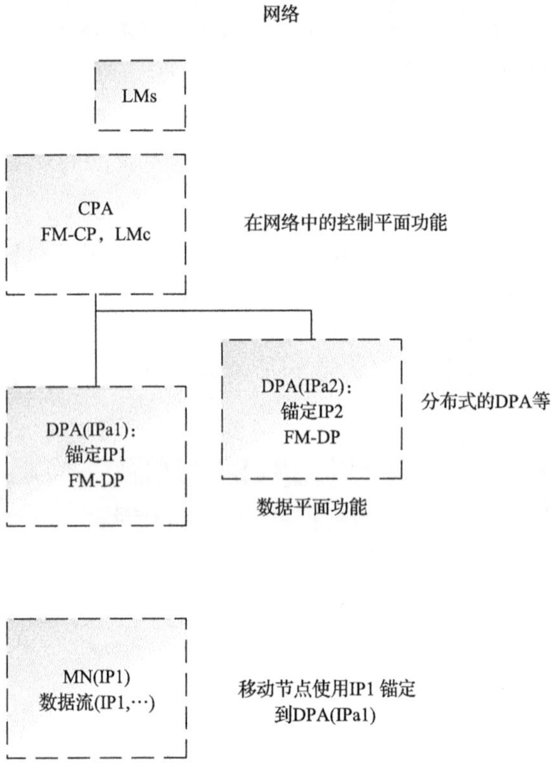

图 4.10　基于终端侧的 DMM 配置

分布式锚点环境中移动 IP 支持仅在需要时提供，而不是默认提供。可以考虑以下三种情况[97]：

(1)游牧案例，不需要地址连续性。移动后，MN 使用的 IP 地址发生变化，使用旧 IP 地址的流量中断。如果需要会话连续性，则需要更高级别的解决方法提供支持。

(2)移动性案例，流量重定向，需要地址连续性。当 MN 移动时，先前的锚点仍使用旧 IP 地址锚定流量，并将其转发到新 MN 的位置。MN 获得锚定到新位置的新 IP 地址，并且优选地将其用于在新位置连接时建立的新通信。

(3)移动性案例，锚点重定位，需要地址连续性。在这种情况下，通过使用某种方式使流量间接偏离默认路由，优化流量所遵循的路由。

移动锚定的直接选择如下：

将 MN 的选择作为 IP 流的数据包的源地址，MN 是在发起数据流时由 MN 附着的网络分配的地址。这样，属于该数据流的流量遍历 MN 的移动性锚点。

数据流的 MN 侧的 IP 前缀/地址可以锚定到 MN 所连接的接入路由器。例如，当 MN 连接到网络(如 Net1)或移动到新网络(如 Net2)时，来自连接网络的 IP 前缀被分配给 MN 的接口。除了配置新的链路本地地址之外，MN 还从该前缀配置 IP 地址，该 IP 地址通常是动态 IP 地址，然后在启动数据流时使用此 IP 地址。来自该数据流寻址到 MN 的分组根据转发表被简单地转发。

在启动数据流时，MN 可以存在多个 IP 前缀/地址。它们可能来自相同的接入网络或不同的接入网络。网络可以使用成本选项来通告这些前缀，使得移动节点可以选择成本最低的前缀。另外，这些 IP 前缀/地址可以支持不同类型的移动性。MN 将需要根据是否需要 IP 移动性支持来选择每个数据流使用哪个 IP 前缀/地址。

3. IP 移动性支持冗余案例

当数据流不需要 IP 移动性支持时，不使用 LM(location management，位置管理)和 FM(forwarding management，转发管理)功能，以便简化前面的配置，如图 4.11 所示。

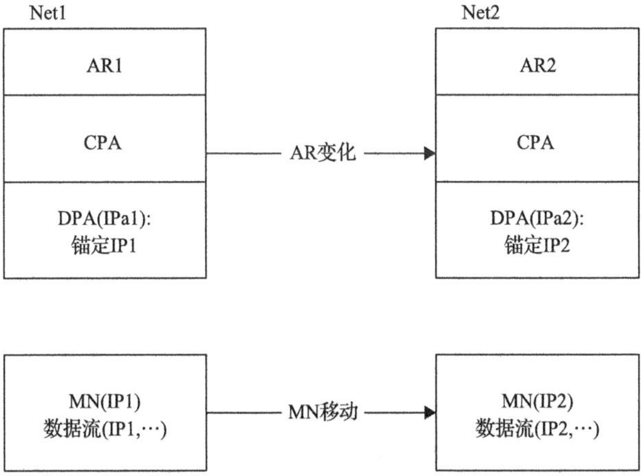

图 4.11　更改为新的 IP 前缀/地址

当不需要向数据流提供 IP 移动性时，数据流可以使用 MN 移动到新网络时获取的新 IP 地址。

无论是否需要 IP 移动性，如果在 MN 移动到新网络之前数据流尚未终止，则数据流可以随后使用从新网络分配的新 IP 地址重新开始。

当需要 IP 会话连续性时，即使当 MN 移动时数据流正在进行，仍可能希望数据流改变为使用在新网络中配置的新 IP 前缀。然后，数据流可以关闭，使用在新网络中配置的新 IP 地址重新启动，可以使用不在上述描述范围内的更高层移动性来支持数据流 IP 地址的改变。

在图 4.11 中，在 MN 使用 IP 前缀 IP1 时发起数据流，锚定到网络 Net1 中的先前接入路由器 AR1，在 MN 移动到新网络 Net2 之前终止。移动到 Net2 后，MN 使用新的 IP 前缀 IP2，然后锚定到新网络 Net2 中的新接入路由器 AR2 之后再启动新数据流。然后可以转发分组而不需要 IP 移动性支持。

图 4.12 中概述了示例呼叫流程，重新启动具有新 IP 前缀/地址的数据流。MN 附着到 AR1，AR1 发送路由器通告(RA)，里面包含分配给 MN 使用的 IP 前缀，配置 MN 的 IP 地址(IP1)相关配置信息(IPcn)。该地址用于新通信，例如与通信节点(CN)的通信。如果 MN 移动到新网络并附着到 AR2，则重复该过程(MN 从 AR2 获得新 IP 地址 IP2)。由于在先前访问的网络上配置的 IP 地址(IP1)在当前连接点无效，所以必须使用 IP2 重新建立所有现有数据流。

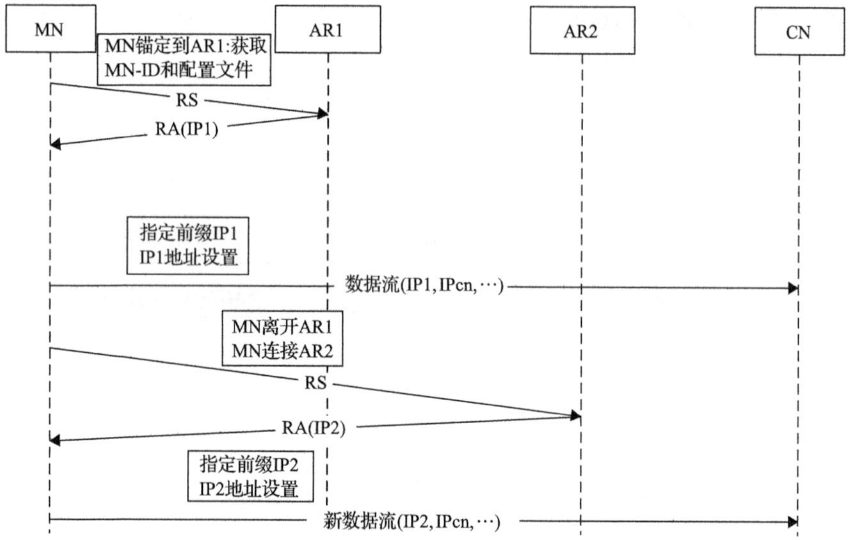

图 4.12　重新启动具有新 IP 前缀/地址的数据流

4. 移动性流量重定向案例

当数据流需要 IP 移动性时，使用 LM 和 FM 功能。有两种可能的情况：①初始锚点仍然是锚点，并将流量转发到新网络中的新定位符；②移动锚点(数据平面功能)被更改，但绑定 MN 的传输 IP 地址/前缀。后者支持优化路由，但需要一些数据平面节点来强制执行流量规则。

可以通过使用移动性管理方法来提供移动性支持，例如，学术论文中调查的几种方法移动之后，某个 MN 的业务流可以继续使用来自先前连接网络的 IP 前缀。然而，一段时间之后，可能会关闭生成此流量的应用程序。如果再次启动应用程序，则新数据流可能不需要使用先前网络的 IP 地址来避免必须调用 IP 移动性支持。这可能是使用动态 IP 前缀/地址而不是永久 IP 前缀/地址的情况。然后，属于该数据流的分组可以使用新的 IP 前缀(在发起数据流的网络中分配的前缀)。在不采用 IP 移动性的情况下，路由再次保持简单，并且只要现在新网络中的 MN 不再移动到另一网络，路由将保持不变。

在这种情况下的示例呼叫流程如图 4.13 所示。在该示例中，AR1 扮演

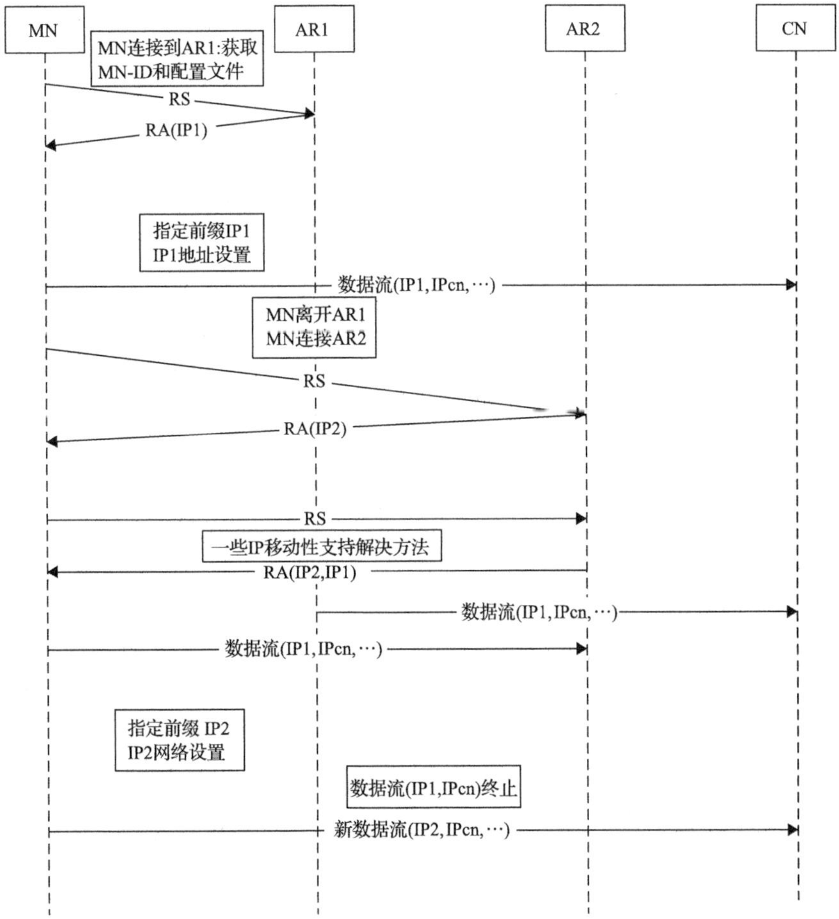

图 4.13　呼叫流程

FM-DP 实体的角色，并且将流量(如使用 IP 隧道)重定向到 AR2。一种解决方案可以是将 FM-DP 实体放置在更靠近 CN 网络的位置，以执行流量导向来偏离默认路由(这将使数据包在默认路由下到达 AR1)。LM 和 FM 功能的实现如图 4.14 所示。

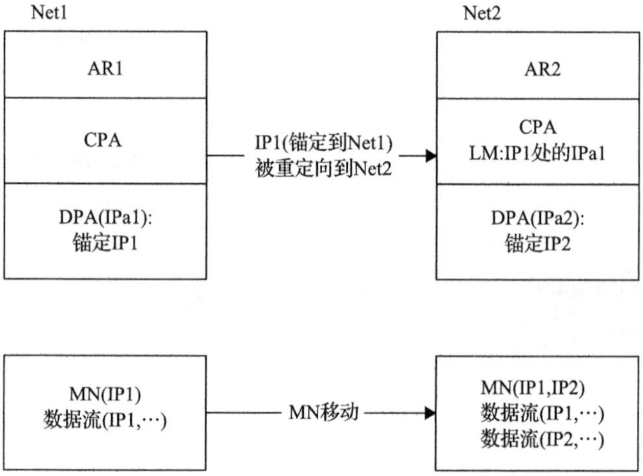

图 4.14　锚重定向

需要为 MN 提供 IP 前缀的多个 DPA 实例(在接入路由器处)，以便在适当的配置中提供分布式移动性锚定，例如，图 4.9 中描述的基于网络的分布式移动性或者在图 4.10 中基于客户端的分布式移动性。

5. 锚迁移流动案例

本小节关注移动锚点(数据平面功能)被改变，但绑定 MN 的传输 IP 前缀/地址的情况。这样可以实现优化路由，但需要一些数据平面节点来强制执行流量间接规则。当 MN 移动到新网络时，调用 IP 移动性以启用正在进行的数据流的 IP 会话连续性。这里，数据流的 IP 地址的锚定在数据流的归属网络中进行(与当前的附着网络不同)。一种是使用 CMM 机制将归属网络中的锚点和当前网络进行连接，将数据从当前网络路由到归属网络，然而，可能难以避免使用不必要的长路线(当通过家乡网络中的锚点在 MN 和 CN 之间的路由明显长于它们之间的直接路由时)。另一种是将 IP 前缀/地址锚定到新网络。

IP 前缀/地址锚定可以在不改变数据流的 IP 前缀/地址的情况下移动，锚迁移的过程如图 4.15 所示。

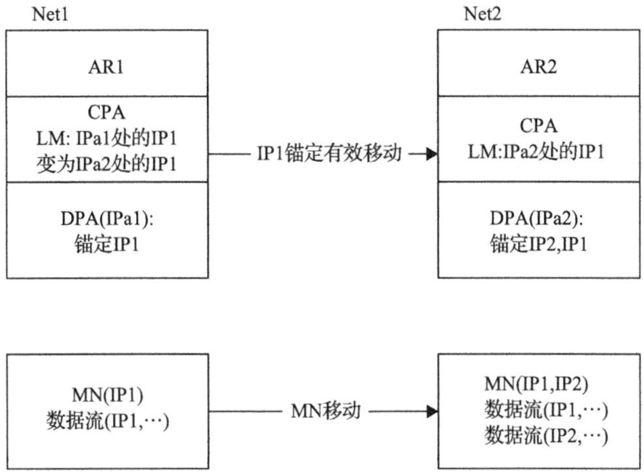

图 4.15　锚迁移的过程

当有正在进行的会话的 MN 移动到新网络时，该数据流可以通过将数据流的原始 IP 前缀/地址的锚定移动到新网络来保持 IP 会话连续性，图 4.15 描述了这个过程。实现这种移动的一种方式是使用集中式路由协议，但是这种解决方法可能存在一些可扩展性问题，并且其适用性通常限于小型网络。例如，当移动设备与锚点关联时，锚点将移动设备的前缀注入全局路由系统。如果移动设备移动到新锚点，则旧锚点撤回且新锚点将其注入。

4.4.3　Connexion 管理方案

Connexion 管理方案[95]是由波音公司提出的商业解决方案，用于提供全球性的流动性支持。该解决方案也是在移动性管理网络中实现动态路由设计的第一次尝试。

在设计的网络方案中，将飞机座位分成移动网络，飞行过程中每个飞机都有一个 24 位的网络地址前缀，同时其所在的网络也在不断变化。每次网络发生变化的时候也就是网络连接点发生了变化，会触发 BGP 更新路由的操作，这样会在相关的路由表中进行添加记录，并允许路由进行更改达到信息不中断的目的。

这个方案也不是完美的，对于 BGP 路由表的频繁操作会导致网络变得十分脆弱且不稳定，容易导致网络效果变差。同时，一个很大的问题是这种网络只适用于小规模的部署，不适用于大规模网络。

4.4.4 支持网络移动性的高效协议 WINMO

在本节中介绍一种支持广域网络移动性的高效协议，名称为 WINMO[97]。这种协议解决了当移动网络跨自治系统(autonomous system，AS)移动以及何时在 AS 内移动时的 IP 网络移动性。协议的基本方案是进行跨 AS 的网络移动性，这种方案是基于客户端/服务器类型的。在这种客户端和服务器透明方案中，利用网络的层次结构来设计一种有效的移动解决方案，目的是将数据包以归属网络转发到 MN 当前所在 AS。使用包括路由聚合和范围更新传播在内的技术，协议的解决方案可以提高路由效率，同时生成最小的全局路由开销，以防止全局不稳定。当移动网络在 AS 内漫游时，该协议进一步扩展基本方案以优化性能。协议设计了一种基于分组移动性状态的新技术，以便在不产生路由开销的情况下实现高效路由。此外，分组状态能够提升性能并防止潜在的拒绝服务攻击。结果表明，就平均路径长度而言，WINMO 仅比使用 BGP 的 Connexion 管理方案多 11%。另外，基于移动 IP 的网络移动解决方案的平均路径长度比 Connexion 管理方案多 89%。就 BGP 更新开销而言，WINMO 比 Connexion 管理方案小几个数量级。

1. 跨域移动性

在本部分中，介绍移动网络跨 AS 移动时的移动性支持，例如，当它进入不同的国家或地区时，切换到不同的移动网络服务提供商。为了正确地将流量传送到其新位置，BGP 要求新提供者宣布新到达的 IP 前缀，并且先前的提供者撤销其前缀的通知。如果协议使用标准 BGP，有两个问题。首先，它可能会显著增大 BGP 路由表，因为可能存在大量的移动网络。更严重的是，当移动网络四处移动时，标准 BGP 可能会产生大量更新，导致全局路由不稳定。此外，移动 IP 前缀的撤销和重新发布，一些路由器可能暂时丢失其前缀的路由，导致数据包丢失和应用程序性能下降。因此，对于全局稳定性和应用程序性能，协议需要限制 BGP 更新的传播，不会在拒绝更新的路由器上传播从而导致错误的转发。协议采用了几种技术来解决上述问题：移动前缀、聚合路由器、移动通信、范围 BGP 更新和隧道映射。实际上这些技术的总体目标非常简单：减少需要为移动网络保持路由状态的 AS 数量；允许 AS 聚合多个移动网络的路由状态；减少 AS 中需要保持移动网络路由状态的路由器数量。相关学者还提出了一些技术来改进 BGP

路由的可扩展性，如核心路由完整覆盖(core router intact coverage，CRIO)技术[92]。

1)移动前缀

减小路由表的关键是在分配给移动网络的前缀上引入某种结构。假设每个第 1 层 ISP 都指定一组前缀作为其移动前缀。为了简化表示，假设每个第 1 层 ISP 分配一个大的前缀 mi 作为其移动前缀。协议将 mi 称为 ISP *i* 的根移动前缀。设 *M* 是所有 ISP 的根移动前缀的并集，网络上应该有少量根移动前缀。这里使用第 1 层 ISP 来表示更普遍的大型 ISP 提供网络移动服务。

ISP 可以从其根移动前缀向客户分配子前缀，客户可以进一步将子前缀划分给他们的移动网络客户。当移动网络成为 ISP 的客户时，ISP 从其根移动前缀向该移动网络分配子前缀(如 24 位前缀)作为其归属网络前缀。由于移动网络改变了附着点，所以ISP的根移动前缀的子前缀可能分散在整个网络上。

2)聚合路由器和移动通信

为了减少为移动网络保持显式路由状态的路由器数量，第 1 层 ISP，配置仅通过路由器子集通告其根前缀，并且仅存储到达根前缀的子前缀。这些路由器称为聚合路由器。请注意，聚合路由器不必维护所有移动网络的路由状态。聚合路由器可以对地址空间进行分区，使每个路由器仅负责移动网络的子集。这种划分可以近似于移动网络归属位置的地理分布，以最小化次优路由。

为了允许非聚合路由器安装到移动网络的路由，给定第 1 层 ISP 的每个聚合路由器将为每个根移动前缀创建 BGP UPDATE 消息，并将下一跳设置为其自己的地址，此 BGP UPDATE 消息将传播到 ISP 中的非聚合路由器。因此，每个非聚合路由器应该具有每个根移动前缀的路由条目，默认为其最近的聚合路由器。为了减少过多的路径膨胀，协议要求第 1 层 ISP 的每个入网点都有一个聚合路由器。

将第 1 层 ISP 中的路由器划分为聚合路由器和非聚合路由器，要求 ISP 仅限制聚合路由器之间的 BGP 更新消息的传播，因为非聚合路由器不应该知道这种路由状态。为此，协议还设计了一个名为移动社区的新 BGP 通信属性。具体来说，不应将具有移动通信的 BGP UPDATE 消息传播到非聚合路由器。为了保证正确的路由，假设第 1 层 ISP 的聚合路由器形成连接的拓扑(不一定是完整的拓扑)。这可以通过直接连接(物理)或隧道(逻辑)来实现。

3) Scoped 域间 BGP 更新和隧道映射

移动社区属性不仅将路由状态限制为第 1 层 ISP 中的聚合路由器,还控制传播 BGP UPDATE 和 BGP WITHDRAWAL 消息,以及隧道映射的创建。

BGP UPDATE:当具有前缀 p 的移动网络切换到新 AS 时,新基站将在前缀 p 上注入具有移动社区属性的 BGP 通知。移动管理属性控制 BGP UPDATE 不会传播给客户或非第 1 层对等体。因此,BGP UPDATE 消息可以沿 AS 层次向上传播并到达第 1 层 ISP。如果它首先到达非聚合路由器,则该非聚合路由器将其转发到其最近的聚合路由器。这将触发 p 的更新,该更新可能会传播到第 1 层 ISP 中的所有聚合路由器。然而,BGP UPDATE 消息可以到达具有前缀 p 的先前路由的提供者 AS。这表明 AS 是先前 AS 和移动网络所连接的当前 AS 的公共提供商。在这种情况下,AS 抑制更新消息,使得移动网络对基站的改变不会触发任何一级 ISP 之间的更新。注意,可能无法始终识别公共提供程序,因为 BGP WIDTHDRAWAL 消息可能已经删除了先前的路由。

BGP WITHDRAWAL:当移动网络离开 AS 时,指定的边界路由器将通过移动社区属性宣告该前缀 p 的 BGP WITHDRAWAL 消息。同样,此消息仅传播给提供者。该消息将在具有新路由的公共提供程序处停止(与 BGP WITHDRAWAL 消息中的路由不同)。公共提供商的某些路由器可能没有收到新路由,在这种情况下,一些 BGP WITHDRAWAL 消息可以一直到第 1 层 ISP,触发第 1 层 ISP 之间的更新。

隧道映射 BGP 消息中存在移动社区也可能触发隧道映射的创建。具体而言,假设第 1 层 ISP 的边界路由器提供商边缘(provider edge,PE)从其客户边界路由器,即客户边缘(customer edge, CE)接收针对特定移动前缀 p 的 BGP UPDATE 消息。当 PE 将 BGP UPDATE 传播到同一 ISP 中的聚合路由器或其他第 1 层 ISP 中的聚合路由器时,BGP UPDATE 消息应保留 CE 的 IP 地址,并且每个路由器应使用 CE 的 IP 地址作为隧道端点来创建隧道。这允许任何一级 ISP 中的任何聚合路由器将目的地为前缀 p 的分组隧道传送到 CE。这可以确保数据包到达 CE,因为非聚合路由器只有到其最近的聚合路由器的默认路由。

通过其 AS 范围内的 BGP 更新,方案中从移动网络的当前连接点到顶层的传播路径中的 AS 仅保存针对特定前缀的常规(非隧道)路由条目，以此来减小路由表。移动网络、移动前缀的隧道信息在第 1 层 ISP 内的所有聚合路由器处维护，以确保每个聚合路由器知道如何到达移动网络。使用此分层体系结构,所有其他非第 1 层 ISP 无须维护到移动前缀的详细路由。相反，可以设置默认路由并将数据包(发往移动前缀)转发到其提供商，这样数据包仍然可以通过聚合路由器正确传送到目的地。

2. 域内移动性

本部分介绍移动网络在移动网络服务提供商中移动时，移动性支持的详细设计。这将是一个常见的案例优化。MISP 的组成部分如下[97]：

(1)基础设施支持，为防止由 AS 内漫游导致的内部边界网关协议(internal boundary gateway protocol，iBGP)路由变化，协议要求只有指定的 BGP 语音路由器(designated BGP speaking router，DBR)作为移动网络前缀的来源，并宣布移动网络前缀。要求移动网络始终更新其转交地址的路由器。为了保证可用性，选择了多个 DBR。协议省略了有关选择 DBR 和使用 DBR 注册转交地址的详细协议，因为这些协议可以是专有的。协议假设路由器可以配置为根据路由表条目中设置的标志执行特定处理。协议需要一个标志来表示前缀是否来自 AS，一个标志表示是否给定路由器发起前缀，以及表示目的地前缀是否是移动网络的标志。如果路由器具有不同的优先级队列，就像今天的大多数路由器一样，则协议要求在没有能力的情况下将数据包发送到低优先级队列。

(2)分组移动性状态，协议域内移动性支持的关键是分组移动性状态。这些状态有三个目的：消除三角路由、保证位置隐私及防止移动网络的拒绝服务。因此，当移动网络改变其附着点时，将更新状态。具体地，当移动网络切换到新基站时，它需要在为其分配转交地址之前对其自身进行认证。此外，移动网络需要确保它没有连接到虚假基站。具体地，在成功认证之后，AAA 服务器向基站返回令牌 t，该令牌 t 对移动网络的归属网络前缀(式(4.1)中的 HoP)和转交地址(式(4.1)中的 CoA)的绑定进行编码。对于位置隐私和完整性，绑定由当前移动路由器组密钥 Kmrg 加密：

$$t = Kmrg(HoP, CoA) \tag{4.1}$$

移动路由器组包括所有 BGP(包括 iBGP 和外部边界网关协议(external

boundary gateway protocol，eBGP))通话路由器和一些用于性能改进的其他内部路由器。移动路由器组密钥应由可扩展的组密钥管理系统管理，并定期刷新以避免重放攻击。在数据路径上，令牌将由基站标记为源自移动网络的 IP 分组。如果其操作系统使用本部分建议的移动性支持进行更新，则通信主机应将不透明令牌反弹回移动主机。因此，协议将令牌称为分组移动性状态。注意，分组移动性状态字段可以实现为 IP 选项或 IP 层和传输层之间的缓冲层。如果使用 IPSec，则 IP 选项或缓冲层将不会用于完整性检查。

对于增量部署，通信主机始终使用移动主机的归属地址来获取从对应主机到移动网络的数据包。当对应的通信主机将相应数据发送回来(附加到应答分组)时，分组移动性状态字段变得有效。

现有 DMM 方法虽然能解决一部分 CMM 方案中的问题，但是其本身也存在一些问题，主要有以下三个问题[86]：

(1)一些 DMM 方法如果网络中的 HA 数量急速增加，在 HA 之间进行同步需要在各个 HA 中进行大量数据交换，这样就需要大量的通信资源从而影响解决方案的整体性能，使得系统整体性能下降。

(2)现有的 DMM 方法都是着眼于当下的一些问题，其扩展性和后续的发展存在瓶颈，不利于网络的升级扩展。

(3)现有的 DMM 方法通过动态路由进行探查，如果移动节点数量大量增加及移动节点频繁切换，会影响整个网络的稳定性。

第5章　基于SDN的车联网移动性管理

5.1　概　　述

当前，SDN已经成为一种有前途且实用的新网络架构模式，它通过将控制平面与数据平面分开来抽象网络转发行为[98-101]。SDN将路由控制逻辑集中移至控制器，该控制器计算如何转发数据包并在相应的交换机上配置转发规则[102-104]。因此，交换机无须运行复杂的路由协议栈，而必须作为简单的转发硬件运行[105]。此外，SDN可以通过集中控制器来控制底层网络的操作和设备。这大大简化了网络的运营和管理，并提供了有效实施车联网移动性管理的一种方法。

5.2　SDN

5.2.1　SDN简介

2006年，SDN起源于美国斯坦福大学实验室的Ethane项目，其核心原理是控制平面与数据平面分离，利用集中控制思想建立一个控制平台，从而实现灵活地控制网络流量[105]。2011年成立的开放网络基金会(Open Network Foundation，ONF)正式提出了软件定义网络的概念，该基金会成立的目的是致力于推动SDN架构及与SDN相关的技术标准化工作。2012年，有两个重要的事件使SDN吸引了互联网产业界的目光：VMware厂商收购Nicira公司；谷歌公司在其数据中心成功部署了SDN。

1. SDN的实质

回顾SDN的发展历程，可以发现，SDN的出现并不是偶然的，业界对其关注也不全出于炒作。SDN的出现和发展有其必然性，是需求推动、软件化趋势和商业利益博弈共同作用的结果。

SDN是适应云计算对网络虚拟化的需求而发展起来的。虚拟化技术改变了信息技术(information technology，IT)基础架构的配置模式，并创建了用于计算和存储设施的运营资源。用户可以根据需要灵活地通过网络获取资源，并根据实际业务需求进行动态扩展。这对基础承载网络提出了很高的要求，要求网络适应频繁变化的业务需求并进行灵活的调整。传统的静态网络在网络组成和配置管理模式中缺乏足够的灵活性，无法有效地支持云计算服务的开发，需要虚拟化网络，以使其成为可汇总的资源，如计算和存储按需灵活使用。现有的网络虚拟化方法(如虚拟局域网(virtual local area network，VLAN)和虚拟路由转发(virtual routing forwarding，VRF))受协议本身的限制(如 VLAN 的数量制约)、设备的容量(MAC 表的容量有限)及缺乏自动化的影响。在大型云数据中心无法支持大规模虚拟化，以及与多租户承载之间的动态网络需求。SDN 控制传输分离的逻辑集中控制网络体系结构本身特性，使之天然适合于网络虚拟化。通过使用软件在物理网络上构建虚拟逻辑网络，网络上更高层业务变更的要求将直接反映在逻辑网络中，从而屏蔽了业务对基础物理网络的影响。同时，软件定义的方法可以从物理设备中提取网络(虚拟网络)的管理功能和控制功能，并可以根据业务需求灵活地进行更改，从而有助于提高网络智能和自动化水平。与传统网络相比，SDN 架构更加开放灵活，可以根据业务需求进行快速调整，更好地满足云计算业务发展的需求。

SDN 是信息与通信技术产业整体软件化的趋势体现。随着虚拟化技术的成熟和推广，以及 x86 服务器性能的不断提升，传统软硬一体的大型机、小型机架构逐渐被替代。基于 x86 通用商业硬件和虚拟化等系统软件的架构逐渐成为 IT 系统的主流。这种趋势通过 SDN 向传统网络领域渗透。与 IT 将通用硬件设备和操作系统、应用软件分离一样，SDN 也将网络设备的软硬件分离开来，强调通过软件的方式来实现网络控制功能。网络设备硬件被标准化、抽象化为通用的商用硬件，根据控制层指令完成基本的转发功能。网络控制逻辑则被抽离出来，形成实现类似计算机操作系统的控制层。控制层向下抽象底层网络资源，屏蔽底层设备的具体细节，向上通过标准接口向外部应用开放网络能力。基于网络的可编程特性，SDN 支持通过应用扩展的方式实现更多、更强大的网络智能和自动化软件，支持构建网络应用生态圈，使网络像计算机一样，获得软件化带来的灵活性、多样性和快速创新的能力。SDN 将网络由软硬一体的封闭体系结构转变成基于通用商业硬件加软件(控制器及网络应用)的架构，代表着计算机技术(computer technology，CT)产业向软件化的演进。IT 和 CT 将相互渗透，趋于融合。

SDN 也是商业利益博弈的结果。在 SDN 出现以前，网络通信领域基本由思科等传统设备厂商主导，网络技术和设备的创新主要来自于这些巨头公司，用户基本不具备话语权。究其原因，主要是网络架构的封闭。在现有分布式网络中，网络设备作为黑盒子分布在各处，通过各种复杂的标准协议互联。网络智能和硬件设备垂直集成、紧密结合，由厂商根据用户需求和标准自主实现。用户基本不具备自行修改和升级网络设备的能力，只能依赖厂商更新。网络硬件也多采用厂商定制的专用硬件设备，最大的问题是：网络构建成本高，缺乏灵活性，容易陷入厂商锁定。

SDN 的出现改变了这一局面，通过解耦网络设备的软硬件，网络向开放、通用架构演进。网络设备不再是神秘的黑盒子，而是可编程定义的标准化通用硬件设备。网络智能不再由厂商决定，而是用户可以通过软件编程灵活实现。传统通信行业封闭的壁垒被击破，产业链面临重新洗牌。在新形势下，传统设备厂商多年来积累的技术和市场优势在 SDN 领域可能丢失，面临其他领域竞争者的冲击。在 IT 领域积累了充足经验的硬件商、软件商可获得新的市场空间，有望将商业硬件和网络软件推广到网络通信市场。互联网公司有望进一步掌握网络主动权，摆脱电信运营商的控制，而作为网络运营主体的电信运营商则希望充分发挥商用硬件廉价和虚拟化技术高效的能力，通过软件定义的方式降低网络构建和运维成本，提升网络业务创新能力。

2. SDN 的概念

业界接受的 SDN 定义是 ONF 提供的基于 OpenFlow 的 SDN 定义。ONF 相信 SDN 是一种新的网络体系结构，它将网络控制功能与传输功能分开，并实现了可编程控制。这种体系结构将控制层从网络设备移至外部计算设备，从而使基础架构对应用程序和网络服务透明且抽象，也可以将网络视为逻辑实体或虚拟实体。

ONF 定义的 SDN 架构如图 5.1 所示[106]。ONF 将 SDN 体系结构分为基础设施层、控制层和应用层。网络智能逻辑集中在控制层，控制层基于软件，并具有全局网络视图。它向应用层公开抽象的网络功能和服务，并控制和协调基础网络设备的转发行为。基础设施层由网络设备构成，根据控制层的发布规则对数据进行发送。应用层是由应用服务组成的。用户通过控制层开发的 API(应用程序接口)进行自己的应用开发。每一层都通过标准的开放接口实现资源分配和网络服务。控制层和基础设施层之间的通信接口称为南向接口；控制层和应用层之间的通信接口称为北向接口。OpenFlow 属于南向接口协议，并且是 ONF 提供的 SDN 架构中第一个标准协议。它用于定义控制器和传输设备之间的通信接口，支持直接访问和配置网络设备(包括物理和虚拟的传输交换机、路由器)。

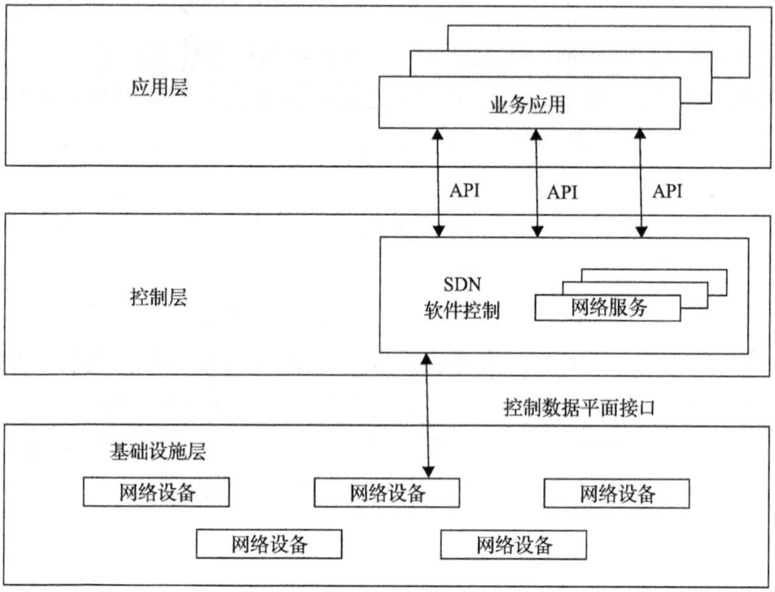

图 5.1　SDN 架构

ONF 定义的 SDN 具有如下五个明显的特征[107]：

(1) 控制平面和转发数据的功能进行了分离，不再集中在一个地方进行处理。

(2) 将转发平面进行抽象，转发平面只需要支持流表传输就可以，对于其他的网络协议不需要知道其转发规则。

(3) 对网络的逻辑进行集中管理，由于是基于软件控制的网络，所以有全部的网络视图概念，能够做到快速的管理。

(4)因为网络中的一些层开放相关的 API，所以用户能够根据自己需求进行编程，使用常见的网络服务进行定制，可以实施定制的服务，以满足业务目标。

(5)能用更高级别的系统来管理网络。

从 ONF 的定义可以看出，SDN 不是一种特定的网络技术，而是提出的一种网络框架，是不同于现有网络系统的新网络设计概念。与 SDN 不同，OpenFlow 只是 ONF 定义的 SDN 框架南向接口的一个标准协议。SDN 也可以使用其他南向接口协议，而无须使用 OpenFlow。

经典 SDN 是指 ONF 定义的 SDN。它主要的逻辑是将数据和控制分开，并且强调可编程及集中控制的概念。这些也是 SDN 的普遍共识，并已被业界广泛接受。

3. SDN 的特征

与 IP 和 ATM(asynchronous transfer mode，异步传输模式)等概念不同的是，SDN 是一种设计网络框架的概念，并不是具体的网络技术参考。现有网络有自身的缺陷，它根据人们对于现有网络架构缺陷的定义，从根本上对现有网络进行了修改，使其更加的灵活和适用。正如 Nick McKeown 在发起 Clean Slate 计划时所宣称的，用推倒重来的方式重新设计互联网，理想的 SDN 是对传统网络的一场变革，对未来网络的深远影响可比肩云计算、虚拟化技术对 IT 的影响。虽然业界对 SDN 的定义莫衷一是，但业界还是试图从架构、设备等层次梳理出“理想”SDN 的几个特征。

1)体系结构开放

SDN 的体系结构是开放的，其开放性体现在以下几个方面[108]：①开放网络模型，SDN 采用分层的控制和传输分离模型，各层之间通过标准协议和标准接口相互通信，向外界开放，各层之间松散耦合。②开放的核心组件，SDN 核心组件的实现是开放的，从而可以进行外部应用程序编程，尤其是在转发层，这是 SDN 的理想选择，希望根据通用的商业硬件标准实现转发设备，避免厂商锁定。③需要使用开放接口和协议，SDN 要求东西向接口和南北向接口进行标准化。换句话说，它通过标准的南向接口协议支持基础网络设备的操作，并支持集成北向接口在各种应用程序中的应用。SDN 域端口通过标准的东西向接口支持 SDN 的水平扩展。开放式体系结构使 SDN 更加兼容和可移植，从而允许来自不同制造商的设备和控制器进行操作和交换。

2)业务与网络分离

在现有的网络体系结构中，网络智能已集成到设备中。最终，网络业务要求(如连接性、服务质量、服务级别协议(service level agreement，SLA))以协议和配置的形式部署到网络设备，并且两者紧密耦合。SDN 通过合理的抽象将业务和网络完全隔离。业务人员只需要了解和定义业务需求，编排器就会根据业务需求和资源需求自动生成特定的资源和配置策略(虚拟机分配、路由、服务质量等)，通过控制器传递到转发层，使网络自动开通和部署网络。

3)控制与转发分离

在体系结构级别上，SDN 将控制和转发分开，只有将控制功能与传输设备完全分离，并释放传统网络控制和传输的封闭模式，才能实现打开和释放 SDN 的真实网络体系结构与网络创新潜力。

4)软件与硬件分离

当下随着网络的全球化和规模化，网络设备的趋势是模块化和标准化，软件和硬件的分离是网络发展的一种潮流和趋势。SDN 将进一步加速网络设备中软硬件分离的趋势。在 SDN 中，复杂的控制功能以软件的形式分离并在通用服务器上执行，从而简化了网元的硬件功能，并将网络设备转换为廉价的通用商用硬件。NFV 更全面地解释了软件和硬件的分离，将传统网络设备与硬件和软件分离，用标准 x86 服务器替换物理硬件，将网络功能抽象为软件实体。

5)转发平面抽象

在 SDN 中，网络设备只是被当成传输数据的设备。这些设备并不需要了解网络协议，只需要遵循 SDN 控制器的规则来转发数据就可以使整个网络顺利运行。例如，OpenFlow SDN 将网络中的传输平面设备抽象为由多级流表驱动的传输模型。对于高层应用程序和网络服务，转发平面等效为逻辑交换机，从而缩短了应用程序和服务的开发周期并推动了网络业务的创新。

6)用户可编程

SDN 允许用户使用标准编程语言编写程序来影响或修改网络的运行，并通过各种级别的标准接口(如转发平面和控制平面)将其打开。由于需要有网络编程功能，理想的 SDN 开放接口必须是标准的、统一的、易于理解和使用的。

7)资源池化和服务能力化

对于传统网络，不能更改的网络作为静态资源来满足业务需求，无法随着需求进行改变和定制，使用前必须预先计划容量和预设规则。如果业务发生变化，则可能是由参与度过高引起的，这将需要手动进行网络调整。SDN 可以根据需要灵活地对网络进行调整并作为服务交付，进一步释放了网络的灵活性、开放性和创新性。

8)集中控制

从网络设备中提取控制功能后，它们由中央控制器实现，并以软件形式在通用 x86 服务器上运行。

基于上述分析，对 OpenFlow、Overlay、I2RS(interface to the routing system，路由系统界面)和 NFV 这四种 SDN 代表技术的特征简单总结，如表 5.1 所示。

表 5.1　SDN 代表技术特征分析

SDN 特征	OpenFlow	Overlay	I2RS	NFV
体系结构开放	是	是	否	未定义
业务与网络分离	是	是	否	未定义
控制与转发分离	是，部分控制功能可委派给转发平面	是，针对业务和叠加网络	否	未定义
软件与硬件分离	是	无要求	否	是
转发平面抽象	是	是，针对叠加网络	否	未定义
用户可编程	是	是，针对叠加网络	设备 RIB(路由表)级开放	未定义
资源池化和服务能力化	是	是	否	是
集中控制	是	是，针对业务和叠加网络	集中和分布	集中或分布

由表 5.1 可以看出，OpenFlow 基本满足理想 SDN 的所有特征，而 Overlay 则在业务和逻辑层面基本满足理想 SDN 的所有特征。但这并不意味着 OpenFlow 一定优于 Overlay。事实上，越是理想的东西其实现难度越大，面临的技术问题也越多。

I2RS 只做到了设备级的编程能力开放，与 SDN 的特征相去甚远。当然 I2RS 可以作为一个独立的解决方案存在，但从其标准研究的内容和业界实现案例来看，更适合用作控制器集中管理和控制传统网络设备的南向接口。

NFV 本身并不符合 SDN 的定义。它没有定义控制与转发分离的架构，也没有要求网络一定要开放可编程，只是强调通过软件的方式实现网络功能，并且将网络功能运行在支持虚拟化的工业标准的服务器硬件、存储设备或者网络设备上，希望借助成熟的虚拟化技术和廉价的通用商业硬件，降低运营商网络的建设和运营成本。NFV 只要求实现网络设备的软件与硬件分离，通过分离软件与硬件实现网络功能与承载、网络功能与位置之间的分离。受商业硬件转发性能的影响，目前 NFV 只适合用在业务网元和对转发性能要求不高的网元中。

NFV 天然适合 SDN，通过与 SDN 结合，可以使 NFV 产生更高的价值。例如，通过可扩展通信和表示协议(extensible messaging and presence protocol，XMPP)、OpenFlow 等协议，由控制器对 VNF 进行集中管理和控制，可实现对 VNF 和其他网元的统一编排，并且应用程序基于控制器的接口也可以灵活修改 VNF 的功能。在某些情况下，可以直接在控制器中实现 NFV 的功能，例如，在控制器中集成虚拟防火墙、虚拟负载均衡、虚拟 NAT 等服务。因此，NFV 可以看成 SDN 本身的功能。从这个意义上讲，可以把 NFV 理解成 SDN 的一个网元级组件。

5.2.2　SDN 框架

在 SDN 的发展过程中，ONF 标准组织基于 OpenFlow 的网络体系结构首先提出自己倡导的框架形式。当前有各种各样的 SDN 定义，因为不同的参与者从各自的角度提出了许多不同的 SDN 理解。其中，包括从用户角度来看由 ONF 定义的 SDN 架构，以及从网络运营商角度来看由 ETSI 提出的 NFV 结构。

1. ONF SDN 架构定义

SDN 把数据平面与控制平面进行解耦，是一种新型的架构。它通过把控制模块集中部署到控制器，来实现对网络资源的灵活调度。控制平面使用南向 OpenFlow 协议与转发平面进行通信，通过收集的信息构造全局网络拓扑视图，并通过北向 REST(表述性状态传递)API 接口向应用层提供信息，用户可以根据这些接口定制自己的应用。ONF 提出的 SDN 架构[12]如图 5.2 所示。

(1)转发层。SDN 转发层是由交换机构成的，交换机根据控制器下发的流表来转发数据分组，只有转发能力，没有控制能力。

(2)控制层。SDN 控制层主动或被动收集转发层的状态信息，为底层的网络设备提供抽象模型。利用这些信息，控制器为每条数据流制定不同的转发策略。控制器同时为业务应用层提供 API 接口，以便为业务应用层进行自定义开发。

(3)业务应用层。业务应用层主要是面向客户或运营商，提供多样化的业务应用创新。

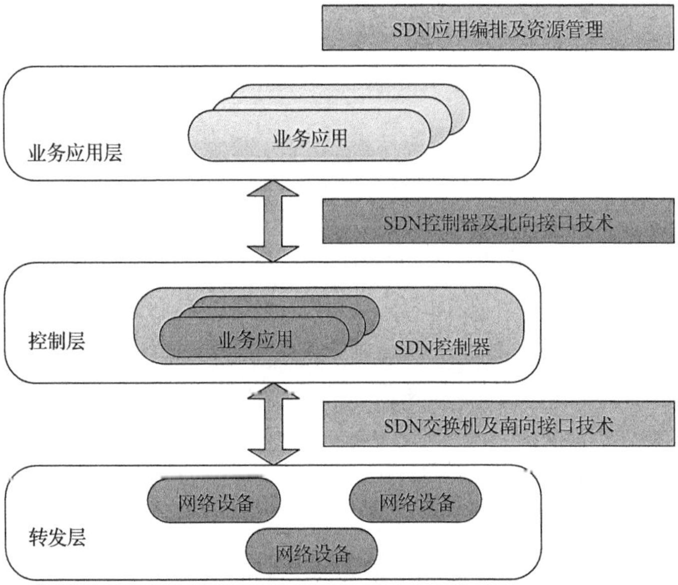

图 5.2　ONF 提出的 SDN 架构

在 SDN 架构中，利用 SDN 的资源抽象能力实现了网络资源虚拟化，以抽象资源的面貌呈现给业务应用开发者统一的视图模型，开发者无须考虑底层设备的差异，这有利于业务应用开发者进行快速的应用创新[13]。这些抽象能力都是通过南向接口协议实现的，以 OpenFlow 协议为主，这些南向接口协议屏蔽了物理转发层的差异性，实现了对底层资源的虚拟化，同时控制层向应用层开放了灵活的北向接口，供上层业务按需求进行网络配置并调用网络资源。SDN 具有以下特点：

(1)控制与转发分离，转发层仅负责数据流的转发，控制层可以通过南向接口协议对所有的底层转发设备进行控制。

(2)开放接口协议，主要有三种接口协议，南向接口协议以 OpenFlow 为主，北向接口协议以 REST API 为主，目前东西向接口协议还没有正式的标准。

(3)逻辑集中控制。控制层可以收集底层设备的信息，构造全局视图，并通过这个视图来控制整个物理网络，能对网络进行更好的优化。

2. ETSI NFV 架构定义

ETSI 是非营利性电信标准化组织，于 1988 年获得欧洲共同体批准建立。其标准化领域主要是信息和通信技术。ETSI 的行业规范小组(Industry Specification Group，ISG)成立于 2012 年 11 月，旨在讨论 NFV 架构和技术，实现基于软件的联网功能及在各种符合行业标准的硬件设备上正常运行。

ETSI NFV 关注的是对网络进行虚拟化，这就导致其关注的重点是在网络协议的 4～7 层，其中集成关键技术，如 NFV、SDN 和 NS(network slice，网络切片)，提出了一种基于 SDN 和 NFV 的网络切片架构，详细介绍了网络中每个模块的功能。该架构考虑了未来网络架构不断发展的需求，如通用性、高利用率和低成本，以及多样化的服务要求，如物联网(internet of things，IoT)、工业控制和远程医疗。ETSI 提出的第三版 NFV 网络架构[109]如图 5.3 所示。

NFV 网络架构主要包括 NFVI、VNF、NFV 管理和编排三个主要核心工作域[109]，每个主要功能模块如下。

(1)NFVI 主要是为 VNF 进行资源的管理和部署，使得 VNF 能够正常运行。

(2)VNF 实现了传统的非云通信网元的功能。VNF 所需的资源必须细分为 NFVI 维护的虚拟计算/存储/替换资源。VNF 可以部署在一个或多个虚拟机上。EM(element management，网元管理)提供 VNF 管理，如配置、警报、性能分析等，与传统的网元管理功能相同。

(3)NFV 管理和编排系统主要包括以下几个部分：NFV 编排器(NFV orchestrator，NFVO)、VNF 管理器(VNF manager，VNFM)和虚拟设施管理器(virtualized infrastructure manager，VIM)。NFVO 负责与网络相关的一些服务，以及与虚拟化相关的一些功能，与 VNFM 合作实现网络的生命周

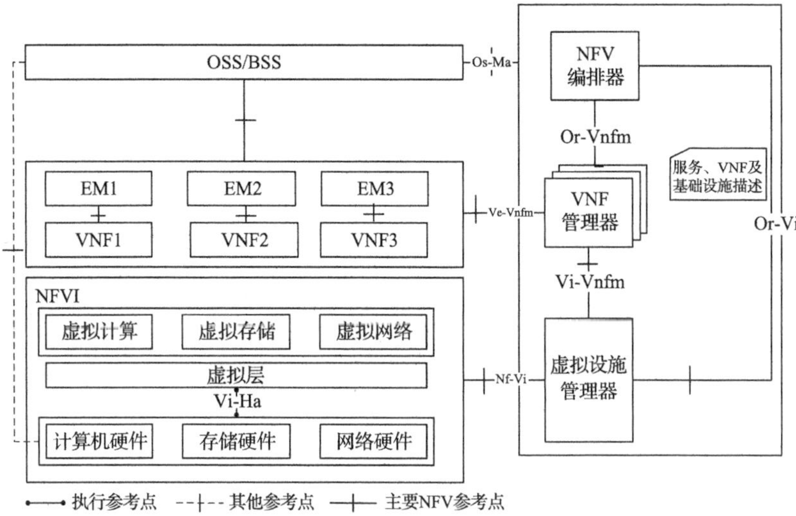

图 5.3　NFV 网络架构

Os-Ma：OSS/BSS-NFV management and orchestration，OSS/BSS-NFV 管理和协调；Ve-Vnfm：VNF/EM-VNF manager，VNF/EM-VNF 管理器；Or-Vnfm：NFV orchestrator-VNF manager，NFV 协调器-VNF 管理器；Or-Vi：NFV orchestrator-virtualised infrastructure manager，NFV 协调器-虚拟化基础设施管理器；Vi-Vnfm：virtualised infrastructure manager-VNF manager，虚拟化基础设施管理器-VNF 管理器；Vi-Ha：virtualisation layer-hardware resources，虚拟化层-硬件资源；Nf-Vi：NFVI-virtualised infrastructure manager，NFVI-虚拟化基础设施管理器

期管理和查看全局资源的功能。SDN 本身支持弹性缩放策略，以此来实现 VNF 中的弹性缩放功能。VIM 主要负责管理基础架构层的各项功能，对于硬件进行监视和上报，并为上层 VNFM 和 NFVO 提供虚拟化资源池。另外，OSS 是传统的网络管理系统；BSS 是传统的业务支持系统，其中包括计费、结算、会计、客户服务和业务等功能。

5.2.3　SDN 核心技术

SDN 类似人体的体系结构，控制层是大脑，应用层是各种概念，转发层是人的肢体，南北向接口功能类似于人体神经。其中，转发层设备需要强大的处理能力，控制层设备需要具有全面的逻辑“思考”功能，应用层则根据自己的需要而有所不同，必须快速准确地呈现结果。SDN 核心技术体系如图 5.4 所示。

如图 5.4 所示，SDN 体系结构中的各层都有许多核心技术，其目的是有效地将控制层与转发层分离，支持在逻辑层面上进行集中管理和控制，并且提供开放的编程接口 API。在整个 SDN 架构中，控制层处于核心地位，系统的南向接口和北向接口也因对其的相对位置命名。

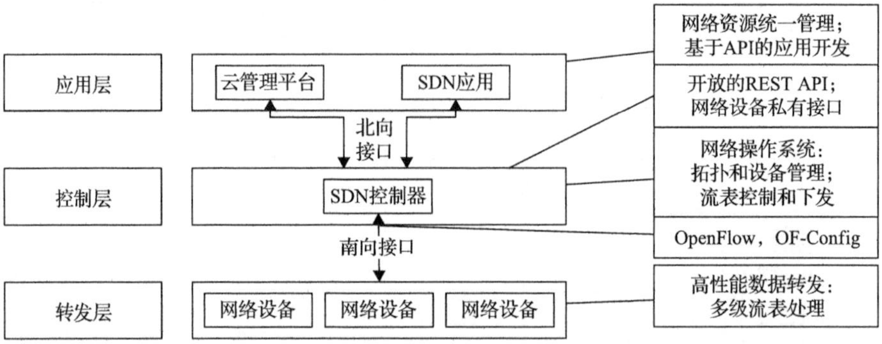

图 5.4　SDN 核心技术体系

5.2.4　SDN 交换机及南向接口

SDN 交换机是在 SDN 上处理数据传输的设备。本质上，它将接收到的数据包的特定功能(无论是常规交换机还是常规路由器)与自身存储的某些条目(如路由表)进行比较。成功比较之后，根据条目进行转发数据包。尽管 SDN 交换机和传统交换机路由器的基本原理相似，但 SDN 与传统设备之间的区别在于设备条目是由控制器发布出来供设备使用的。所以，在 SDN 交换机中不需要实现传统网络中的控制逻辑。SDN 交换机在控制器的遥控下起作用。关联设备的状态和控制信息必须通过南向接口进行通信。最著名的南向接口是 ONF 提出的 OpenFlow。

ONF 提出的 OpenFlow 协议是 SDN 体系结构可以使用的南向接口协议之一，也是目前使用最广泛的协议。它是由斯坦福大学首次提出的，获得了广泛的学术工作者的兴趣，并发展到 1.5 版。因为 1.3 版是稳定版本，所以下面主要介绍的是 OpenFlow 1.3 版本中的内容。

OpenFlow 定义了数据传输平面和控制平面之间的底层通信协议，采用了 OpenFlow 协议指定的 SDN 架构，主要由一个 OpenFlow 交换机[110]和一个控制器组成。OpenFlow 交换机根据流表中的指令转发数据包，控制器使用接收到的全局信息控制整个平面。图 5.5 表示 OpenFlow 交换机原理示意图。

SDN 传输决策基于流表。这可以看作针对底层网络设备的数据传输功能的 OpenFlow 的逻辑抽象。每个 OpenFlow 交换机包含多个流表，并且每个流表包含多个流表条目。OpenFlow 交换机从流表中为每个接收到的数据

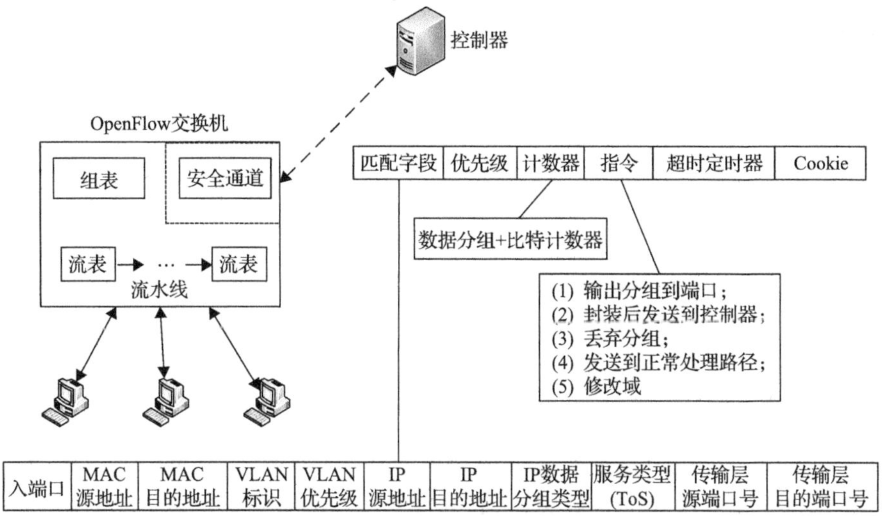

图 5.5　OpenFlow 交换机原理示意图

包选择匹配度最高的流表条目，并根据流表条目的内容对数据包执行相应的处理流程。流表中的每个流表条目都有几个部分，其中三个最基本的部分是匹配字段、计数器和指令。流表中的匹配字段准确描述了与流表匹配的数据包类型，计数器记录了相关的统计信息，如匹配数，并且该指令要求精确匹配数据包的切换、描述操作。如果处理后的数据包与流表条目中的匹配字段匹配，则流表条目计数器执行更新操作。此外，由于 OpenFlow 版本不同，流表条目的组件也有所不同。

在普遍理解中，认为 OpenFlow 协议支持三种消息类型，即控制器到交换机消息、异步消息和对称消息[111]。当控制器与交换机通信时，会使用控制器到交换机消息，该消息主要用于获取信息，如交换机的状态。同时，控制器也响应开关的请求；如果交换机的状态发生变化，它将主动发送异步消息给控制器；控制器或交换机的任一端均可发送对称消息，主要用于建立和维护控制器与交换机之间的连接。

5.3　基于 SDN 的车联网框架

5.3.1　基于 SDN 的车联网研究现状和设计思路

文献[112]提出了一个基于 OpenFlow 的代理移动 IPv6。该协议将控制路径与数据路径分开。具体来说，移动控制功能驻留在控制器中，而 MAG 和 LMA 之间的数据路径仍为 IP 数据通道。文献[113]提出了基于 SDN 移动性管理协议的 OPMIPv6。该协议提议将移动性管理功能与 PMIPv6 网络实体分开，并使用一个 CMM 控制器来合并 PMIPv6 的 LMA 和 MAG 功能。同时，OPMIPv6 删除了 PMIPv6 通道机制，并且控制器与交换机之间的通信使用独立于数据传输路径的单独路径。文献[110]、[111]和[114]基于 SDN 提出了一种自适应移动性管理协议，以解决 SDN 体系结构下传统 MIPv6 的问题。该协议通过将移动节点的地址绑定信息灵活地存储在移动节点与对端节点之间的最短路径上，使用了轻量级的集中式算法，消除了三角路由问题。另外，该协议减少了移动终端信令开销，并在网络侧实现了移动性管理功能。这样可以加快切换速度，减少信令开销，并提高安全性和隐私性。文献[115]提出了一种基于 SDN 概念的移动性管理协议 SDMM。在该协议中，移动性管理由网络实体处理，并且在 SDN 控制器中实现了整个网络的虚拟功能，因此每个端到端数据流都动态选择移动管理支持点，从而缩短了数据传输距离，减小切换时延并最大限度地减少链路负载。

文献[116]提出了一种可以集成到 LTE 网络的切换管理机制。该机制结合无线网络和有线网络资源，提供端到端连接优化，移动用户切换时无须改变 IP 地址，整个通信路径无须采用通道机制，并且基于多个标准采用集中式或者半集中式切换决策，从而优化网络资源。文献[117]提出了一种将 PMIPv6 集成到 SDN 架构下的机制。该移动性管理方法基于 RouteFlow 方法，将 LMA 和 MAG 的功能实现在控制平面 RouteFlow 服务器的虚拟机上，从而使得 OpenFlow 交换机恰当地处理数据传输。

文献[118]提出了一种概念性的支持基于网络的移动性管理的 SDN 框架，基于 PMIPv6 进行设计、部署、管理，从而有效地执行切换操作。该机制将分离移动性管理功能，如上层的授权、安全功能和底层数据转发功能，同时提供移动节点在无线网络中执行域内切换、域间切换和路径优化的功能。文献[119]提出将蜂窝网络现有移动性控制平面集成到 SDN，从而能够提高灵活性和可扩展性。该机制在充分利用传统移动性控制平面的同时，改进现有的移动性管理功能。文献[120]在一个实验平台上实现了基于 SDN 移动性管理方法，其采用部分功能模块分离的 SDN 架构，不但能够提高移动性管理的灵活性，而且能够最大限度地利用网络资源。文献[121]提出在 SDN 架构下将分组核心网控制平面转移到数据中心，通过迁移分布式 IP 路由控制平面，利用控制平面和数据平面解耦来达到简化移动网络配置和维护的目的。文献[122]提出了一种基于SDN架构的DMM方法SDN-DMM，在 SDN-DMM 中，移动性管理逻辑作为控制器之上的应用实现，可以利用 SDN 架构的优点。在文献[123]中，采用 SDN 技术提出了分布式 IP 移动性管理方案。这个方案是一个扁平的移动网络架构，消除了单点故障。另外，它利用多个控制器协调分布式移动性管理机制，减轻了单个集中式控制器的负担。上述基于 SDN 的解决方案可以利用 SDN 的优势来改进移动性管理的性能。同时，利用高效的路径优化能够进一步提升数据传输效率。传统的移动性管理协议缺乏处理各种移动场景的灵活性，许多研究工作往往只适用于单一切换场景。基于 SDN 移动性管理方案通过控制平面和数据平面的分离，以及对异构网络切换进行集中控制的方式，不但可以降低部署管理的复杂性，还能进一步降低切换时延、避免三角路由、减少通信瓶颈等，最终达到提高网络切换性能的目的。

在进行移动性管理机制设计时，要考虑未来网络的发展趋势，确保方案可以满足将来车联网环境中移动用户不断涌现的新需求。例如，随着经济的不断发展，汽车数量会越来越多，面对未来车联网中移动节点大量增多的情况，要使得所设计的方案仍具有良好的性能，同时具有灵活的可扩展性。可以通过灵活增加新设备或者升级现有设备来满足不断出现的新需求，而不必去部署一套新的基础设施。传统的扁平化结构的网络模型，控制平面和数据平面高度耦合，在用户数据量急剧增加的情况下，数据分组的转发效率容易受到影响，不利于网络的升级维护，也不利于网络的扩展和管理。如果只是基于集中化结构的网络模型进行简单扩展，并进行 DMM 的设计，不仅不会设计出一套高效的移动性管理机制，还会由此引入数据之间的同步问题，加重问题的复杂性，降低原本的数据转发效率。

随着网络架构的不断发展，控制平面与数据平面分离的 SDN 架构因其自身独特的优势，引起了人们的广泛关注，并被越来越多的组织接受和认可。SDN 的出现促进了网络体系结构思维模式的转变，SDN 核心思想是对不同的硬件设备进行标准化、对网络层的控制与转发进行分离、对底层设备进行封装抽象来增强网络设备的可编程能力。通过部署网络操作系统对不同的底层设备进行封装抽象，为高层应用提供一个统一的编程接口和管理视图。进而，用户可以使用基于网络的操作系统开发各种网络应用，通过软件来实现网络业务的处理操作逻辑，实现灵活高效的管理控制。

与传统集中式网络架构不同，控制与转发分离的 SDN 架构，数据平面中的实体只为完成特定的数据转发功能，由控制平面进行统一的控制和管理。在这种架构模式之下，即使出现移动节点显著增多的情况，仍然可以通过增加数据平面的转发实体数量来提供高效的数据传输服务，满足人们的需求。同时，由于采用分布式部署，网络扩展升级变得非常容易，管理起来也更加方便。在控制与数据分离的网络架构下，随着移动节点的增多，以及切换频率的加快，虽然控制器仅负责制定转发策略，但是由于数据分组全部经由控制器的控制进行路由转发，这样单个控制器容易成为整个网络的瓶颈。为了防止单个控制器成为整个网络的瓶颈，可以考虑通过分布式部署控制器的方式，来消除这种潜在的瓶颈。在进行移动性管理方案设计时，这种控制平面与数据平面分离的 SDN 架构应该得到行业的充分重视。

随着车联网规模的迅速扩大，网络流量获得快速增长，各种新型服务不断出现，使得网络运营成本增加、网络优化难度较大等许多问题出现，对此，Ku 等[122]就两者的结合进行了深入研究，将软件自定义网络和车联网进行变换与整合得到软件定义 VANET，下面介绍两个相关文献的思想。

(1) Ku 等[122]将 SDN 技术应用于车联网中，并且提出了软件定义 VANET 的概念，通过分离 VANET 中的控制平面和数据平面，可以在逻辑上集中网络智能和状态信息，并且能够从应用程序中抽象得出底层网络基础设施。因此，将有可能拥有高度自适应、灵活、可编程和可伸缩的 VANET 环境。Ku 等[122]还提出了一个路由用例，演示了集成 SDN VANET 体系结构在多路径场景中转发数据的好处。

Ku 等[122]的架构包含三个组件：

① SDN 控制器。SDN 控制器会控制整个 SDN。

② SDN 无线节点。由 SDN 控制器控制数据平面的元素，即从 SDN 控制器接收控制消息以执行动作的车辆。

③ SDN RSU。RSU 是路侧的 SDN 设备，这些设备沿着道路进行铺设。

Ku 等[122]扩展了 SDN，使得 SDN 可以在 VANET 场景中使用，其架构中可以使用 LTE 或者 WiMAX 来进行数据发送，每个节点都可以通过 RSU 来连接网络。Ku 等[122]提出的软件定义 VANET 通信如图 5.6 所示。同时，

Ku 等[122]还给出了节点内部组件的架构以及集中式和分布式两种控制模式。

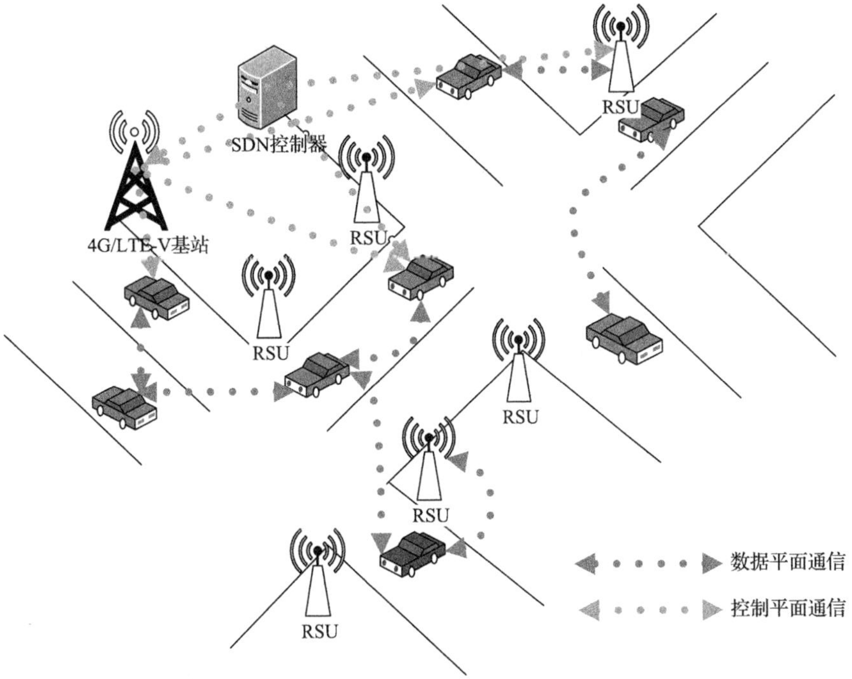

图 5.6　软件定义 VANET 通信

(2) Bradai 等[113]将 SDN 应用到车联网中。他们认为这样可以使得车联网在通信过程中数据转发简单化和网络控制集中化，并提出一个基于 SDN 的网关架构，如图 5.7 所示。结合 SDN 思想和传统嵌入式网关，使网关在此前能够正常通信的基础上，具备 SDN 的多种优点，满足车联网的技术需求。此网关架构分为若干个模块，从下往上分别是终端接口模块、有线接口模块、扩展接口模块、底层协议适配与转换模块、交换/路由模块(流表)、控制管理模块、通信适配模块(面向上层网络)。对于在车辆上的网关，各种传感器组成的传感网络收集各种信息，通过接口传送进网关设备，对这些数据进行协议封装或者统一适配，然后交给交换/路由模块，对其进行流表匹配，匹配后传递到上层通信适配模块，然后进入车联网甚至接入互联网进行通信，或者转发给其他车辆或 RSU 等。反之，从车联网(或互联网)传递过来的数据信息，从通信适配模块接收下来，经过交换/路由模块的流表匹配，匹配到相关流表项后执行相关动作。由此，上层网络的控制平面可以与控制管理模块连接通信，配置或修改交换/路由模块，以此来改动流表等，以改变该网关设备的转发策略和工作方式，能够实现对设备的实时监测和在线配置，此外，此网关还可以在上层控制下与其他同层网关协同工作。

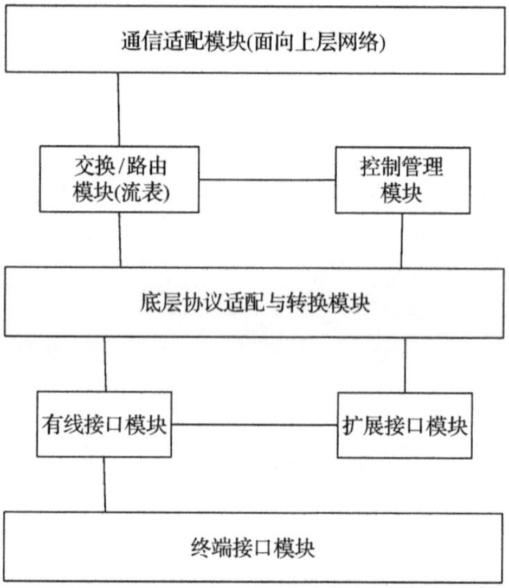

图 5.7　基于 SDN 的网关架构

(1)终端接口模块，指的是面向接入网关的各种物理接口，对于车辆内的车载网关，其面向的是传感网络；对于 RSU 的接入网关，其面向的是不同的网络间转换通信。接口既可以是无线的射频组件，也可以是有线的介质插口。

(2)有线接口模块，常用的有线接口模块有串口、USB 接口、以太网口等，主要是桥接终端接口和网关设备核心组件，通过相关的驱动程序就可以连接终端和设备。

(3)扩展接口模块，是因为一个嵌入式网关不可能加载兼顾所有的协议，需要通过扩展接口模块加载网关设备上没有的其他协议组件，如扩展蓝牙、红外、GPS、WiFi 等的协议组件。

(4)底层协议适配与转换模块，主要是对接收的数据信息进行协议转换及统一适配，将数据进行直接或间接封装，以便和交换/路由模块进行交互，通过交换/路由模块转发或者接入网络，这是传统网关的核心部分。对于引入 SDN 思想的底层协议适配与转换模块，其主要目的多了统一管理数据，方便交换/路由模块进行流表匹配。

(5)交换/路由模块(流表)，为实现不同网络间通信中最主要的数据处理单元。对于传统网关，该模块处理数据的核心规则是路由表等，在文献[124]中，其变成了流表，从车联网(或者互联网)与底层传送过来的数据均需要进行流表匹配，然后根据匹配的流表项的相关动作进行数据操作。

(6)控制管理模块，主要负责对网关设备的逻辑或物理上的控制管理。可以通过该模块建立与上层控制平面的安全通道，对交换/路由模块进行控制或配置，主要是对其流表进行改动，增加、修改、删除流表项等。此外，还有对网关设备物理上的控制管理，如关闭、重启网关设备等的基本操作。

(7)通信适配模块(面向上层网络)，包含各种常用的互联网接入或中继技术，负责网关设备的互联网接入。

5.3.2 基于 SDN 的车联网系统架构

基于 SDN 的车联网系统架构主要考虑在城市车联网环境中，车辆和 RSU 进行无线通信的通信模式，所研究的主要内容也是基于此种通信模式下的移动性管理问题。基于前面分析可以知道，目前集中式和分布式移动性管理机制都存在一些明显的不足，同时新型的 SDN 结构具有转发与控制分离的优势，为设计一个高效的移动性管理机制奠定了基础。因此，本节设计了一种简单的基于 SDN 的车联网移动性管理网络架构模型，便于接下来对车联网环境中的移动性管理机制进行研究，如图 5.8 所示。

该架构采用 SDN 的核心思想进行研究设计，利用其控制和转发分离所带来的优势，构建车联网环境中基于 SDN 的移动性管理网络架构模型。在所提出的网络架构模型中，网络会按照一定的地理位置或者某种规则被划分为多个 SDN 域，在每一个 SDN 域内都设有一个单独的控制器。不同 SDN 域内的控制器互联互通，构成了整个控制平面，实现对网络资源的灵活高效掌控与管理。在每一个 SDN 域中，域内控制器对各自域内支持 OpenFlow 协议的交换机进行控制和管理。交换机主要分为两种：一种是常规模式，配置了有线网络接口的交换机；另一种是同时配置了有线网络接口和无线网络接口的交换机。带有无线网络接口的交换机，不仅具有普通交换机的功能，而且提供无线网络覆盖，为移动车辆提供无线网络连接。在车辆行驶过程时，可以通过单跳无线通信链路连接到支持无线通信功能的交换机，不仅可以使用本地的网络资源，而且可以使用各种上游网络服务商提供的丰富多彩的服务内容。

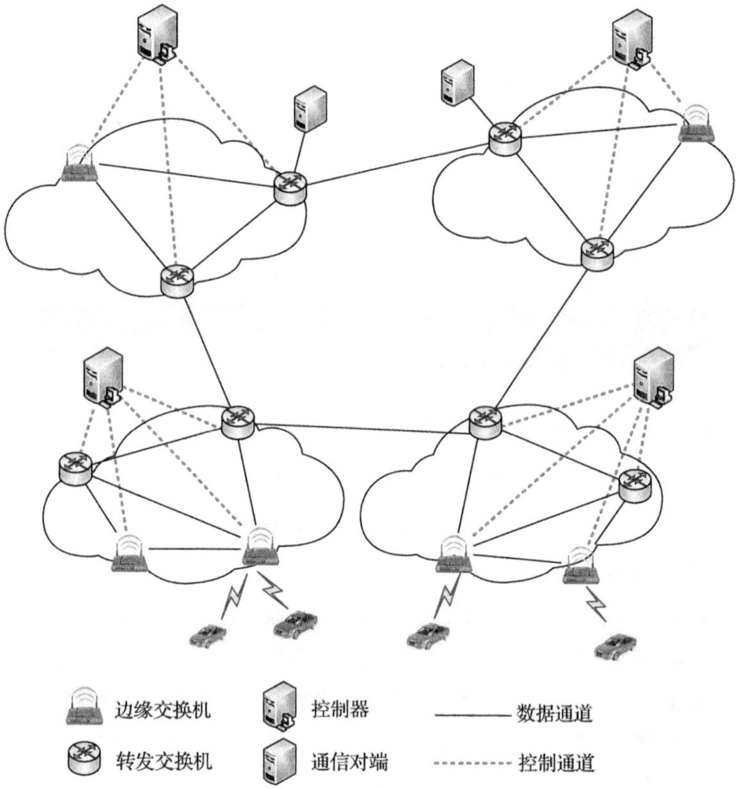

图 5.8　基于 SDN 的车联网移动性管理网络架构模型

如果从网络层次进行划分，边缘交换机(edge switch，ES)属于接入层级的交换机，是移动节点接入到网络之后的第一条路由。转发交换机(forwarding switch，FS)属于汇聚层级的交换机，并不直接面向移动节点，而是面向边缘交换机，提供路由汇聚转发功能。控制器是整个模型的中枢，负责执行多方面的功能，主要包括：第一，负责维护移动节点的位置绑定信息，对移动节点进行位置管理；第二，负责维护移动节点的会话信息，并根据会话信息控制数据平面中端到端传输路径的建立；第三，当需要建立跨域传输路径时，完成不同控制器之间的数据同步，共同构建传输路径。

5.3.3 基于 SDN 的车联网管理设计及优化

1. 架构功能实体简介

在前面提出的基于 SDN 移动性管理机制中，主要有四种功能实体：SDN 控制器、转发交换机、边缘交换机和移动节点。这些功能实体有机结合在一起，相互配合共同构成了整个移动性管理系统，下面详细介绍每个功能实体的具体功能。

1) SDN 控制器

SDN 控制器是整个移动性管理机制的核心实体，在移动性管理机制中具有关键性作用。每个 SDN 控制器，除了负责控制各自域内的交换机，制定路由下发流表策略外，还负责处理与移动性相关的信令消息。同时，每个 SDN 控制器都维护一个本地绑定缓存实体(binding cache entry，BCE)表，以维护追踪当前连接到隶属于本域边缘交换机上的所有移动节点。为实现上述功能，在域内切换时，SDN 控制器采用南向接口与域内交换机交互信令信息。此外，为了支持域间切换，控制器同时支持东西向接口，以实现与不同域中 SDN 控制器之间的相互通信。

2) 转发交换机

转发交换机是一个普通的支持 OpenFlow 协议的交换机，一般部署在网络的中心位置，负责转发数据和信令消息。每个转发交换机维护一个或多个转发规则匹配流表，根据 SDN 控制器的指示，添加、更新、删除指定的流表项。当数据分组到达转发交换机时，如果分组与流表中的某条转发规则匹配，则执行相应的指导动作。若转发交换机的流表中没有一条流表项可以与之匹配，则转发交换机把收到的第一个数据分组转发给 SDN 控制器，由 SDN 控制器来进行决策，决定如何转发，然后生成流表项下发。

3) 边缘交换机

边缘交换机是在普通支持 OpenFlow 协议交换机的基础上，配置了无线网络接口，一般部署在网络的边缘，即车联网环境中的道路旁边，通过有线网络与转发交换机连接。边缘交换机可以为移动节点提供无线网络连接功能。因此，它不仅按照流表中的规则转发数据分组，而且在切换过程中，负责转发处理 SDN 控制器和移动节点之间的信令消息。

4) 移动节点

移动节点是移动性管理机制的重要参与者。在车联网环境中，它可以是一台配置车载无线通信设备的汽车，也可以是放置在车辆上，跟随汽车一起移动的智能终端，如一部手机或者一台便携式笔记本。

2. 路径优化

在基于 SDN 的移动性管理机制中，每个移动终端在进行了网络切换操作之后，若优化操作不被执行，就会认为从移动主机到接入点的下行数据路径是 p-ES 帮助其转发得到的路径。这个路径的传输长度一般来说比从接入点直接到移动主机的传输路径要长。通常认为移动终端在切换完成前，接入点到 p-ES 的路径就是传输路径，如图 5.9 所示，接入点到移动主机的路径并不一定是要进行传输的最佳路径。

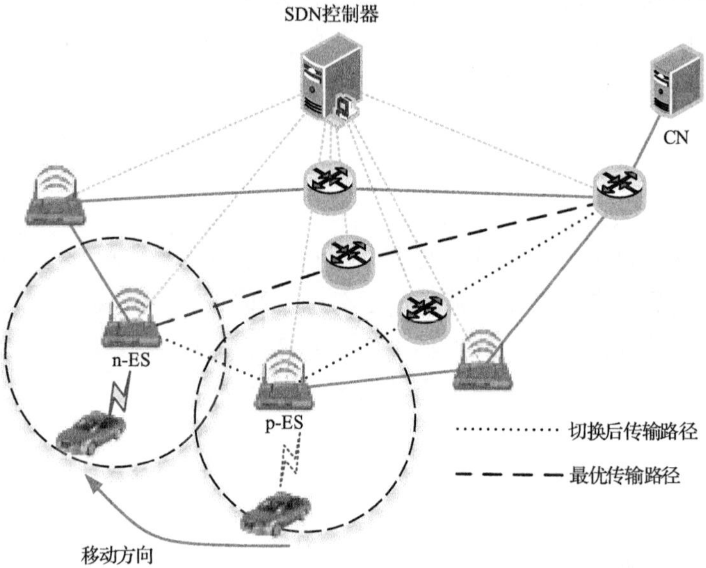

图 5.9　CN 到 MN 的两种下行数据传输路径

在移动终端进行完网络切换的操作之后，会存在一条数据传输路径，这时接入点通常与 n-ES 的距离较短，相对来说，其与 p-ES 的距离比较长。这时为了使传输时延不过高并保持较低的数据链路开销，通常采用一个 SDN 控制器来估算出一个从接入点到 n-ES 的比较优秀的传输路径，然后把接入点到移动主机下行数据链路转移到刚才计算出的路径上来实现传输操作。

在基于 SDN 的移动性管理机制中，将一个传输路径转移到另一个传输路径的过程不只需要测量传输路径的长度，还要求顾及转移所引起的各种影响。若切换到一条较短的传输路径，则会引起数据链的传输性能提高及带宽使用率提高，然而，在切换的途中容易引起数据传输中断，而且新路径的建立也必须耗费一部分系统资源。因此，必须要考虑到在切换的时候能否把以前搭建的信息传输路径转移到最优传输路径中，也就是说，选择最合适的传输路径带来的系统性能的改进与消费之间进行权衡。

假如在 n-ES 的通信范围之中移动终端驻留的时间是有限的，则大概不会要求传输路径进行迁移。移动终端在转移到最优传输路径的途中必须耗费一定的系统资源，而且由于移动终端在其覆盖范围内停留时间有限，所以不能在两者之间搭建最优传输路径。除此之外，若要搭建一条通过不同 SDN 域的最优传输路径，则需要不同 SDN 域的控制器能够相互通信，并协助各自域的交换机，这样才能一起建立符合条件的最优传输路径。这样，在构建跨域的最优传输路径的过程中，不仅控制器与交换机通过南向接口交换信令消息，而且需要控制器与控制器通过东西向接口交换信令消息，这种情况下会给系统带来更多的信令开销。

因此，需要使用一种路径优化策略解决以上所提出的各种问题，在比较切换到最佳路径后的性能改善和所消耗的系统开销后，判断是不是需要进行路径优化操作。预先评估移动节点在 n-ES 信号覆盖范围内的停留时间，CN 到 MN 的下行数据通信总量，迁移至最优传输路径后的通信链路性能提升，传输路径上交换机缓存流表的系统开销，以及迁移至最优传输路径过程中产生的信令开销。

1）用户平均停留时间

首先需要一个公式来估计给定圆形区域内用户穿越边界的速率。这里假设用户的密度在整个圆形区域是统一的，并且相对于边界的运动方向在 $[0,2\pi]$ 内随机。设 ρ 为该区域内移动用户的密度，v 为用户平均速度，l 为区域边界长度，则用户穿过这个地区的边界速率 CR 可以根据用户的密度、用户平均速度及区域边界长度由式（5.1）计算得到：

$$\mathrm{CR} = \frac{\rho v l}{\pi} \tag{5.1}$$

式(5.1)也可以被用来估计非圆形区域中用户穿越边界的速率，通过把一个区域近似看成面积大小相同的类圆形区域。为了便于计算，这里假设边缘交换机的分布是均匀的，并且尽可能减少覆盖范围的交互，这样每一个边缘交换机的信号覆盖范围可以看成一个正六边形区域。对于正六边形区域，这是一个合理的近似值。这里可以使用圆的面积 a 计算出区域边界长度 l，如式(5.2)所示：

$$l = 2\sqrt{\pi a} \tag{5.2}$$

根据式(5.1)和式(5.2)可以得到式(5.3)，利用面积评估用户穿越边界的速率：

$$\mathrm{CR} = 2\frac{\rho v\sqrt{a}}{\sqrt{\pi}} \tag{5.3}$$

为了获得单个移动用户穿越边界的速率，这里将式(5.3)计算出的用户穿越边界速率除以该区域中的移动用户总数 ρa，可以计算出单个用户穿越边界的速率 cr，如式(5.4)所示：

$$\mathrm{cr} = 2\frac{v}{\sqrt{\pi a}} \tag{5.4}$$

假设每个边缘交换机的信号覆盖半径一样，都为 r，则每个用户穿越边缘交换机信号覆盖范围的速率为 u_{s}，由此根据式(5.4)可以得到式(5.5)：

$$u_{\mathrm{s}} = \frac{2v}{\pi r} \tag{5.5}$$

用户在边缘交换机信号覆盖范围内的停留时间 T 和用户穿越边缘交换机信号覆盖范围边界的速率 u_{s} 成反比，由此可以估算出用户在边缘交换机信号覆盖范围内的停留时间，如式(5.6)所示：

$$T = \frac{1}{u_{\mathrm{s}}} \tag{5.6}$$

2) 链路性能提升

为了便于说明，这里用 λ 表示 CN 到 MN 的下行链路上发送数据分组的平均速度，L_{data} 表示下行链路上数据分组的平均大小，T 表示移动节点在边缘交换机信号覆盖范围内的平均停留时间，则移动节点在边缘交换机信号覆盖范围内的停留时间段内，下行链路传输数据分组的总大小用N表示，可以由式(5.7)计算：

$$N = \lambda T L_{\text{data}} \tag{5.7}$$

这里用$H_{\text{cn-p}}$表示CN到p-ES的传输路径之间的跳数，$H_{\text{p-n}}$表示p-ES到n-ES的传输路径之间的跳数，$H_{\text{cn-n}}$表示控制器计算出的CN和n-ES之间最优传输路径的跳数，ρ_{d}表示网络中数据平面链路通信传输代价的权重因子大小。在未进行路径优化之前，CN到MN的下行数据链路，通过p-ES进行转发时，传输路径包括两部分，即CN到p-ES的传输路径和p-ES到n-ES的传输路径。如果存在$H_{\text{cn-n}} < H_{\text{cn-p}} + H_{\text{p-n}}$，则说明存在一条更短的路径，切换之后可以使数据传输经过的跳数更少，切换到最优传输路径之后，链路的性能提升用G^{d}表示，可以由式(5.8)计算：

$$G^{\text{d}} = \rho_{\text{d}} N (H_{\text{cn-p}} + H_{\text{p-n}} - H_{\text{cn-n}}) \tag{5.8}$$

3)交换机缓存开销

这里用L_{LTE}表示交换机中缓存的流表项的长度大小，ρ_{b}表示网络中交换机缓存流表代价的权重因子大小，则切换至最优传输路径之后，交换机存储流表项的缓存开销用G^{b}表示，可以由式(5.9)计算：

$$G^{\text{b}} = \rho_{\text{b}} L_{\text{LTE}} (H_{\text{cn-p}} + H_{\text{p-n}} - H_{\text{cn-n}}) \tag{5.9}$$

4)信令消息开销

这里用L_{FMod}表示控制器下发给交换机的FlowMod消息的大小，n表示CN到MN的最优传输路径上交换机的总个数，$h_i^{\text{c-sw}}$表示最优传输路径上第i个交换机到所属的SDN控制器的跳数，L_{c}表示不同SDN域控制器之间交互信令消息的大小，m表示除n-ES所在SDN域的控制器之外剩余其他SDN域的控制器总个数，$h_j^{\text{c-c}}$表示n-ES所在SDN域的控制器到其他交换机所属的第j个SDN域控制器的跳数，ρ_{c}表示网络中控制平面链路通信传输代价的权重因子。切换至最优传输路径之后，所增加的信令开销用G^{s}表示：

$$G^{\text{s}} = \rho_{\text{c}} \left(\sum_{i=1}^{n} h_i^{\text{c-sw}} L_{\text{FMod}} + \sum_{j=1}^{m} h_j^{\text{c-c}} L_{\text{c}} \right) \tag{5.10}$$

切换到最优传输路径后，数据链路的传输性能得到提升，网络交换机的流表缓存开销得到降低，切换过程中同时增加了一定的信令开销，获得的性能系统提升用 G 表示：

$$G = G^{\mathrm{d}} + G^{\mathrm{b}} - G^{\mathrm{s}} \tag{5.11}$$

根据式(5.11)计算出的结果，判定在移动节点切换完成之后，是否执行路径优化操作，如果可以给系统带来性能提升，则执行路径优化操作，迁移 CN 到 MN 直到下行数据传输路径至最优传输路径，否则由于不能给系统带来性能的提升，不执行迁移操作。

3. 初始化注册

当 MN 第一次进入 ES 的信号覆盖范围内时，MN 在和 ES 建立链路层(link layer，L2)连接后，为了获取一个合法的 IPv6 地址，首先开始初始化注册过程。MN 发送 RS 消息到所连接的 ES，以请求 HNP。ES 接收到携带 MN 标识的 RS 消息后，生成一个新的注册 PBU 消息，并将其可路由地址和 MN 标识填充到 PBU 消息中。然后，将 PBU 消息传递给控制器。

控制器收到 ES 发送的 PBU 消息，经过查询后发现是一个新 MN 的绑定注册消息，然后创建一条 BCE，用来记录维护 MN 的注册信息。之后，控制器为 MN 分配可用 HNP，并将其填充到 PBA 消息中，然后将 PBA 消息返回给 ES，作为对 PBU 消息的响应。ES 接收到 PBA 消息后，读取其中的内容，创建一个包含控制器所分配的 HNP 信息的路由器通告(RA，下同)消息，发送给 MN，作为对 RS 消息的回应。MN 收到 RA 消息后，根据所分配的 HNP 配置其临时 IPv6 地址，然后进行地址重复性检测，检测通过之后，MN 就正式获得一个合法的 IPv6 地址，接下来就可以进行通信。

在配置了 IPv6 地址后，MN 可以通过建立端到端的数据传输路径与 CN 进行通信。当 MN 是源节点时，如果将新数据流的第一个数据分组发送给 ES，则 ES 接收第一个数据分组，因为在所有的流表中都不能找到匹配的流表条目，所以数据包被传送到控制器。控制器从数据包取得目的地地址后，根据自身具有的全局网络视图计算数据通信的最优传输路径。在最优传输路径上的交换机被配置 SDN 域的情况下，控制器生成新的传送规则，直接发送 FlowMod 消息使这些交换机的流表进行更新，然后到达交换器的数据包。SDN 控制器没有进一步的干预，可以根据控制器发布的流表规则执行相应的传送操作。但是，如果最优传输路径需要穿越多个不同的 SDN 域，则控制器必须通过东西向接口与其他域内的多个控制器进行协调来建立一条最优的传输路径。在相互交流之后，最优传输路径交换机将从每个域的控制器接收 FlowMod 消息，更新它们的流表，最终在不同的 SDN 域之间建立数据传输路径。在 MN 和 CN 之间建立数据传输路径后，可以开始双向数据通信。然后，当 MN 的访问位置移动时，要求执行下一个切换管理，将数据传输路径进行一定的更新，确保 MN 和 CN 之间的数据分组能够实现正常的通信。

4. 切换管理

在车联网环境中，汽车拥有速度快和方向变化多的特性，因此移动节点几乎一直处于移动的过程中，当移动节点从之前为其提供服务的 p-ES 移动到一个新的 n-ES 时，切换过程会被触发。为了针对不同的切换场景进行优化，当 p-ES 和 n-ES 属于同一个 SDN 域时，称为域内切换，当 p-ES 和 n-ES 属于不同的 SDN 域时，称为域间切换。

在移动节点发生域内切换时，p-ES 和 n-ES 所连接的控制器是域内同一个 SDN 控制器。此时，p-ES 和 n-ES 都需要和这个控制器交换信令消息，以完成移动节点的切换操作。域内切换分为两种：一种是域内主动切换；另一种是域内被动切换。

1) 域内主动切换

当 p-ES 的信号覆盖范围和 n-ES 的信号覆盖范围存在部分重合时，移动节点正好在该重合范围内移动，移动节点在离开 p-ES 的信号覆盖范围之前，可以通过主动或者被动扫描获得 n-ES 的标识信息。例如，当 p-ES 的信号强度低于 n-ES 的信号强度时，为了获得更好的网络服务质量，移动节点会主动申请尝试与 p-ES 通信进行网络切换。

如果在移动节点离开 p-ES 的信号覆盖范围时，拥有足够的时间发出信令消息告知 p-ES，则 p-ES 收到信令消息后就会知道移动节点将要离开其信号覆盖范围，进入 n-ES 的信号覆盖范围。因此，p-ES 应该把这种情况立即告诉域内的 SDN 控制器，由 SDN 控制器预先建立 p-ES 到 n-ES 的数据传输路径。同时，p-ES 会根据移动节点的实时链路状态决定如何处理 CN 发动给移动节点的下行数据分组。如果此时移动节点未离开 p-ES 的信号覆盖范围，还可以正常接收数据分组，则 p-ES 继续直接发送数据分组给移动节点。如果此时移动节点已经位于 p-ES 信号覆盖范围的边缘，信号质量较差无法进行有效的通信，或者移动节点已经离开其信号覆盖范围，无法成功发送给移动节点，则 p-ES 根据控制器是否建立 p-ES 到 n-ES 的数据传输路径决定缓存数据分组还是转发。如果 p-ES 到 n-ES 的数据传输路径建立完毕，则 p-ES 可以把 CN 发送来的数据分组通过合适的端口直接转发到 p-ES 到 n-ES 的传输路径上。如果此时数据传输路径还没有建立完毕，则 p-ES 先把数据分组缓存下来，等到传输路径成功建立后再转发。域内主动切换的信令操作流程如图 5.10 所示。

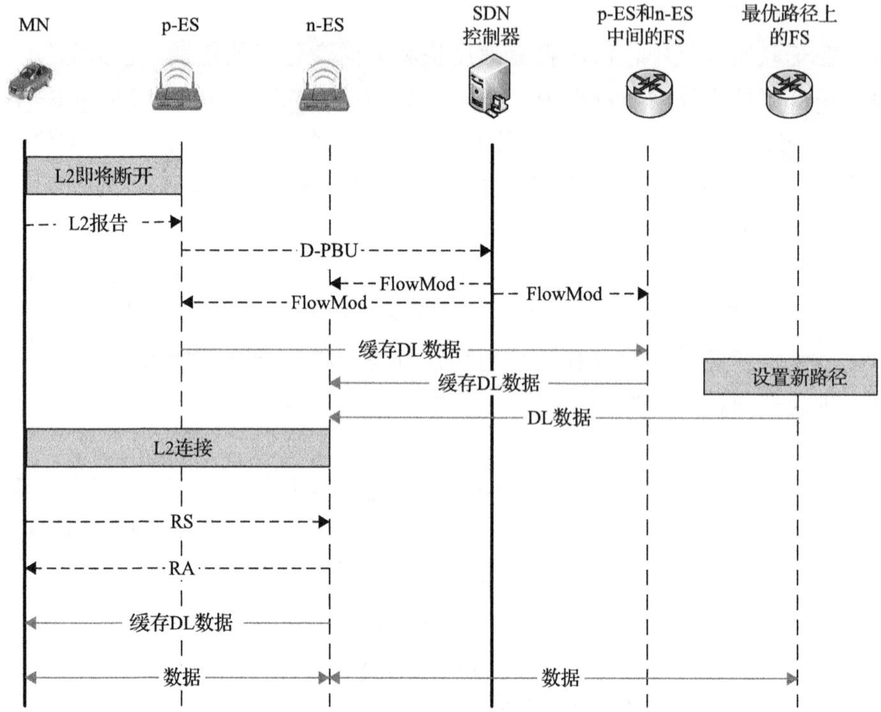

图 5.10　域内主动切换的信令操作流程

具体的每一步信令操作流程如下：

(1) 当 MN 感知将要发生 L2 分离事件时，MN 通过链路层探测到即将接入的 n-ES 标识信息，MN 会向 p-ES 发送一个 L2 报告消息，其中包含 MN 自己的标识及 n-ES 的标识。

(2)当 p-ES 接收到这个报告消息时，p-ES 会发送一个解除代理绑定更新(deregistration proxy binding update，D-PBU)的消息到域内的 SDN 控制器，与此同时 p-ES 会临时缓存下行链路(down link，DL)的数据分组，以防止切换过程中的数据分组丢失。

(3)当 SDN 控制器接收到 D-PBU 消息时，控制器会根据 MN 的标识去查找 MN 所对应的 BCE 缓存，然后更新 MN 的绑定缓存信息，用 n-ES 替代之前的 p-ES 字段。

(4)SDN 控制器计算 p-ES 到 n-ES 之间的最优传输路径，然后下发 FlowMod 消息到位于最优传输路径上的 FS。传输路径建立完成之后，在 p-ES 处缓存的 DL 数据分组可以转发到 n-ES。

(5)SDN 控制器计算 CN 到 n-ES 之间的最优传输路径。如果控制器决定迁移流量到最优传输路径上，但是最优传输路径上一些 FS 位于其他 SDN 域内，此时控制器还需要通过东西向接口与其他 SDN 域内的控制器进行通信。最后在最优传输路径更新完成之后，下行的数据分组就可以沿着最优传输路径传输至 n-ES 处缓存下来。

(6)在 MN 移动到 n-ES 的信号覆盖范围，与 n-ES 之间建立 L2 连接之后，MN 向 n-ES 传递一个 RS 消息，n-ES 收到消息得知 MN 已经到达其信号覆盖范围，响应一个 RA(路由器通告)消息。然后，在 n-ES 上缓冲的 DL 数据分组可以直接发送给 MN，而 MN 也可以通过最优的端到端传输路径恢复与 CN 的数据通信，而不用改变其 IP 地址。

在域内主动切换过程中，从移动节点与 p-ES 断开连接到与 n-ES 建立连接的过程中，控制器需要建立一条从 p-ES 到 n-ES 的最优传输路径。如果移动节点断开与 p-ES 的连接后，p-ES 到 n-ES 的最优传输路径还没有成功建立，则由 CN 发送的下行数据分组可先在 p-ES 处缓存下来，等到最优传输路径建立之后再通过 p-ES 转发给 n-ES，可以使得分组丢失的情况尽可能得到缓解。域内主动切换使控制器建立 p-ES 到 n-ES 的最优传输路径的过程和 MN 与 n-ES 建立新连接的过程尽可能并行，可以起到降低切换时延的作用。

2)域内被动切换

移动节点切换前后所连接的 p-ES 和 n-ES 属于一个 SDN 域，并且由同一个 SDN 控制器进行控制。当 p-ES 的信号覆盖范围和 n-ES 的信号覆盖范围不存在重合时，或者存在重合但 MN 并没有时间完成告知 p-ES 其将要切换时，MN 会一直与 p-ES 保持通信直到它失去和 p-ES 的连接。之后，当 MN 进入 n-ES 的信号覆盖范围，成功与 n-ES 建立 L2 连接时，会触发一个域内被动切换，其信令操作流程如图 5.11 所示。

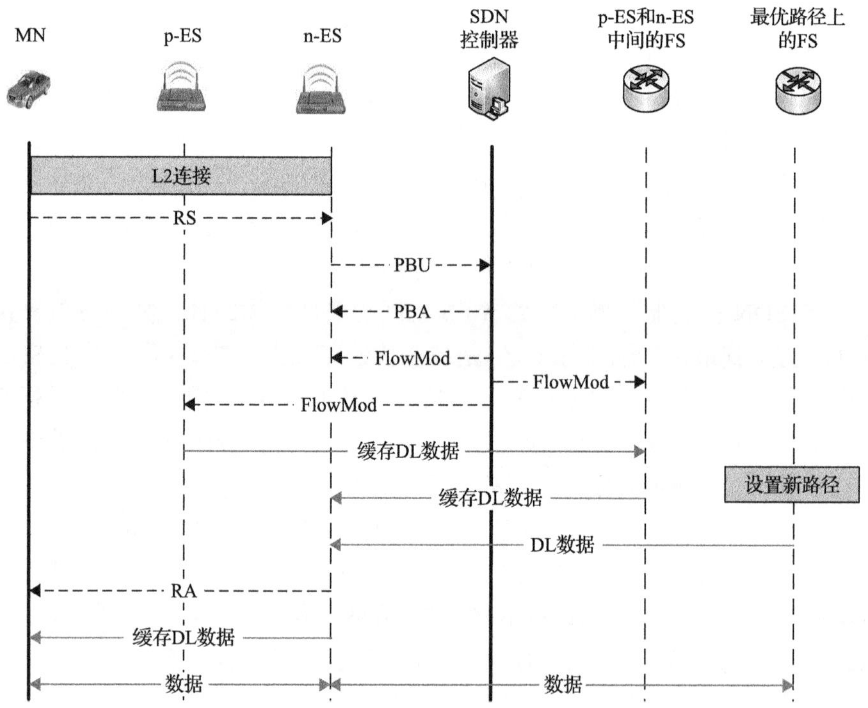

图 5.11　域内被动切换信令操作流程

具体的每一步信令操作流程如下：

(1) 在 MN 成功建立与 n-ES 的 L2 连接之后，MN 会向 n-ES 发送一个 RS 消息，包含 MN 的 MN_ID、HNP 及之前接入的 p-ES 标识。

(2) 在 n-ES 接收到来自 MN 的 RS 消息后，n-ES 会生成一个 PBU 消息发送到 SDN 域内控制器，该消息包括 MN 的 MN_ID、HNP、p-ES 标识及 n-ES 自身的标识。

(3) 在 SDN 控制器接收到 PBU 消息之后，控制器会根据 MN_ID 查找 MN 所对应的 BCE，用 n-ES 替代 p-ES 更新绑定缓存信息。更新完毕之后，控制器会发送一个 PBA 消息到 n-ES，同时建立一条 p-ES 到 n-ES 的最优传输路径。控制器还执行路径优化策略，判定是否需要迁移 CN 到 MN 的数据传输路径至最优传输路径上。

(4) 在 n-ES 收到来自控制器的 PBA 消息之后，n-ES 会发送一个 RA 消息到 MN，切换过程完成。MN 就可以知道已经成功建立与 n-ES 的连接，可以进行下一步的操作。之后缓存在 n-ES 的下行数据分组会被发送到 MN，MN 成功恢复和 CN 的通信。

在域内被动切换过程中，MN 与 n-ES 成功建立连接之后，SDN 控制器才知道 MN 此时的位置，然后才开始建立 p-ES 到 n-ES 的最优传输路径。相比于域内主动切换，SDN 控制器建立 p-ES 到 n-ES 的最优传输路径操作是在 MN 连接到 n-ES 之后，因此域内被动切换时延一般比域内主动切换时延大。

除了域内切换还有域间切换，移动终端在切换之前和之后所接入 p-ES 及 n-ES 有各自的 SDN 域，其 SDN 域中的 SDN 控制器对它们进行着控制，如果此时发生了切换，则把这种切换称为域间切换。域间切换包括域间主动切换和域间被动切换两种类型。如果一个移动性管理机制能够对域间的切换提供有效的支持，需要保证移动节点在大范围移动过程中的统一接入，同时保证切换性能和更好的网络性能。例如，拥有较小的切换时延，降低数据分组的丢失。

3) 域间主动切换

当移动节点切换前后所连接的 p-ES 和 n-ES 位于不同的 SDN 域，并且 p-ES 和 n-ES 的信号覆盖范围存在部分重合时，在移动节点离开 p-ES 的信号覆盖范围之前，可以通过主动或者被动的扫描获得 n-ES 的标识，如果能够告知 p-ES 自己将要和其断开然后接入 n-ES，则此时发生的切换称为域间主动切换。域间主动切换信令操作流程如图 5.12 所示。

具体的每一步信令操作流程如下：

(1) 当 MN 感知将要发生 L2 分离事件时，MN 通过链路层探测到即将切换的 n-ES 标识，MN 会向 p-ES 发送一个 L2 报告消息，其中包含 MN 的标识和 n-ES 的标识。

(2) 当 p-ES 接收到这个 L2 报告时，p-ES 发送一个 D-PBU 的消息到自身所属的 p-控制器，与此同时 p-ES 会临时缓存 DL 的数据分组，以防止切换过程中的数据分组丢失。

(3) 在 p-控制器接收到 D-PBU 消息后，由于 p-控制器具有全局的网络

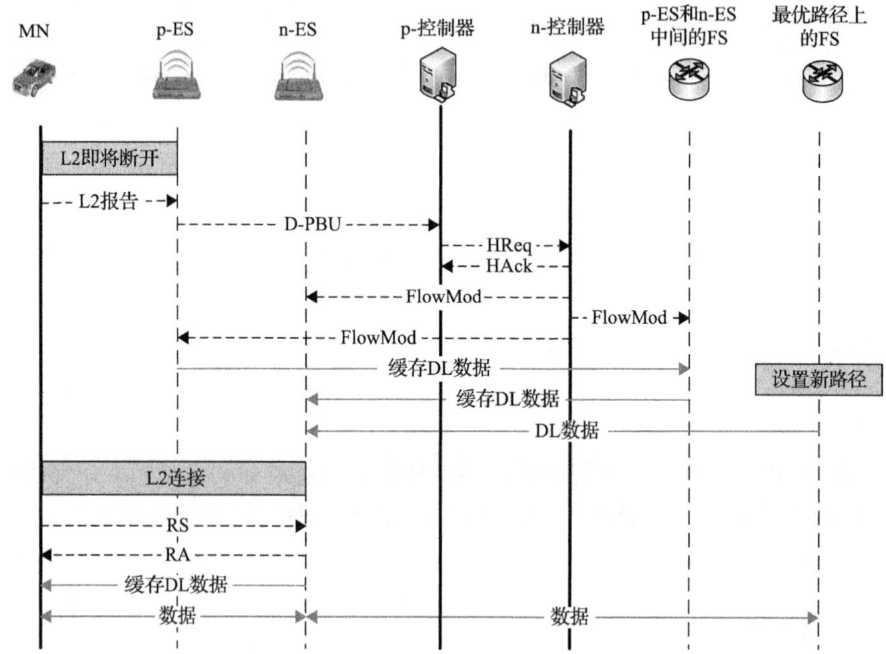

图 5.12 域间主动切换信令操作流程

信息，所以可以识别 n-ES 所在的位置，然后计算从 p-ES 到 n-ES 的最优传输路径。

(4) p-控制器向 n-控制器发送切换请求(handover request，HReq)消息，包括 MN 的绑定缓存信息，如 MN_ID、HNP、n-ES 的标识，以及其计算得到的从 p-ES 到 n-ES 的最优传输路径上属于 n-控制器所管理的 FS 信息。

(5) 在 n-控制器收到 HReq 消息后，会分配一个 BCE 来维护 MN 的绑定缓存信息，然后向 p-控制器回复切换确认(handover acknowledgement，HAck)消息。同时，n-控制器将 FlowMod 消息发送至从 p-ES 到 n-ES 的最优传输路径上所有属于自己管理的 FS。

(6) 在 p-控制器接收到 HAck 消息后，从 BCE 表中删除 MN 的绑定缓存信息；然后其将 FlowMod 消息发送至从 p-ES 到 n-ES 的最优传输路径上所有属于自己管理的 FS。在 p-ES 到 n-ES 的传输路径建立完毕后，在 p-ES 上的缓存数据分组可以传输至 n-ES。

(7) n-控制器计算从 CN 到 n-ES 的最优传输路径，执行传输路径优化策略。根据性能增益和系统开销决定是否把数据传输迁移至最优传输路径，若迁移，则执行进一步的操作。

(8)在 MN 与 n-ES 之间建立 L2 连接之后，MN 向 n-ES 传递一个 RS 消息，然后 n-ES 响应一个 RA 消息。此后，在 n-ES 上缓冲的下行数据分组可以发送给 MN，而 MN 可以通过端到端路径恢复与 CN 的数据通信，而不会改变其 IP 地址。

域间主动切换要求在网络切换进行过程中，两个控制器必须能够互相传递信令信息，由其合作来实现一个完整的切换过程，这是域间主动切换和域内主动切换的区别。而且，为了使切换过程中的切换时延下降，需要确保控制器建立 p-ES 到 n-ES 最优传输路径的过程和移动终端与 n-ES 建立新连接的过程保持并行的状态。

4)域间被动切换

当切换前后移动节点所连接的 p-ES 和 n-ES 位于不同的 SDN 域，并且 p-ES 的信号覆盖范围和 n-ES 的信号覆盖范围不存在重合，或者移动节点在与 p-ES 断开连接之前，若未能及时将发生切换的消息发送到 p-ES，移动节点会一直与 p-ES 保持通信直到它失去与 p-ES 的连接。当 MN 进入 n-ES 的信号覆盖范围，试图建立与 n-ES 的 L2 连接时，会触发一个域间被动切换过程，信令操作流程如图 5.13 所示。

具体的每一步信令操作流程如下：

(1)在 MN 成功建立与 n-ES 的 L2 连接之后，MN 会向 n-ES 发送一个 RS 消息，包含 MN 的 MN_ID、HNP 及 p-ES 的标识。

(2)在 n-ES 接收到来自 MN 的 RS 消息后，n-ES 会生成一个 PBU 消息发送到 n-控制器，该消息包括 MN 的 MN_ID、HNP 及 p-ES 的标识。

(3)在 n-控制器接收到 PBU 消息后，n-控制器根据 MN 的标识在本地的 BCE 中无法找到 MN 对应的 BCE，从而知道 MN 正在执行域间切换处理。由于其已经获得了 MN 之前连接的 p-ES 标识，所以 n-控制器向 p-控制器传递 HReq 消息。

(4)在 p-控制器收到 HReq 消息后，p-控制器根据 HReq 信息中的 MN 标识在本地的 BCE 中找到 MN 对应的 BCE，同时计算得到从 p-ES 到 n-ES 最优传输路径上属于 n-控制器所管理的 FS 信息，把这些 FS 信息及 MN 绑定缓存信息填充至 HAck 消息，发送给 n-控制器，然后删除本地中 MN 对应的 BCE。

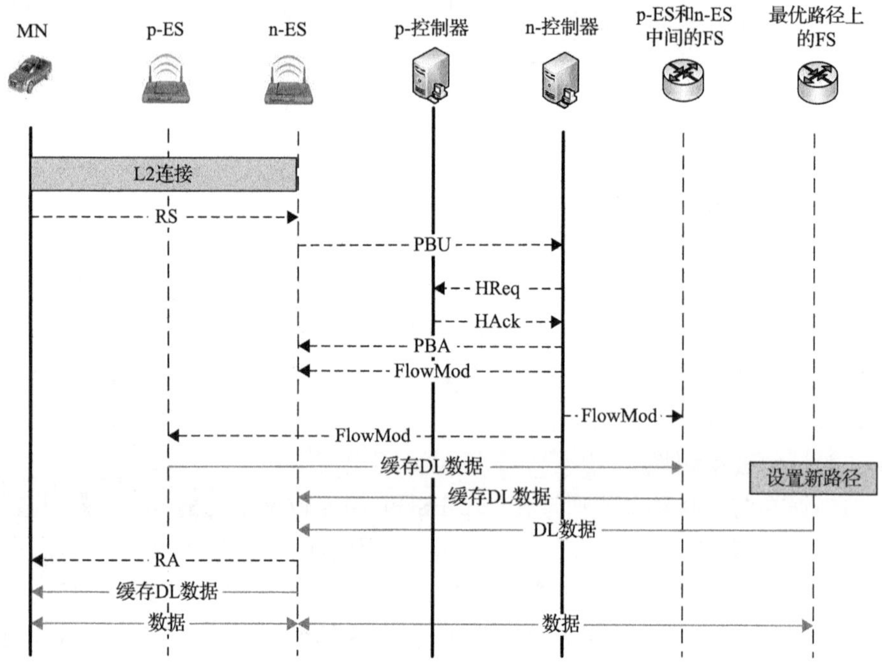

图 5.13　域间被动切换信令操作流程

(5) 在 n-控制器接收到 HAck 消息后，分配一个 BCE 来维护 MN 的绑定缓存信息，回复一个 PBA 消息给 n-ES。然后，根据从 HAck 消息中获得的 p-ES 和 n-ES 最优传输路径之间属于本域的 FS 信息，分别发送 FlowMod 消息给这些 FS，用以建立最优传输路径。

(6) 此外，n-控制器计算从 CN 到 n-ES 的最优传输路径，并根据路径优化策略来判定是否执行路径优化操作。

(7) 在 n-ES 收到来自 n-控制器的 PBA 消息后，n-ES 向 MN 下发 RA 消息，完成切换过程。然后，可以将在 n-ES 处的缓存下行数据分组转发给 MN，同时 MN 恢复与 CN 的数据通信。

域间被动切换与域内被动切换相比，多了不同 SDN 域间的控制器交互信令消息的流程。域间被动切换与域间主动切换相比，是在移动节点和 n-ES 建立连接之后，控制器才开始计算 p-ES 到 n-ES 的最优传输路径，因此切换时延稍大。

目前移动性管理机制中普遍存在转发路径非最优的问题，本书提出一种路径优化策略，根据性能增益权衡判决是否需要迁移至最优传输路径。

第 6 章　基于垂直切换的优化算法

6.1　概　　述

为了应对移动终端商务需求的高涨和通信数据暴发性的增加，今后需要各种各样的网络协作来为用户提供服务。作为异构网络融合关键技术的切换技术受到了很多研究人员的关注。在车辆移动时，很多情况下都需要网络的切换，切换管理技术使异种网络在漫游过程中可以获得车辆的不中断网络服务。

无线网络的性能和用户终端的位置及速度在不断变化，这发生在用户离开一个基站的覆盖范围进入另一个基站的覆盖范围的情况下，或者当前的网络性能不能满足服务 QoS 的情况下。根据切换前后的网络接入拓扑是否相同，网络切换可以分为水平切换和垂直切换。在网络切换前后，两个接入的网络相同，这种切换称为水平切换。而垂直切换指的是网络切换前后，两个接入的网络不同。一般来说，水平切换比较简单，判断网络切换中是否需要切换，只需要判断信号强度，水平切换的切换时延较小，垂直切换比较复杂，需要考虑网络的多个属性。在进行特定计算以确定是否需要切换时，垂直切换的切换时延较大。垂直切换是异构无线网络集成的研究热点，因为其比水平切换过程更加复杂[125]。

6.1.1　切换算法的定义和分类

切换[126]是指从一个网络切换到另一个网络，以及从一个网络区域切换到另一个网络区域。两个网络之间信号强度可能有一定差异，网络服务提供商也可能是不同的。切换的本质是，现在的网络不能继续为现在的移动终端提供服务，为了保证移动终端的通信质量，需要切换到更好的网络。

切换可以根据不同的应用场景和网络的异构性分为多种类型[127]。根据不同的原则切换的定义方法不同。根据时序原则，切换可以分为同步切换和异步切换。根据网络的范围，切换可以分为同构网络切换和异构网络切换，同构网络切换可以分为域间切换和域内切换；异构网络切换可以分为垂直切换和水平切换。根据切换过程中移动端和网络端的主次关系可以将切换分为网络切换、终端切换、辅助网络切换和辅助终端切换四种。同一运营商切换，表示切换发生在同一个运营商提供的网络；不同运营商切换，表示切换发生在不同运营商提供的网络。根据业务类型，切换可以分为实时服务切换和非实时服务切换。图 6.1 示出了切换的详细分类。

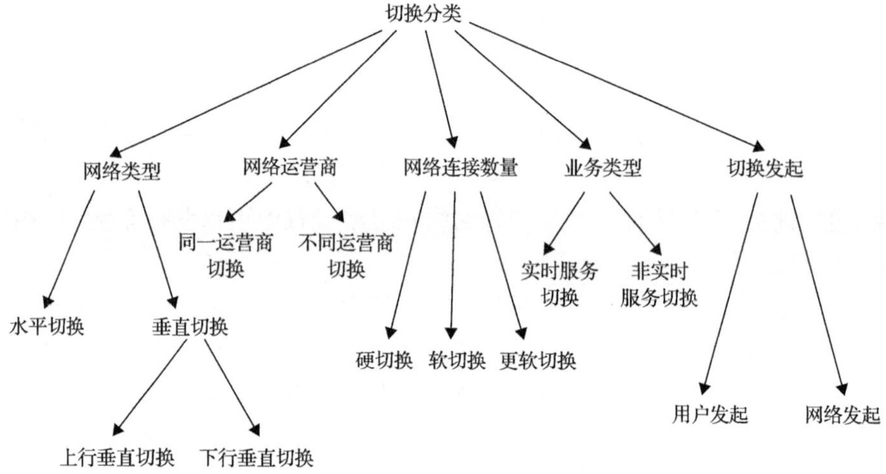

图 6.1 切换分类树

在相同网络之间进行的切换称为水平切换，在不同网络之间进行的切换称为垂直切换。与相同网络的水平切换相比，不同种类的车联网之间的垂直切换在很多方面都不同，主要包括以下几个方面。

1. 切换的原因不同

可以得知，大部分的水平切换都是因为节点的移动而使其脱离了当前网络的接入范围，所以不得不切换至新的接入点来获得较高的网络质量。而垂直切换可能不仅是因为车辆节点要脱离当前接入点的通信范围而发生网络的切换。在异构融合网络中，各个网络的网络状况都是不相同的，当一个网络的服务质量开始下降时，节点会寻找其他更加合适的网络进行切换来保证自身的服务质量处于一个良好的状态。

2. 切换决策判决因素不同

一般来说，水平切换把接收信号强度(received signal strength，RSS)作为切换判决的唯一标准。但是在异构车联网环境中，由于车辆移动的特性、消费水平及对网络服务质量的需求差异等，各个节点对网络的选择也各不相同。这时就不能只是把 RSS 作为垂直切换的唯一指标，而需要综合考虑用户的偏好及网络的状态等多种因素，把各种因素结合起来共同做出网络切换判决，选取最适合车辆节点的目标网络。

3. 切换控制方式不同

现有系统中较常见的切换控制方式包括移动控制的切换（mobile controlled handoff，MCHO）、网络控制的切换（network controlled handoff，NCHO）及移动辅助的切换（mobile asisted handoff，MAHO）。在传统网络的水平切换中，网络通常属于 MAHO 模式，基于终端上传的收集的周围基站信息来做出切换的决定。下一代网络（next generation network，NGN）的垂直切换需要考虑每个用户接入网络状态和性能参数的信息，以及用户终端的喜好和业务需求。为了获取这些信息，移动终端比接入网络更方便，更容易实现。因此，MCHO 比 MAHO 和 NCHO 更适合在多网络融合中进行垂直切换。

垂直切换有两种类型：上行垂直切换和下行垂直切换。通过上行垂直切换得到的网络会比当前网络性能更优，而下行垂直切换通常会切换到网络性能不如当前网络的网络中。

6.1.2　垂直切换要求

为了保证异构车联网中的网络性能保持良好并拥有较高的服务质量，对垂直切换技术性能方面提出了一定的硬性要求。图 6.2 给出了垂直切换的主要技术性能要求[128]，主要分为可靠性、性能、无缝移动性、负载均衡、干扰和切换次数几方面。

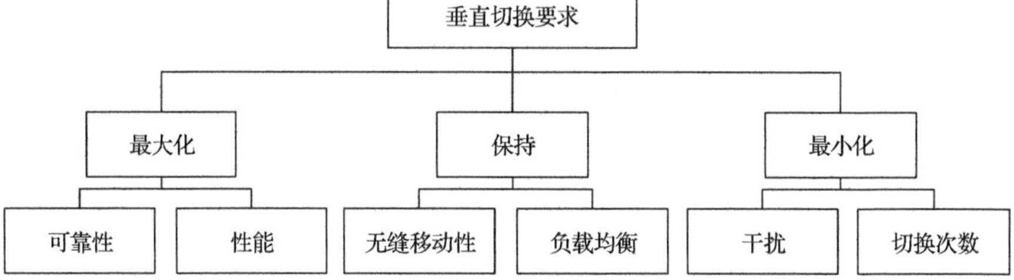

图 6.2　垂直切换的主要技术性能要求

1. 可靠性

可靠性是一个良好的垂直切换算法必须具备的属性，一个垂直切换算法拥有可靠性，证明了其进行网络切换之后应该具有良好的网络质量。

2. 性能

性能代表一个网络的网络状况，通常使用信噪比、信干噪比、误码率、接收到的信号强度、网络连接时延和可用带宽来表示一个网络的性能。

3. 无缝移动性

一个良好的垂直切换算法在执行时应该能做到无缝移动，否则，会使用户感觉到明显的网络中断，服务质量下降，降低用户的使用体验。如果在切换的过程中发生信道干扰，或者因原理而产生接收信号强度下降，都会引起服务质量下降。

4. 负载均衡

为了能够有效地利用网络资源，使用户持续获得较高的服务质量，要注意垂直切换时的负载均衡。一个合格的垂直切换算法要可以对异构车联网中各个网络类型的流量进行均衡，来选择较为合适的网络作为其切换目标。

5. 干扰

在切换时要注意防止其他因素的干扰是垂直切换算法不可缺少的一部分。由于在传统蜂窝网络上已经进行了大量的研究和试验，所以在这类网络上的干扰问题有较为广泛的解决方法，但是工作在公共频段上的无线局域网还面临着许多有关干扰方面的问题。所以，在垂直切换发生的过程中，如果该切换是在蜂窝网络到无线局域网之间进行的，那么在垂直切换进行之前，为了避免干扰对网络服务质量产生影响，应该对无线局域网进行一定的检查。

6. 切换次数

众所周知，若目标节点在移动过程中频繁地发生网络切换，则肯定会导致服务质量的降低，进而导致网络的不稳定，较大程度上影响用户的使用体验。所以，在进行网络切换时，不仅要考虑到网络的通信性能，同时要注意切换次数，将其控制在一个可观的范围内。

6.1.3　垂直切换过程简介

垂直切换过程一般包括三个阶段，即系统发现阶段、切换判决阶段和切换执行阶段[129]。首先在系统发现阶段，移动终端寻找可供其连接的无线网络。在发现其周围的可用网络后，进入切换判决阶段，在该阶段中，移动终端通过综合考虑各网络的可接收信号强度、用户喜好、业务特性等各种因素来判断其应该切换到哪一个网络当中。最后是切换执行阶段，当前移动节点开始执行切换，与之前连接的网络断开，从而与上一阶段所发现的最佳网络进行连接。

1. 系统发现阶段

系统发现阶段是垂直切换过程中的第一个阶段，在该阶段，移动节点需要不断地扫描来发现可以与其连接的无线网络。通常情况下，各个网络的接入点会周期性地广播其消息，而在其通信范围内的移动节点会接收到这些网络所广播的消息，一个移动节点可以接收多个网络所广播的消息，获得各个网络的状态消息。此外，移动节点为了能够及时接收到网络所广播的消息，需要一直保持激活状态，但是若要一直保持激活状态，则会大大增加移动节点的能耗。所以，移动节点也可以采用定时搜索的方法，只在固定的时间内搜索网络，这样虽然降低了移动节点的能耗，但是其发现网络的速度就不尽如人意了。所以，如何平衡网络发现的效率和能耗之间的关系是这个阶段值得注意的一个问题。

2. 切换判决阶段

切换判决阶段是垂直切换过程中最为重要的一个阶段，在该阶段，移动节点通过在系统发现阶段中所收集到的网络接收信号强度、用户喜好、业务特性等各种可用信息来进行分析，从而判断出是否要进行垂直切换、垂直切换进行的时间、选择切换到的目标网络等各种信息，然后做出决策。在这一阶段的算法主要可以分为两大类：切换决策算法和网络选择算法。切换决策算法主要是通过计算来判断出该移动节点是否应该做出切换的决定，而网络选择算法主要是通过计算一系列的网络参数判断出哪个网络为最佳目标网络。本章主要讲的就是在切换判决阶段的一系列算法。

垂直切换/网络选择判决需基于当前可用网络、终端特性及用户业务等多项因素进行综合判决。表 6.1 对垂直切换决策中需要考虑的各种因素做了总结。

表 6.1　垂直切换决策中需要考虑的各种因素

类别	决策因素	
	静态因素	动态因素
网络相关	网络覆盖面积、典型业务支持能力、网络接入费用、网络安全性能等	网络当前可用状态、(包括可用宽带、连接时延、丢包率等)、终端接收信号强度、链路传输误码率等
终端(车辆)相关	终端移动频率、终端计算、存储能力	终端移动速度、终端能量存储
应用相关	应用历史信息、某应用使用频率等	时延、时延抖动、吞吐量敏感程度

3. 切换执行阶段

切换执行阶段是垂直切换过程中的最后一个阶段，该阶段主要是完成移动节点从当前网络至切换判决阶段中所选择的最优网络的切换执行。目前，已存在多种针对协议栈不同层次设计的切换执行方案及协议，如网络层的 MIP、传输层的 mSCTP 和应用层的 SIP 等。上面提到的这三种切换执行方案和协议是针对水平切换提出的，并不能直接应用于垂直切换过程。垂直切换是发生在多种无线接入网络共存的异构融合网络中的，必须对这些算法进行一定的改进才能够应用于垂直切换。

在垂直切换的过程中，是否应该发生切换、如何掌握切换时机、应该切换至何种网络是最重要的，所以切换判决阶段是垂直切换的重中之重。只有处理好这一阶段的切换算法，才能够选择一个较好的接入网络，保证网络的接入质量，提高用户的满意程度。由于垂直切换决策是多标准决策问题，决策中所涉及的因素多样化，度量值各不相同，如何根据这些因素进行统一、综合的决策和判断，研究者提出了各种方法，主要包括基于代价函数的垂直切换算法、基于多属性决策理论的垂直切换算法、基于模糊逻辑和神经网络的垂直切换算法、基于马尔可夫决策过程理论的垂直切换算法及基于博弈理论的垂直切换算法等。这些算法在本章后续的部分会详细讲解。

6.2　主流的垂直切换算法

在主流的垂直切换算法中，比较有代表性的主要有基于代价函数的垂直切换算法、基于多属性决策理论的垂直切换算法、基于模糊逻辑和神经网络的垂直切换算法、基于马尔可夫决策过程理论的垂直切换算法、基于博弈理论的垂直切换算法、基于接收信号强度并结合阈值的垂直切换算法、基于服务质量的垂直切换算法[130]等，下面介绍前五种算法。

6.2.1　基于代价函数的垂直切换算法

1. 算法基本思想

首先要对代价函数的概念有一个了解，人们为了达到某种目的而要付出的东西就是其要付出的代价，这属于经济学中的概念。在代价函数法当中，为了研究各个因素对其所要考虑的目标的影响，需要对代价函数进行建模。然后通过对各个因素的不断调整来实现对该代价函数的不断优化，最后获得一个较为完美的代价函数。

用代价函数来解决异构车联网中的垂直切换问题，可以根据各种决策因素对最终结果的影响力不同而把其分为回报函数和成本函数。回报函数主要反映了在垂直切换执行之后所获得的一系列的影响；而成本函数为若要完成此次切换所需要付出的代价。可以通过这两个函数来对系统做一个综合的评估，从而判断哪一个网络是要切换的最佳网络，使切换所带来的收益最大化且要为这次切换付出尽可能小的成本。

2. 几种算法详解

基于代价函数的垂直切换算法主要是通过为切换判决因素设定代价函数，并结合各属性权值来求解最优目标网络[131-133]。在文献[134]中首先提出代价函数可以用式(6.1)来表示：

$$f^n = \sum_s \sum_i \omega_{s,i} \times p_{s,i}^n \tag{6.1}$$

式中，f^n表示n个可接入网络的总代价；$p_{s,i}^n$表示参数i所付出的代价；$\omega_{s,i}$表示参数i的权重因子，权重因子越大，表明该参数越重要。文献[135]在执行垂直切换算法的过程中动态确定代价函数的权值，避免在确定权值的过程中过于主观，从而提升垂直切换算法的性能。

在文献[134]中，作者考虑了网络带宽、设备能耗、网络费用三个因素，网络 n 的代价函数式可以简化为

$$\mathrm{Cost}_n = f\left(B_n, P_n, C_n\right) \tag{6.2}$$

式中，B_n 表示网络 n 的可用带宽值；P_n 表示网络使用网络接入设备所需的能耗；C_n 表示此网络的费用。由于异构网络的系统多样性，需要对以上参数进行归一化处理，然后加权。如果用户对某一方面特别关注，可以将相应参数的权值设为 1，其他参数的权值设为 0。经过归一化处理后代价函数变为

$$f_n = \omega_b \cdot N\left(\frac{1}{B}\right) + \omega_p \cdot N(P_n)\left(\sum_{i\in\{b,p,c\}} \omega_i = 1\right) \tag{6.3}$$

一般情况下，代价函数越小，代表该网络性能越好，在归一化处理过程中将带宽参数用倒数表示。假如一个网络的网络带宽是另一个网络带宽的 2 倍，但是价格也是另一个网络的 2 倍，这种情况下，用户可以认为两个网络是对等的。为了更好地比较两个网络的代价函数，可以对代价函数表达式取对数，利用对数化以后的代价函数可以方便地对两个网络进行比较：

$$f_n = \omega_b \cdot \ln\frac{1}{B_n} + \omega_p \cdot \ln P_n + \omega_c \ln C_n\left(\sum_{i\in\{b,p,c\}} \omega_i = 1\right) \tag{6.4}$$

在文献[136]中作者提出了一种基于多维自适应 SINR(signal to interference plus noise ratio，信号与干扰加噪声比，信干噪比)的垂直切换算法，在这个算法中为了提供具有多属性 QoS 支持的无缝垂直切换，利用 SINR、用户所需带宽、用户流量成本和来自参与接入网络利用率的组合效应来做出多属性 QoS 考虑的切换决策。其自定义回报函数为

$$R = \mathrm{Max}\left\{\frac{S_i - r_{\min,i}}{C_{\mathrm{SINR}} \times \mathrm{e}^{kU}}\right\} \tag{6.5}$$

式中，S_i、$r_{\min,i}$、C_{SINR} 均为矢量，表示各候选网络状态集合。其中，S_i 为用户 i 从候选网络接收到的 SINR；$r_{\min,i}$ 为用户 i 请求带宽量 R_i 时从候选网

络接收到的最小 SINR；C_{SINR} 为某网络单位 SINR 的系统流量开销；指数 e^{kU} 为系统自适应效用因子，k 值越大表示自适应效用越高。这一回报函数综合考虑 SINR、用户请求带宽和用户流量开销三个因素，通过选取回报函数值最大的候选网络作为切换目标网络，可以增大网络吞吐量、降低丢包率并减少接入网络的用户流量开销。

文献[137]中是基于成本函数的切换算法，它提出一种基于信号强度累积量和距离准则的联合优化策略的代价函数。这个代价函数是一个成本函数，成本函数的定义为

$$C = N(r)\frac{1}{\mathrm{sgn}(D-d)}\ln\left(\frac{1}{B}\right) \tag{6.6}$$

式中，$N(r)$ 表示信号强度累积量因子；d 表示当前移动终端与接入点的距离；D 表示距离门限；符号函数 $\frac{1}{\mathrm{sgn}(\cdot)}$ 表示移动终端与当前网络之间的距离对代价函数的影响；B 表示衡量网络 QoS 的带宽因子。基于此联合优化策略的成本函数选择代价值 C 最小的候选网络，以实现有效避免乒乓效应、降低切换掉线率，并提供较好的用户 QoS 支持。

基于代价函数的垂直切换算法与一般的只考虑接收信号强度的传统垂直切换算法相比有着一定的优越性，其把各种网络因素参数及用户偏好等加入了考虑范围内，考虑得更加全面。但值得注意的是，该算法所产生的代价函数在垂直切换的过程中是无法改变的，如果网络的特性发生改变或者用户的需求发生变更，那么该代价函数就不再适用，所以基于代价函数的垂直切换算法有一定的局限性。

6.2.2　基于多属性决策理论的垂直切换算法

1. 算法基本思想

异构网络的切换判决需要考虑的决策因素涉及多个方面，如服务类型、不同网络的资费、网络性能、网络当前状态、用户偏好、运营商策略等，而具体各方面又包含多种参数，例如，网络性能及网络当前状态包括 RSS、可用带宽、网络时延等因素；用户偏好、运营商策略涉及用户对网络费用的考虑、终端移动速度、终端电池电量、用户与接入点链路间的 SINR、误码

率等。因此，可以将切换判决时需要考虑的各种参数视为候选网络的各种属性，利用多属性决策理论来进行切换判决，以确定执行切换的目标网络[138]。

基于多属性决策理论的垂直切换算法是垂直切换算法中应用比较广泛的一种算法，比较常见的基于多属性决策理论的垂直切换算法有简单加权和算法、层次分析(analytic hierarchy process，AHP)法、逼近理想解排序法和模糊推理算法。简单加权和算法的主要思想是：为网络的各个属性分配一定的权值，然后通过一系列的计算采用最后取值最大的网络作为最佳切换网络。层次分析法要首先建立递进层次结构，然后构造比较判决矩阵，接下来进行层次单排序，最后实行层次总排序。同样地，层次分析法也要计算取值最大的网络来作为最佳切换网络。而逼近理想解排序法需要计算其正理想解和负理想解的值，然后通过各个网络对于这两个解的距离来对它们进行排列，各个网络的优劣程度也就显而易见。

2. 几种算法详解

1)简单加权和算法

简单加权和算法是广泛使用的多属性决策算法，该方法通过对各属性进行线性加权求和来实现最优决策判定。简单加权和算法的垂直切换算法流程如下[139,140]：

(1)假设异构网络的候选网络有 m 个，在垂直切换过程中起作用的参数有 n 个，则用一个 $m\times n$ 矩阵来表示决策矩阵，其中，行代表各个候选网络，列代表各个决策相关元素。

(2)根据各个属性的不同重要程度，为影响判决结果的属性用适当的方法取得适当的权重值。假设权重向量为 $\omega=[\omega_1,\omega_2,\cdots,\omega_n]$，其中权重值 ω_i 满足 $0\leqslant\omega_i\leqslant 1$，且 $\sum_{i=1}^{n}\omega_i=1$。

(3)计算各候选网络的加权和，$z_i=\sum_{j=1}^{n}\omega_i\alpha_{i,j}(i=1,2,\cdots,m)$。

(4)按照 $z_i(i=1,2,\cdots,m)$ 的大小对各候选网络进行排序。

(5)移动终端选择线性加权和最大的候选网络作为切换候选网络。

2)AHP 法

AHP 法基本思想是：通过把问题分成多个层次，然后逐层分析解决问题。该方法把一个复杂的问题分成多个小问题，这些问题按照层次结构排列起来，并且高层会对低层有一定的支配作用。首先会对每个层次问题的重要程度进行一定的排序，然后根据各个层次的关系来获得决策因素占总体的排序属性。AHP 法将分层、分解和合成及逻辑判断整合到特定的树结构中。这样，决策者的决策就会更加组织化、更加有效。AHP 法的解决步骤如下：

(1) 首先建立系统的层次结构模型，包括目标层、由各种考虑构成的基准层和由可选方案构成的方案层，然后探索系统中各个元素之间的相互关系。

(2) 将每层的元素的重要程度与前一层的标准进行比较，建立与每层相关联的元素的互补判定矩阵 A。

(3) 用本征向量法求解各层判定矩阵的最大本征值 $\lambda_{\max}$ 和权重向量 ω。

(4) 各层元素逐渐相乘，直到获取最下层元素的权值。

(5) 方案排序如下：①各备选方案在各属性值已知情况下，可以根据 $z_i=\sum_{j=1}^{n}\omega_j\alpha_{ij}$ 的大小排出方案 $i(i=1,2,\cdots,m)$；②各备选方案在各属性值难以量化时，可以通过在各目标下优劣的两两比较求得各方案的优劣，再计算总体目标下各方案的总体优先性，进行方案排序。

(6) 根据方案排序结果选择最优方案，算法结束。

文献[141]给出了 AHP 法的多网融合下网络选择算法。假设存在两个候选网络，分别为 WLAN 及 UMTS 网络。首先设定各层决策参数，其中，第一层的决策参数包括吞吐量 α、时效性 β、成本 ε、安全性 δ 及可靠性 γ；第二层的时效性参数包括时延 ξ、响应时间 η 和时延抖动 θ。可靠性参数包括误码率 λ、突发错误 μ、平均重传次数 ν、丢包率 σ。AHP 法的网络选择递阶层次结构如图 6.3 所示。

以下依据目标重要程度确定矩阵 A 中各元素的取值，分别将 $(\alpha,\beta,\gamma,\varepsilon,\delta)$、$(\xi,\eta,\theta)$、$(\lambda,\mu,\nu,\sigma)$ 构造成互补判定矩阵，利用本征向量法分别求出各决策参数在每一层的权值 $(\omega_\alpha,\omega_\beta,\omega_\gamma,\omega_\varepsilon,\omega_\delta)$、$(\omega_\xi,\omega_\eta,\omega_\theta)$、$(\omega_\lambda,\omega_\mu,\omega_\nu,\omega_\sigma)$。子层与父层彼此关联的参数权值相乘，得到最终的底层决策参数的权值为 $(\omega_\alpha,\omega_\beta\omega_\xi,\omega_\beta\omega_\eta,\omega_\beta\omega_\theta,\omega_\varepsilon,\omega_\delta,\omega_\gamma\omega_\lambda,\omega_\gamma\omega_\mu,\omega_\gamma\omega_\nu,\omega_\gamma\omega_\sigma)$，用 $\omega_j(j=1,2,\cdots,10)$ 表示，根据公式 $z_i=\sum_{h=1}^{10}\omega_i a_{i,j}(i=1,2)$ 可得出候选网络的排

序，选择对应值较大的候选网络作为切换目标网络。

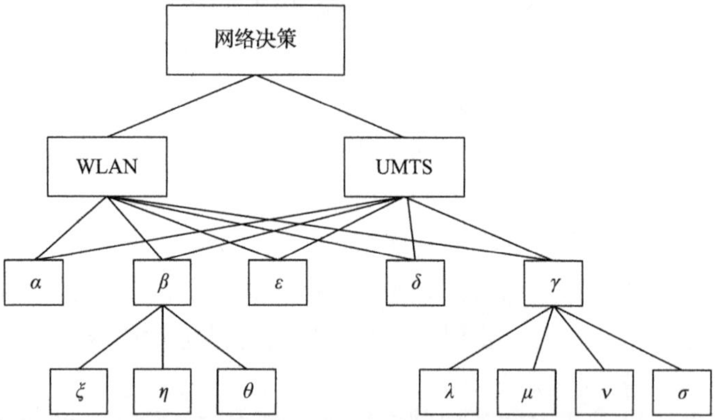

图 6.3　AHP 法的网络选择递阶层次结构

3）逼近理想解排序法

在逼近理想解排序法（technique for order preference by similarity to an ideal solution，TOPSIS）中，首先要计算出正理想解和负理想解，然后根据各个方案与正理想解和负理想解的距离来对它们进行排序，从而选出最佳目标网络。正理想解和负理想解都是实际不存在的解，正理想解代表了最优的解，而负理想解代表了最差的解。所以，最终要找的解是无限接近于正理想解同时距离负理想解较远的解。利用正理想解来解决多属性决策问题，必须在树形控件定义合适的距离测度，替代解决方案与正理想方案和负理想方案间的距离，通常采用欧氏空间进行测量。

TOPSIS 的一般求解步骤如下所示[142,143]：

（1）用向量规范化的方法求得规范化决策矩阵。假设当前异构网络环境下存在 m 个候选网络，执行垂直切换需要考虑的决策参数为 n 个，则决策矩阵为 $A=(a_{i,j})_{m\times n}$，规范化决策矩阵 $B=(b_{i,j})_{m\times n}$，其中 $b_{ij}=a_{ij}\Big/\sqrt{\sum\limits_{i=1}^{m}a_{ij}^2}$，$(i=1,2,\cdots,m\,;\,j=1,2,\cdots,n)$。

（2）用适当的方法确定各决策参数的权重向量 $\omega=(\omega_1,\omega_2,\cdots,\omega_n)^{\mathrm{T}}$，利用 $z_{ij}=w_i\cdot b_{ij}(i=1,2,\cdots,m;j=1,2,\cdots,n)$ 构成加权规范化矩阵 $Z=(z_{ij})_{m\times n}$。

（3）确定正理想解 Z^* 和负理想解 Z^-，其中：

正理想解的公式为

$$Z_j^* = \begin{cases} \max\limits_i z_{ij}, & j\text{为效益型参数} \\ \min\limits_i z_{ij}, & j\text{为成本型参数} \end{cases}, \quad j = 1,2,\cdots,n$$

负理想解的公式为

$$Z_j^- = \begin{cases} \max\limits_i z_{ij}, & j\text{为成本型参数} \\ \min\limits_i z_{ij}, & j\text{为效益型参数} \end{cases}, \quad j = 1,2,\cdots,n$$

其中，效益型参数是指网络可用带宽、RSS 等取值增加对网络性能和 QoS 有积极影响的决策参数，因而其最大化对应网络最佳性能；成本型参数则是指网络时延、系统开销等取值增加对网络性能和 QoS 有消极影响的决策参数，因而其最小化对应网络最佳性能。

(4) 计算各候选网络到正理想解与负理想解的距离。

选择网络 i 与正理想解的距离：

$$d_i^* = \sqrt{\sum_{j=1}^{n}(z_{ij} - z^*)^2}, \quad i = 1,2,\cdots,m$$

选择网络 i 与负理想解的距离：

$$d_i^- = \sqrt{\sum_{j=1}^{n}(z_{ij} - z^-)^2}, \quad i = 1,2,\cdots,m$$

(5) 计算各网络的接近指数：

$$C_i^* = d_i^- \big/ (d_i^- + d_i^*), \quad i = 1,2,\cdots,m$$

(6) 按照接近指数 C_i^* 的大小对各个网络进行排序，选择其中指数最大的网络作为计算的结果并且进行网络切换。

6.2.3　基于模糊逻辑和神经网络的垂直切换算法

1. 算法基本思想

在多种网络融合的情况下，有各种网络体系结构、控制机构和业务支持功能的接入网络。因此，在决定切换判决阶段和选择接入网络时，需要考虑到 RSS、QoS、用户偏好及业务特性需求等多种因素。切换决策因素的异质性和多样性及切换过程的复杂性大大增加了切换决策阶段的不确定性和切换性能评估的难度。基于模糊逻辑和神经网络的垂直切换算法在不确定性处理中的有效性，可以引入模糊逻辑理论来处理切换决策[144]。

基于模糊逻辑和神经网络的垂直切换算法首先利用多种模糊逻辑的方式来获取对应的模糊集合，然后通过模糊集合判断对网络进行选择。这种类型的算法比较符合人类的思维模式，而且在人类对于模糊概念的表述上也更加精确。这种算法的复杂度比较低，而且该算法的准确率较高，也经常和其他算法结合起来解决问题。

模糊推理法的主要原理是：模糊系统推理决定把考虑到的判断因素作为输入因子，使用输入调整及转换规则，获取模糊化的最优切换判决结果，取得该结果后，将其进行反模糊化来得到最终结果。文献[145]提出了一种垂直切换算法，该垂直切换算法是基于模糊逻辑推理的典型应用，有效地缩短了不必要的交换时间，从而减小了交换时延。

2. 算法流程

基于模糊逻辑和神经网络的垂直切换算法的具体流程如图 6.4 所示[146]。以下为基于模糊逻辑和神经网络的垂直切换算法的主要流程：

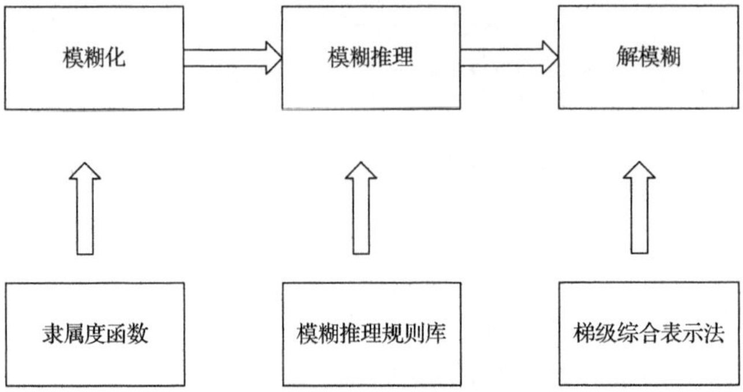

图 6.4　基于模糊逻辑和神经网络的垂直切换算法的具体流程

1) 模糊化

模糊化主要是指属性参数通过对应的隶属度函数模糊化，取得与属性对应的模糊集合。其中，隶属度函数是否能正确表达人们的模糊表达是模糊逻辑中最令人担忧的问题。常用的隶属度函数主要有三角隶属度函数、梯形隶属度函数、Sigmoid 隶属度函数等。

2）模糊推理

要完成模糊推理首先要有一个合适的模糊推理规则库，然后将经过模糊化而获得的模糊集合作为输入，在模糊推理规则库中进行模糊推理，从而得到了输出模糊集合。

3）解模糊

在这一过程中，要把模糊推理阶段获得的输出模糊集合进行解模糊。解模糊，就是把模糊集合中不易表达的元素转化为可以直接使用的数值，使接下来的运算更加简单。常用的解模糊方法有重心法、加权平均法、最大隶属度法。

模糊集合：集合是数学中集合论的基本概念，全体由一个或一个以上的要素构成。集合具有确定性、交互性、无秩序这三个特征。因为集合的确定性这一特征，可以确认集合内的属性都是确定性的值。但有一些东西无法用具体的属性表现出来，所以就通过模糊集合来表示。在模糊集合中，所有的元素都表明了每个元素及其模糊概念，而且每个属性值都是具有不确定性的。在非对称集合中，通过隶属度函数来表示元素和集合两者之间的关系，里面包含了一种介于属于和不属于之间的过渡状态。与传统的模糊概念相比，由于模糊集合内要素的过渡状态，所以所属和非所属的界限变得不明确，没有确定性。通过建立适当的隶属度函数，可以分析和计算模糊对象，进行模糊集合的运算和变换。模糊集合论基于模糊数学，用于研究日常生活中的不精确现象。

模糊命题与模糊推理：传统的逻辑命题是两个值的模糊，任何一个逻辑命题都只有“真”或“假”两个状态。在日常生活中，人们的发言中常常包含模糊的概念，例如，“一首歌好听”是不能准确、定量地给出状态值的，并不能有一个很好的标准来判断这个命题是否正确。每个人喜欢的歌曲风格不同，对于歌曲的评价也大不相同，所有人对歌曲好听与否这一命题的判断分类是比较模糊的，不能够判断这一类命题的真伪，这就是模糊命题。与以往的逻辑命题不同，模糊命题是多值逻辑的一种，结果并不是非黑即白的，其存在着一个过渡状态。

3. 算法研究现状

模糊逻辑是异构无线网络选择算法中一个重要的研究方向，这类算法要求人们能够用合适的语义来表达模糊逻辑的属性并用确切的数值把它们表现出来，这种算法大多用于网络切换过程中要考虑因素较多的情况。通过划分不同的模糊集合，可以根据用户喜好灵活地划分数据。并且，通过使用模糊逻辑，算法可以处理不充分的网络参数来评估网络的性能状态。

现在基于模糊逻辑理论，以及模糊理论和其他方法的组合已经有了一定的研究，有很多研究提出异构网络的切换决策和网络选择算法。

文献[145]提出当前的 RSS、预测 RSS、系统带宽、终端速度等要素被用作逻辑处理系统的输入。使用模糊逻辑方法实现信息的模糊处理，取得 WLAN 和 UMTS 两个网络信息参数的隶属度，通过把隶属度进行标准化处理并实现它们的量化，然后利用模糊逻辑控制器获取网络整体的性能估值，评选出估值最大的网络，该网络为选择的最佳目标。文献[147]中提出基于模糊逻辑的蜂窝网络/WLAN 切换判决算法，综合了用户对 WLAN 的依赖程度、RSS 及可用带宽等多个元素，通过学习的方法建立了模糊集合的隶属度函数，然后通过模糊推理得到是否进行网络切换的切换判决，优化并决定是否从蜂窝网络切换到 WLAN。与传统算法相比，该算法切换时间缩短到传统算法的 50%以下。另外，文献[148]进行了 LTE 和 WLAN 融合环境下的垂直切换算法研究，把可利用的带宽、信噪比、电池寿命、网络负荷等参数作为输入，并通过模糊推理做出优化切换判决。

模糊逻辑也可与其他算法相结合，文献[149]、[150]通过将人工神经网络理论与模糊推理相结合来提高垂直切换的准确度。文献[151]将声表面波与模糊逻辑相结合，采用基于模糊逻辑的声表面波算法提出多属性垂直切换算法，选取 RSS、网络覆盖区域、服务费用、可靠性、安全性、电池功率、终端移动速度和网络反应时间等因素作为切换输入参数，定义网络选择函数，对各参数进行归一化处理后赋予一定权值，以各参数及其权重值作为模糊逻辑推理系统的输入，经过模糊化和解模糊处理得到优化网络选择结果。文献[152]将模糊逻辑与 AHP 法相结合提出一种基于智能上下文感知的垂直切换算法。文献[153]提出基于模糊逻辑和 TOPSIS 相结合的多目标决策算法，该算法降低了测量中不精确的、相互矛盾的结果所带来的影响，提高了垂直切换的精确度。

基于上述垂直切换和故障逻辑的网络选择方案，将综合考虑各种切换决策因素。通过对用户的网络选择度和电池寿命等不确定因素影响的处理，可以对多个切换因素进行有效评价，对目标网络进行判断并实现有效的垂直切换。

6.2.4 基于马尔可夫决策过程理论的垂直切换算法

1. 算法基本思想

在多种无线接入网络共存的异构网络中，各个移动节点会根据其接收到接入点各个网络的信息进行垂直切换判决，进行对切换的必要性、时机及目标网络的一系列判断。并且在切换发生之后，会将切换时的网络状态等一系列信息记录下来，这些信息都将帮助判断下一次的网络切换。因此，在多元融合网络的信号切换决定是一种随机的顺序决定问题，可以使用马尔可夫决策来针对这一问题进行研究，从而获得可以切换的最佳目标网络。

基于马尔可夫决策过程理论的垂直切换算法基本思想：首先将异构无线网络环境构建为离散时间马尔可夫模型，采用离散时间马尔可夫决策过程的五元组描述，包括行动集、状态集、报酬、转移概率和准则函数；然后应用动态规划算法对其进行求解；最后得出切换判决的结果。

马尔可夫决策过程(Markov decision process，MDP)是一个典型的用来处理不确定因素的随机过程，且在异构网络接收控制领域也是一种比较常用的数学方法。它的原始模型为马尔可夫链。MDP 的原理是：在已知当前时刻 t_0 的过程或系统状态的条件下，推测未来时刻 $t>t_0$ 的状态演变，使系统在未来趋于一个最优的状态，且这个将来的条件分布与状态演变不依赖时刻 t_0 之前所处的状态，即“将来”与“过去”独立或“无后性”。现实生活中，如液体中微粒所做的布朗运动、荷花池中一只青蛙的跳跃、火车站候车人数的变化等，都是 MDP 很形象化的例子。

2. 算法流程

马尔可夫决策问题的异构网络接入选择适用战略的基本思想：当进行网络切换决策时，目前的网络状态空间 $S(s\in S)$ 被终端检测到，有必要实行设计好的战略，根据网络连接输入选择行动 $a(a\in A$，A 为行动空间)，来决定是维持目前的网络状态，或者立即切换到其他网络中，而且行动 a 实行之后必须要获得一定的收益，然后转变为以下各网络状态空间，要一直进行该过程直到到达时间 N，重复这个过程直至决策结束。最佳的战略是，网络的期望回报最大化，从状态空间到行动空间的映射，即 $S\rightarrow A$，与时间有关。这个过程可以用图 6.5 来表示。

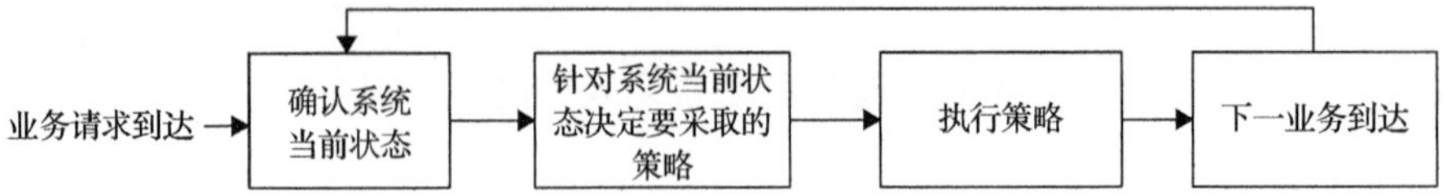

图 6.5　马尔可夫决策过程

在有效的网络选择战略中，需要充分考虑网络特性、业务 QoS 要求、起始呼叫形式等各种要素，确保整个系统实现接入的互补形式。例如，对延迟要求较高的实时服务需要通过 4G 网络接入，高带宽的非实时服务需要选择 WLAN 接入。

通过马尔可夫模型来解决多种无线接入网络共存的异构融合网络中垂直切换问题，最重要的一步是利用各个网络环境状态来构建马尔可夫模型。以下是选择接入网络的离散时间马尔可夫模型的例子。

假定当前异构网络环境下存在 M 个接入网络，网络选择的决策指标为网络带宽及连接时延，则离散时间马尔可夫决策过程的五元组可表示如下。

(1) 行动集：由于用户根据切换/网络选择决策所采取的行动可以是驻留在当前网络也可以是切换至另一网络，所以可采用各接入网络标识号标记用户所选取的行动，即 $A=\{1,2,\cdots,M\}$。

(2) 状态集：用户所在网络当前状态可由网络参数标识，包括网络可用带宽、连接延时及网络费用等，所得状态集为各网络参数的集合。

(3) 转移概率：定义用户在当前状态 s' 下，采取行动 a 后，转移至下一状态 s' 的转移概率。

(4) 回报函数及成本函数：定义用户驻留于某网络中，即当前状态 s 下，采取继续驻留或切换至其他网络的行动 a 后，转移至下一状态 s' 所获得的回报及所支付的成本。

(5) 准则函数：基于回报函数及成本函数，定义准则函数，即用户在当前状态下选择不同行动所获得的净收益，可简化定义为回报函数与成本函数两者之差。

根据构建的离散时间马尔可夫模型，可采用动态规划算法或其他优化理论方法，求解优化问题，得到每一状态对应的优化网络选择决策。

3. 算法研究现状

马尔可夫模型可以根据各个网络在过去时间段的状态来预测未来数据

变化的趋势。研究人员在异构网络环境的最佳网络选择算法中使用了这个功能。文献[131]提出了基于马尔可夫决策过程理论的网络选择决策算法，该算法通过强化学习的方法建模来观察移动节点当前连接的网络状态，并对网络的各个属性进行估测，保存它们的状态，然后把网络的各种属性、网络的切换次数及用户的服务质量等一系列因素综合考虑进来，通过计算来选择最佳的可接入网络。文献[135]提出了基于马尔可夫决策过程理论的垂直切换和网络选择决策算法，该算法考虑到网络连接时间间隔，建立异构无线网络环境作为离散时间马尔可夫确定模型。另外，该模型还综合考量了切换过程中信令开销及网络切换的时间间隔对切换决策的影响，提出了一种期望总回报函数，该函数综合了基于网络连接 QoS 的链路回报函数和切换中路由过程中开销定义的开销函数。使用值迭代算法，解决所构建的马尔可夫决策模型，获得与每个连接的最大总回报相对应的网络选择算法的结果。在模拟实验中，使用了固定比特率(constant bit rate，CBR)音频服务和文件传输协议(file transfer protocol，FTP)数据服务，模拟实验结果表明，算法在切换过程中，有效地减少了切换次数并得到了较高的期望总回报。文献[154]提出，异构网络间的切换选择问题可以看成马尔可夫决策问题，计算出网络切换的概率，将收益函数值最大的网络作为切换的目标网络，有效地减少不必要的网络切换过程，尽量避免接入 QoS 较低的网络。文献[155]提出了一种网络选择优化算法，它结合了模糊逻辑和马尔可夫模型，通过仿真实验可以得到，该算法可以在很大程度上降低切换过程中的丢包率，并且使整个网络的负载均衡得到很大改善。文献[156]研究了基于用户移动性的网络选择策略，使用马尔可夫决策过程分析获得了异构网络系统的总吞吐量公式。文献[157]提出了一种网络选择策略，这种策略区分了业务类型，使用马尔可夫决策过程理论给状态空间、决定时间及接纳行为进行了详细定义，并衍生了演替系统状态的概率，处理了 QoS 条件下最大系统回报的优化问题，该优化问题可以使用强化学习方法递归解决。

6.2.5　基于博弈理论的垂直切换算法

1. 博弈理论基本知识

博弈理论是指在特定的规则和特定的限制环境条件下，面临可分开选择的行动或策略的选择，根据所知道的信息，做出选择并取得对应的结果或优势的过程。博弈理论也称为对策论或赛局理论，属于应用数学的领域，其应用范围十分广泛，无论是军事方面还是政治、经济方面都有其相关应用。

在多个用户想连接多个异构网络的通信环境中，处于网络之中的各个用户会发生激烈的资源冲突。博弈理论克服了多属性决策算法的缺点，例如，只分析单一用户的多目的妥协结果，是一个优秀的工具和框架。简单来说，博弈理论是由玩家、战略、利益这三个基本概念构成的。

(1)玩家：在博弈理论中，具有决策能力的参与者称为玩家。只有两名玩家的游戏现象称为二人博弈，三名以上玩家的博弈称为多玩家博弈。

(2)战略：在博弈理论中，每个玩家都可以选择完整且实用的行动方案，这称为这个玩家的战略。

(3)利益：每场博弈进行完成时的结果称为利益或效用。所有玩家的决策都将直接或间接地影响到自己和别人的利益。因此，可以构建一个所有玩家的战略和利益之间的函数来表明其关系。

2. 博弈分类

根据不同的分类方法，博弈可以分为不同的类型，其分类如表 6.2 所示。

表 6.2　博弈分类

分类标准	是	否
玩家之间能否达成协议	合作博弈	非合作博弈
玩家行为是否前后独立	静态博弈	动态博弈
玩家是否相互足够熟悉	完全信息博弈	不完全信息博弈

1)玩家之间能否达成协议

根据在博弈过程中玩家之间能否达成协议，可以分为合作博弈和非合作博弈，如果能达成协议，则称为合作博弈，反之，则称为非合作博弈。

2)玩家行为是否前后独立

根据游戏中玩家博弈行动的关联性，也能够称其为时间序列，博弈理论可以分为静态博弈和动态博弈两种。静态博弈是指玩家在博弈过程中同时选择或不同时选择策略，但是后者玩家不知道前者玩家所采用的策略。动态博弈，是指在博弈过程中，玩家的动作有顺序，后面的玩家可以学习前面的玩家选择的动作。

3)玩家是否相互足够熟悉

根据每场博弈中每个玩家对其他玩家信息的掌握程度，博弈理论可以分为以下两种。完全信息博弈，是指在博弈过程中，每个玩家可以获得关于其他玩家的特性、战略空间和返回功能等准确信息。反之，若在一场博弈中的所有玩家都不知道其他玩家的各种信息，则把这种博弈称为不完全信息博弈。

3. 合作博弈与非合作博弈

前面已经介绍了合作博弈与非合作博弈的基本区分方法，下面将详细地对这两种博弈进行介绍。

合作博弈是一种相对来说积极的博弈。在博弈完成之后，参与博弈的玩家都会在这场博弈之中获得一定的收益，或者只有博弈的一方获得了收益，但是另外的人也不会受到消极的影响。合作博弈最重要的就是合作双方对其利益的分配问题，他们都是为了自己的利益而选择合作，所以采用什么方法合作来使双方的利益得到最大化是合作博弈的重中之重。

与合作博弈相反，非合作博弈是一种较为消极的博弈，在博弈完成之后，参与博弈的玩家往往会获得负收益或者博弈双方加起来没有获得收益。非合作博弈模型，有一个以上战略集的情况，所有采用此策略集的玩家都不能独立地改变策略以增加效用。也就是说，模型达到了相对的游戏均衡状态，对应的效用是最优的。这也称为纳什均衡，每个博弈过程中玩家对应的战略组合就是纳什均衡点。

4. 算法简介

1)算法的基本思想

在异构融合网络中，使用者能够根据多接口终端来选取将来要进行切换的目标网络，从而获得更好的 QoS 及更低的价格。首先，每个运营商所提供的网络资源是固定的，当多个用户连接到同一个无线接入网络时，会发生资源的竞争。除此之外，各个网络运营商都需要获得更多的用户，从而获得更高的收入，所以各个网络运营商对用户也会发生争夺。综上所述，异构融合网络中的各个网络及用户之间的关系明显是非合作博弈。但是这种关系也不是绝对的，网络运营商可能会针对一个群体提供服务而使他们获得其中的优惠，而多个无线接入网络也可能属于同一个网络运营商，这些网络获得的收益最后都由该运营商获得，这些网络也可以拥有合作关系。所以，异构融合网络中的网络之间和用户之间是同时存在合作博弈和非合作博弈两种博弈关系的，那么就可以通过博弈理论的一系列算法和理论来对异构融合网络中的垂直切换进行一定帮助。

基于博弈理论的垂直切换算法的首要任务是构建与切换相关的博弈模型，只有确定了玩家、战略和利益这三个要素，才能用博弈理论的方法处理问题。在该问题中，选取哪个网络作为目标网络，即博弈理论中的策略，切换所带来的影响为收益。

2）构建博弈模型

在构建异构融合网络的垂直切换博弈模型之前，要了解各个无线接入网络之间及各个用户之间的相互关系，判断他们是否相互影响，进而判断他们是合作博弈还是非合作博弈。然后根据之前了解到的用户和网络的情况，来为用户选择最为合适的网络切换战略。最后需要构造一个收益函数，来了解在垂直切换中玩家所采取相应战略之后的收益。

3）求解博弈的均衡点

通过之前所建立的异构融合网络的垂直切换博弈模型及相应的收益函数来求得博弈中的均衡解。然后把获得均衡解时所采取的战略作为异构融合网络中垂直切换的最优算法。

通过本章上述五种常见的网络选择算法，可以看出每个算法都有其各自的优点，也都有一定的局限性。首先，大部分的垂直切换算法都是把接收信号强度、网络质量等一系列因素作为主要考虑因素，但是由于车联网中节点高速移动的特性，用户移动时的速度大小、方向等一系列特征也会在一定程度上影响最终的结果，所以应该把这些因素也综合考虑进来。如果在发生网络切换时，目标节点接入了一个可提供通信范围较小的网络，就会发生频繁的网络切换，有时还会产生乒乓效应，降低用户的满意程度。然后，以上的垂直切换算法在切换时并没有注意到网络覆盖范围重叠区域内的服务质量差异，这对用户的体验也是相当重要的。最后，目前大部分算法都只考虑了切换之后的网络状况，却没有考虑切换之前的网络及其他网络的情况，只是从局部对网络进行了分析，并没有使异构融合网络整体的资源得到最大利用。所以，垂直切换算法还有很大的提升空间。

第7章　车联网移动性管理优化方法

7.1　概　　述

针对异构网络融合场景下车联网的特点，有学者研究了车联网中的移动性管理技术和资源管理技术。与一般异构网络相比，车联网中车辆移动速度快，造成车辆接入公共网络时网络的频繁切换，这样导致了网络的不稳定，为此，研究车联网中的移动性管理问题是十分迫切且重要的工作。

在文献[158]中作者基于物理层和 MAC 层信息共享提出了一种减少切换时延的方法，这种方法基于一种无线网络技术，称为 WiMAX 移动多跳中继(mobile multihop relay，MMR)，为由高速公路上的车辆形成的 VANET 提供了良好的通信框架。应用 WiMAX MMR 允许一些公共交通工具充当中继车辆(relay vehicle，RV)以提供乘客车辆的网络接入。然而，由于缺乏关于下一个 RV 的信息，移动或 WiMAX MMR 的标准切换过程遭受长时间延迟。该研究提出了一种跨层快速切换方案，称为车载快速切换方案(vehicle fast handover scheme，VFHS)，其中物理层信息与 MAC 层共享，以减小切换时延。VFHS 的关键思想是利用迎面而来的侧面车辆(oldsmobile special vehicle，OSV)来累积通过 RV 的物理层和 MAC 层信息，并将信息广播到暂时断开的车辆，称为断开连接的车辆(disconnected vehicle，DV)。因此，当 DV 进入接近 RV 之一的传输范围时，DV 可以执行快速切换。

文献[159]研究了车联网环境中最佳垂直切换问题并提出了一个最优的、事件激活的、时间连续的最佳垂直切换(optimal vertical handoff，VHO)决策算法。该算法基于用户的移动性概况，包括其速度，并进一步考虑用户在成本或转移方面的偏好，同时，将切换时间考虑在内。与大多数现有解决方案相反，其所提出的方法是确定性的，并且由车辆用户做出 VHO 决策。在一系列全面的系统模型中处理切换决策，这些系统模型与基于基础设施的接入技术及车辆之间的 V2I 和自组织通信相关，作为 V2V 通信是可行的。此外，当车载通信计划 WLAN 存在于某些区域时，获得最佳的 VHO 决策机制，其中接入点的位置是车辆用户先验已知的，并且将分析扩展到随机定位的开放 WLAN 接入点的情况。

本章后面的内容着重讲解 GM(1,1)-马尔可夫垂直切换算法，之后简单介绍其他几种优化算法。

7.2　GM(1,1)-马尔可夫垂直切换算法

在文献[1]中提出了一种 GM(1,1)-马尔可夫垂直切换算法。该文献中设计的垂直切换算法适用于 SDN-PMIPv6 移动性管理机制主动切换场景，在这个场景下车辆进行网络切换是自己主动的进行切换，不会等到自己完全行驶出当前网络再进行切换，其切换过程参照图 5.12 主动切换流程的相关内容。当 OpenFlow 控制器收到 p-OMAG(previous OMAG，原来的 OMAG，支持 OpenFlow 协议的移动接入网关)发来的 D-PBU 消息后会执行垂直切换算法，在当前 SDN 域内求解最优网络 n-OMAG(new OMAG，新的 OMAG)。借助 OpenFlow 控制器具有全局网络拓扑视图的特性和控制器数据库(controller database，C-DB)中存储的历史数据信息，设计全面高效的垂直切换算法，并利用 OpenFlow 控制器的北向接口为业务应用系统提供的 API，编程实现垂直切换算法。

该文献提出的算法可以避免马尔可夫切换决策中一些可以省略的计算，极大地提高了算法的效率。它通过灰色理论来计算出下一个时间段能够使用的带宽，这主要是通过所属网络在过去时间段的数据来确定的。该算法只把预测得到的各个网络的带宽比预设带宽阈值大的网络当作候选网络，并把这些候选网络归入马尔可夫决策过程行动集合中。下面具体讲解这个过程中用到的算法。

7.2.1　基于灰色理论的可用带宽预测

可用带宽资源在影响垂直切换决策的各种因素中起着至关重要的作用，通常把它作为一个网络是否能够满足用户需求的判断标准。所以，本章使用灰色理论算法来预测可用带宽值在需求最少的情况下，将返回值最高的网络作为最佳目标网络。在 SDN-PMIPv6 移动性管理机制中，OpenFlow 控制器存储各个网络在一定期间内可用带宽的历史数据信息。但是，如果是一群端数据序列，那么常用的预测方法就会因为该消息的信息量少且无规律可循而不能很好地预测，这时候就会使用灰色预测模型来进行预测。下

面将详细介绍如何利用灰色理论来进行各个网络可用带宽的预测。

设给定的时间序列如下：

$$X^{(0)}=\left[x^{(0)}(1),x^{(0)}(2),\cdots,x^{(0)}(n)\right],\quad n\geqslant 4 \tag{7.1}$$

式中，$x^{(0)}(n)$表示可用带宽的历史记录值；n 表示历史数据数量。

将各项累加，生成新的序列长度：

$$X^{(1)}=\left[x^{(1)}(1),x^{(1)}(2),\cdots,x^{(1)}(n)\right],\quad n\geqslant 4 \tag{7.2}$$

式中，$x^{(1)}(k)=\sum_{i=1}^{k}x^{(0)}(i)\ (k=1,2,\cdots,n)$。

定义 $Z(1)$ 为 $X(1)$ 的平均序列，表达式如下：

$$Z^{(1)}=\left[z^{(1)}(1),z^{(1)}(2),\cdots,z^{(1)}(n)\right] \tag{7.3}$$

式中，$z^{(1)}(k)$表示相邻数据的均值，$z^{(1)}(k)=0.5x^{(1)}(k)+0.5x^{(1)}(k-1)\ (k=2,3,\cdots,n)$。

定义 GM(1,1) 灰度差分方程的最小二乘估计模型：

$$x^{(0)}(k)+az^{(1)}(k)=b \tag{7.4}$$

依据式(7.2)建立白化方程，表达式如下：

$$\frac{\mathrm{d}x^{(1)}(t)}{\mathrm{d}t}+ax^{(1)}(t)=b \tag{7.5}$$

$[a,b]^{\mathrm{T}}$ 为式(7.5)参数值所组成的集合。利用最小二乘法求解参数值 a 和 b：

$$[a,b]^{\mathrm{T}}=(B^{\mathrm{T}}B)^{-1}B^{\mathrm{T}}Y \tag{7.6}$$

式中

$$Y=[x^{(0)}(2),x^{(0)}(3),\cdots,x^{(0)}(n)]^{\mathrm{T}} \tag{7.7}$$

$$B=\begin{bmatrix}-z^{(1)}(2) & 1\\ -z^{(1)}(3) & 1\\ \vdots & \vdots\\ -z^{(1)}(n) & 1\end{bmatrix} \tag{7.8}$$

根据式(7.5)可得 $x^{(1)}(t)$在 $k+1$ 时刻的解为

$$x^{(1)}(k+1)=\left[x^{(0)}(1)-\frac{b}{a}\right]\mathrm{e}^{-ak}+\frac{b}{a} \tag{7.9}$$

为了求解 k 时刻的预测值，对 $x^{(1)}(k+1)$序列值做累减(与式(7.2)中的累加相反)，则其还原值为

$$x^{(0)}(k+1)=x^{(1)}(k+1)-x^{(1)}(k) \tag{7.10}$$

可得 $x^{(0)}(k+1)$ 的预测值为

$$x^{(0)}(k+1)=\left[x^{(0)}(1)-\frac{b}{a}\right]\mathrm{e}^{-ak}(1-\mathrm{e}^{a}) \tag{7.11}$$

令满足用户需求的最低可用带宽为φ_{low}，如果 $x^{(0)}(k+1)>\varphi_{\text{low}}$，说明网络在可用带宽方面可以满足用户的需求。然后此网络会被添加到马尔可夫切换决策的动作序列集合，否则，网络将被抛弃，马尔可夫决策过程将被用于解决满足条件的网络中的最佳网络。在排除不满足可用带宽要求的网络之后，使用基于马尔可夫决策模型在剩余候选网络中选择最佳网络。

7.2.2　基于马尔可夫决策模型

在多种无线接入网络技术共存的车联网环境中，因为车辆的快速运动、网络拓扑迅速变化，所以其必须在不同的网络之间频繁切换。车辆的移动过程是随机的，车辆只与当前状态和进行最佳网络选择的下一瞬间的状态相关联，与过去的状态没有任何关系。马尔可夫决策过程的随机无记忆性可以准确地表现出车联网中网络及车辆的变化过程。

基于马尔可夫决策模型主要包含五个要素：决策时期、状态、动作、转移概率和奖励。令 S 表示系统状态空间，动作序列集合为 A，$T=\{1,2,\cdots,N\}$表示车辆移动过程中的决策时刻点。对于每个状态 $s\in S$，该状态都包含了当前车辆所处网络的属性信息。对于给定的当前状态属性 s 和行动策略 $a(a\in A)$，状态转移概率函数为 $p(s'|(s,a))$，函数 $f(X_t,Y_t)$表示在时间间隔$(t,t+1)$内选择某一个网络后的效用函数。网络切换开销的成本函数 $g(X_t,Y_t)$表示车辆在进行网络切换的过程中所带来的开销。如果车辆只是进行水平切换而没有进行垂直切换，则效用函数值为 0，回报函数可以用式(7.12)

表示：

$$r(X_t,Y_t)=f(X_t,Y_t)-g(X_t,Y_t) \tag{7.12}$$

决策时刻 t 的马尔可夫判决准则为 δ_t: $S\to A$，指定每个状态决策时期的动作选择。用 $\pi=\{\delta_1, \delta_2, \cdots, \delta_N\}$ 表示在每个决策时刻马尔可夫的行动策略集合。$V^{\pi}(s)$ 表示从第一个决策点开始到最后一个决策点结束的总回报函数期望，初始状态为 s，行动策略为 π，则总的回报函数为

$$v^{\pi}(s)=E_s^{\pi}\left\{E_N\left[\sum_{t=1}^{N}r(X_t,Y_t)\right]\right\} \tag{7.13}$$

式中，E_s^{π} 表示初始状态 s 和行动策略 π 的期望；E_N 表示随机变量 N 的期望。随机变量 N 服从参数为 λ 的几何分布，即车辆平均连接时间服从 $1/(1-\lambda)$，其中 $0\leqslant\lambda\leqslant1$，因此，有

$$p(N=n)=\lambda^{n-1}(1-\lambda),\quad n=1,2,\cdots,N \tag{7.14}$$

通过式(7.12)～式(7.14)可以得到

$$\begin{aligned}V^{\pi}(s)&=E_s^{\pi}\left\{E_N\left[\sum_{t=1}^{N}r(X_t,Y_t)\lambda^{n-1}(1-\lambda)\right]\right\}\\&=E_s^{\pi}\left[\sum_{t=1}^{\infty}\lambda^{t-1}r(X_t,Y_t)\right]\end{aligned} \tag{7.15}$$

此时，将车联网中垂直切换决策问题转化为求解最优化问题，使得在采取行动策略 π 下获取最大回报值。接下来，将继续探讨如何利用马尔可夫决策过程来求解异构车联网中垂直切换问题。在本章垂直切换算法中考虑影响垂直切换的因素主要包括网络带宽 B、传输时延 D、抖动率 J、链路负载 T、上网费用 C、切换代价 G。

7.2.3　基于马尔可夫的多属性决策算法

1. 状态空间及转移概率

在基于 V2V 和 V2X 的异构车联网环境下，首先要定义状态空间集合与动作序列集合。动作序列集合 $A=\{1, 2,\cdots, M\}$ 代表当前通过灰色理论预测，

可用带宽满足要求的可接入网络的数量为 M，马尔可夫状态空间定义如下：

$$S=\prod_{m=1,2,\cdots,M} B^m \times D^m \times J^m \times T^m \times C \times G \tag{7.16}$$

式中，M 表示可接入网络总数；B^m 表示网络的可用带宽；D^m 表示传输时延；J^m 表示抖动率；T^m 表示链路负载；C 表示上网费用；G 表示切换代价。为了使后续数据处理更加方便，需要将变量因素进行离散化处理。网络 B^i 的带宽经过离散化后可以表示为

$$B^i=\left\{b_1^i, b_2^i, \cdots, b_{\max}^i\right\}, \quad i=1,2,\cdots,M \tag{7.17}$$

式中，集合 B^i 中的元素依次递增，$b^i_{\max}$ 表示网络 i 的最大可用带宽。同理，需要将切换时延、抖动率、链路负载分别进行离散化处理，分别表示为

$$D^i=\left\{d_1^i, d_2^i, \cdots, d_{\max}^i\right\}, \quad i=1,2,\cdots,M \tag{7.18}$$

$$J^i=\left\{j_1^i, j_2^i, \cdots, j_{\max}^i\right\}, \quad i=1,2,\cdots,M \tag{7.19}$$

$$T^i=\left\{t_1^i, t_2^i, \cdots, t_{\max}^i\right\}, \quad i=1,2,\cdots,M \tag{7.20}$$

式中，$d_{\max}^i$、$j_{\max}^i$ 和 $t_{\max}^i$ 分别表示网络 i 中的最大切换时延、抖动率和链路负载。

假设当前网络状态 $s=[i, b_1, d_1, j_1, t_1, \cdots, b_m, d_m, j_m, t_m, c, g]$，做出切换决策后网络状态为 $s=[j, b_1', d_1', j_1', t_1', \cdots, b_m', d_m', j_m', t_m', c', g']$，其中 i 表示当前接入的网络状态，j 表示决策后所选择的网络状态。由于状态转移只与当前状态 s 和行动 a 有关，而与之前的状态无关，所以由状态 i 到状态 j 的转移概率可表示为

$$p_{ij}^m=p[b_m', d_m', j_m', t_m', c', g' \mid b_m, d_m, j_m, t_m, c, g] \tag{7.21}$$

假设不同网络的各属性联合概率密度相互独立，则状态转移概率可表示为

$$p\left[s' \mid s, a\right]=\begin{cases}\prod_{m=1}^{M} p\left[b_m', d_m', j_m', t_m', c', g' \mid b_m, d_m, j_m, t_m, c, g\right], & j=a \\ 0, & j \neq a\end{cases} \tag{7.22}$$

2. AHP 法确定各属性权值

下面将使用 AHP 法计算网络中每个属性的权重。AHP 法是一种定性和定量分析的决策方法，它将决策相关的要素分解为多个层次。它的特点是将复杂的问题逐层逐条层层分解，通过对各层次的属性进行比较，分析属性对各层次系统目标的重要性。AHP 法在处理复杂问题时，在内部关系的详细分析基础上，使用少量的定量信息决策过程数学及定式化，从而为多目标、多准则或无结构复杂决策问题提供简便的决策方法。图 7.1 是 AHP 法等级结构图。AHP 法至少有三个等级，最上层是整个系统的最终目标层，中间层也称为索引层，AHP 法解决每个替换对最终目标的影响，也就是与系统总体目标相对应的权重。

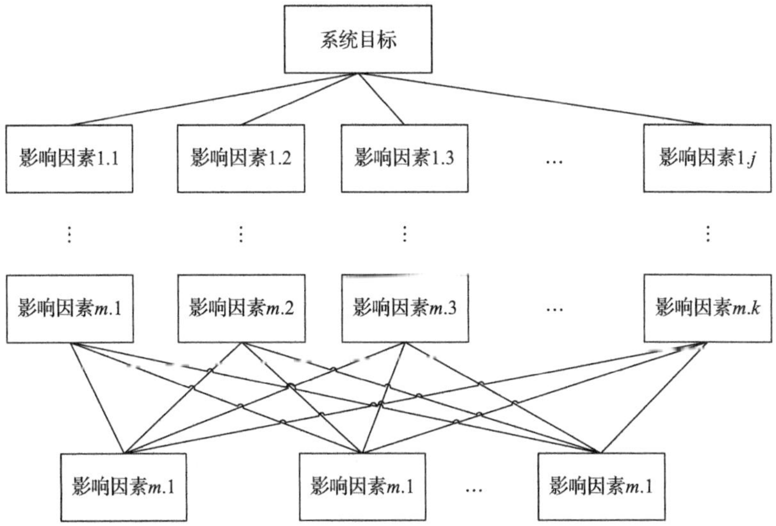

图 7.1　AHP 法等级结构图

使用 AHP 法分析问题要经过以下三个步骤：分解、加权和评估。分解，就是将影响决策的属性分割成各种各样的等级。加权，是指建立决策矩阵后，确定各属性的相对权重，执行单一层级排名和合计层级排名，并执行一致性检查。评估，是对为了实现总体目标而获得的相对权重的评估。

1) 建立层次结构模型

在 GM(1,1)-马尔可夫算法中将影响垂直切换的因素分为目标层、准则层和方案层。如图 7.2 所示，GM(1,1)-马尔可夫算法的层次结构图表示出层次的递进顺序及相邻两层的从属关系，图中的目标层是指 GM(1,1)-马尔可夫算法中切换判决阶段的最终目标，即要进行切换的目标网络；准则层是指垂直切换算法的影响因素，即本章中所需要考虑的六个参数：上网费用、网络带宽、传输时延、抖动率、误码率和切换代价。方案层是指可以选择的各个网络。

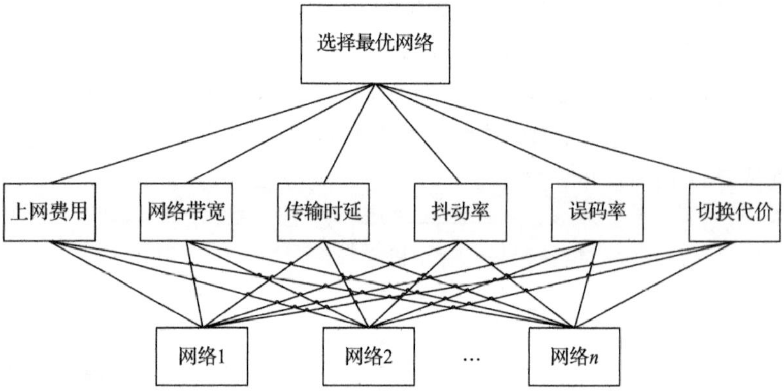

图 7.2　GM(1,1)-马尔可夫算法层次结构图

2) 构造判决矩阵

判决矩阵表示影响因素所在层次对上一层次某一个因素重要程度的比较。判决矩阵的元素 a_{ij} 是用 Saaty 教授的 1-9 标度法给出的，如表 7.1 所示。

表 7.1　1-9 标度法

量化值	因素 i 对比因素 j
1	同等重要
3	稍微重要
5	较强重要
7	强烈重要
9	极端重要
2，4，6，8	两相邻判断的中间值
倒数	因素 i 与 j 比较的判断 a_{ij}，因素 j 与 i 比较判断 $a_{ji}=1/a_{ij}$

设方阵 $A=(a_{ij})_{m\times n}$ 就是根据表 7.1 对影响垂直切换的属性之间相互关系进行赋值的判决矩阵：

$$A=\left(a_{ij}\right)_{m\times n}=\begin{bmatrix} a_{11} & \cdots & a_{1n} \\ \vdots & & \vdots \\ a_{n1} & \cdots & a_{nn} \end{bmatrix} \tag{7.23}$$

式中 $a_{ii}=1$，$a_{ij}=1/a_{ji}\,(i,j=1,2,\cdots,n)$。

3) 属性对于目标系统权重

采用特征根法求得各属性的权重，所以求属性权重演变为求解方阵 A 的特征根的问题。即求解各属性的权值，按如下步骤求得。

(1) 对判决矩阵 A 进行归一化，因为所有因素值的大小甚至数量级不同，如果按照原来的值进行运算，数量级大的因素的权值肯定比其他因素的权值大，所以首先要对影响因素进行归一化，使它们在同一个参考系中：

$$\bar{a}_{ij}=\frac{a_{ij}}{\sum_{k=1}^{n}a_{kj}},\quad k=1,2,\cdots,n \tag{7.24}$$

(2) 将归一化后的矩阵按行相加，得

$$\bar{\omega}_i=\sum_{j=1}^{n}\bar{a}_{ij},\quad i=1,2,\cdots,n \tag{7.25}$$

(3) 对向量 $\bar{\omega}=\left[\bar{\omega}_1,\bar{\omega}_2,\cdots,\bar{\omega}_n\right]$ 进行规范化，得

$$\omega_i=\frac{\bar{\omega}_i}{\sum_{j=1}^{n}\bar{\omega}_j} \tag{7.26}$$

由此可得各网络属性的权重向量为

$$\omega=\left[\omega_1,\omega_2,\cdots,\omega_n\right]^{\mathrm{T}} \tag{7.27}$$

(4) 计算判决矩阵 A 的最大特征根 $\lambda_{\max}$ 为

$$\lambda_{\max}=\sum_{i=1}^{n}\frac{(A\omega)_i}{n\omega_i} \tag{7.28}$$

(5) 由于判决矩阵 A 是由主观确定的，所以应该对式 (7.27) 求得的权重

向量进行一致性检验。

① 一致性指标(consistency index，CI)的计算：

$$\mathrm{CI}=\frac{\lambda_{\max}-m}{m-1} \tag{7.29}$$

式中，$\lambda_{\max}$ 表示最大的特征值；m 表示判决矩阵 A 的阶数。

② 从表 7.2 中查找 m 对应的平均随机一致性指标，又称随机指数(random index，RI)。

表 7.2　不同 *m* 值对应的 RI

m	2	3	4	5	6	7	8	9	10	11	12
RI	0.00	0.58	0.90	1.12	1.24	1.32	1.41	1.45	1.49	1.51	1.54

③ 根据式(7.29)求得的 CI 和从表 7.2 中得到的 RI 得到一致性比率(consistency ratio，CR)指标，如式(7.30)所示：

$$\mathrm{CR}=\frac{\mathrm{CI}}{\mathrm{RI}} \tag{7.30}$$

④ 若 CR＜0.1，则说明判决矩阵 A 不需要进行调整，式(7.27)所得到的权重向量可以作为最后的权重；否则，应该调整判决矩阵 A 重复计算，直到 CR＜0.1。

3. 回报函数设计优化

接下来，将构建奖励函数来评价连接网络各属性的性能，并选择一个最优网络，使得回报函数值最大化。对于当前状态 s 和行动 a，效用函数表示如下：

$$f(s,a)=\omega_b f_b(s,a)+\omega_d f_d(s,a)+\omega_j f_j(s,a)+\omega_t f_t(s,a) \tag{7.31}$$

式中，$f_b(s,a)$、$f_d(s,a)$、$f_j(s,a)$ 和 $f_t(s,a)$ 分别表示网络带宽效用函数、传输时延效用函数、抖动率效用函数和链路负载效用函数。每一个因素的权重因子满足 $\omega_b+\omega_d+\omega_j+\omega_t=1$。

传输时延效用函数由不同业务对最长传输时延 U_D 的要求确定，根据不同业务对传输时延的最低要求，可以将传输时延效用函数定义如下：

$$f_d(s,a)=\begin{cases}1, & 0<d\leqslant L_D\\ (U_D-d)/(U_D-L_D), & L_D<d<U_D\\ 0, & U_D\leqslant d\end{cases} \tag{7.32}$$

式中，U_D和L_D分别表示可接入网络的最长和最短传输时延。

网络带宽效用函数同样满足线性规律，故其效用函数可以用式(7.33)来表示：

$$f_b(s,a)=\begin{cases}1, & U_B\leqslant b\\ (b-L_B)/(U_B-L_B), & L_B<b<U_B\\ 0, & b\leqslant L_B\end{cases} \tag{7.33}$$

式中，U_B和L_B分别表示可接入网络的最大和最小网络带宽。

同上，抖动率效用函数和链路负载效用函数可以分别定义如下：

$$f_j(s,a)=\begin{cases}1, & j\geqslant U_J\\ (j-L_J)/(U_J-L_J), & L_J<j<U_J\\ 0, & j\leqslant L_J\end{cases} \tag{7.34}$$

式中，U_J和L_J分别表示可接入网络的最大和最小链路抖动率。

$$f_t(s,a)=\begin{cases}1, & 0<t\leqslant L_T\\ (U_T-t)/(U_T-L_T), & L_T<t<U_T\\ 0, & U_T\leqslant t\end{cases} \tag{7.35}$$

式中，U_T和L_T分别表示可接入网络的最大和最小链路负载。

在异构车联网环境中将网络花费成本和网络切换成本分别用$g(s,a)$和$C(s,a)$来表示。网络花费成本与不同的网络运营商有关，不同的网络运营商，其网络的付费成本也不相同。网络切换成本是指从当前网络切换到新网络过程中所付出的代价。

网络花费成本和网络切换成本的成本函数可以分别表示为

$$g(s,a)=\begin{cases}N_{ia}, & i\neq a\\ 0, & i=a\end{cases} \tag{7.36}$$

$$C(s,a)=\begin{cases} C_{ia}, & i \neq a \\ 0, & i = a \end{cases} \tag{7.37}$$

在式(7.36)和式(7.37)中 N_{ia} 表示在时刻 i 采取行动 a 所选择的接入网络花费；C_{ia} 表示在时刻 i 采取行动 a 选取要切换的网络，从当前网络切换到最优网络的过程带来的花费。总的成本函数可以用式(7.38)来表示：

$$p(s,a)=\omega_g g(s,a)+\omega_c C(s,a) \tag{7.38}$$

式中，ω_g、ω_c 分别表示网络花费成本和网络切换成本的权重因子，满足 $\omega_g+\omega_c=1$。回报函数可以用式(7.39)来表示：

$$r(s,a)=f(s,a)-p(s,a) \tag{7.39}$$

4. 构造最优方程

为了能够求解最优网络，需要构造一个能够求解的最优方程，将抽象的问题数学化、公式化。令 $R(s)$ 表示在初始状态 s 下总的最大期望回报，即 $R(s)$ 可以表示为

$$R(s)=\max_{\pi\in\Pi} R^{\pi}(s) \tag{7.40}$$

在式(7.40)中，$R^{\pi}(s)$ 表示初始状态 s 满足策略 π 的条件下，第一个决策时刻和最后一个决策时刻的期望总收益。依据式(7.13) $R^{\pi}(s)$ 可以通过式(7.41)得到

$$R^{\pi}(s)=E_s^{\pi}\left\{E_N\left[\sum_{t=1}^{N} r(X_t,Y_t)\right]\right\} \tag{7.41}$$

式中，E_s^{π} 表示在初始状态 s 及策略 π 下的期望；E_N 表示随机变量 N 下的期望。由式(7.14)可知 N 服从参数为 λ 的几何分布，因此可以将 $R^{\pi}(s)$ 进一步表示为

$$R^{\pi}(s)=E_s^{\pi}\left[\sum_{n=1}^{\infty}\sum_{t=1}^{n} r\left(X_t,Y_t\right)\lambda^{n-1}\left(1-\lambda\right)\right] \tag{7.42}$$

在式(7.42)中 λ 称为马尔可夫决策模型中的阻尼系数，取值为 $0\leqslant\lambda<1$。通过改变求和计算的顺序可以将式(7.42)变形如下：

$$
\begin{aligned}
R^{\pi}(s) &= E_s^{\pi}\left[\sum_{t=1}^{\infty}\sum_{n=t}^{\infty} r\left(X_t, Y_t\right)\lambda^{n-1}(1-\lambda)\right] \\
&= E_s^{\pi}\left[\sum_{t=1}^{\infty}\lambda^{t-1} r\left(X_t, Y_t\right)\right]
\end{aligned}
\tag{7.43}
$$

结合式(7.33)将式(7.43)中 X_t 和 Y_t 用状态 s 和行动 a 替换，可以将式(7.43)转化成如下形式：

$$
\begin{aligned}
R^{\pi}(s) &= E_s^{\pi}\left[\sum_{t=1}^{\infty}\lambda^{t-1} r\left(X_t, Y_t\right)\right] \\
&= \sum_{t=1}^{\infty}\lambda^{t-1} p_{\pi}^{t-1} r_{\delta_t} \\
&= r_{\delta_1} + \lambda p_{\delta_1} R^{\pi'}(s') \\
&= r(s,a) + \sum_{s'\in S}\lambda p\left[s' \mid s,a\right] R^{\pi'}(s')
\end{aligned}
\tag{7.44}
$$

本章的最优问题是在异构网络中选取回报值最大的网络作为最优网络，定义在 Π 下的策略中 π^* 达到最优状态，即对于任意的 $\pi\in\Pi$ 都有 $v^{\pi^*}(s)\geqslant v^{\pi}(s)$，如果对于任意的决策时期 t 都有 $\delta_t=\delta$，则策略称为静态的。该算法的目标是求出最优静态策略 δ^*，使得式(7.44)中的回报值最大，因此最优方程表达式可以表示为

$$
R(s) = \max\left\{r(s,a) + \sum_{s'\in S}\lambda p\left[s' \mid s,a\right] R(s')\right\},\quad a\in A \tag{7.45}
$$

对于该公式的解，即求出最佳的判决准则 $\delta^*=a$，使得总回报函数值达到最大值 $R(s)$。求解最优方程的算法很多，如策略迭代法、数值迭代法、最小二乘法等。策略迭代法的原理是交替使用求值计算和策略改进的步骤，最终达到或者收敛于最优策略，但是该算法中所使用的策略为静态策略，不存在策略改进的问题，因此策略迭代法并不适合求解最优方程。最小二乘法的原理是通过最小化误差来寻求最佳匹配的解，但是该算法计算复杂

度较高，实现困难。基于马尔可夫的多属性决策算法采用数值迭代法，数值迭代法易于理解，并且容易实现，计算较为方便，因此本章利用数值迭代法不断迭代回报函数值，使其达到最大值。

数值迭代法的具体过程如算法 7.1 所示。在数值迭代法中，ε是为了能使迭代过程终止而设定的一个参数，取$\varepsilon=10^{-3}$。其中步骤 2 会连续迭代计算回报函数的最大值，该步骤是一个收缩放映的过程，并且是一个线性收敛的过程。

算法 7.1 数值迭代法

输入：状态 s

输出：最优策略 δ

1：在每一个状态 s 下，令 $R^0(s)=0,\varepsilon>0,k=0$

2：/*计算 $R^{k+1}(s)$ */

3： $R^{k+1}(s)=\max\limits_{a\in A}\left\{r(s,a)+\sum\limits_{s'\in S}\lambda P\left[s'\middle|s,a\right]R(s')\right\}$

4：if $\left\|R^{k+1}(s)-R^k(s)\right\|<\varepsilon(1-\lambda)/(2\lambda),\varepsilon>0$，进入步骤 6

5：else 将 k 增加一个单位然后回到步骤 2

6：/*对于任意 $s\in S$，计算状态 s 下的最优静态策略*/

7： $\delta^*=\arg\max\limits_{a\in A}\left\{R(s,a)+\sum\limits_{s'\in S}\lambda P\left[s'\middle|s,a\right]R(s')\right\}$

7.3 车联网移动性管理的一些方法

7.3.1 一种有效的混合 HIP-PMIPv6 方案

HIP-PMIPv6 方案为城市车辆场景中的全球移动性管理设计的一种新的混合方案[160]。该方案通过 PMIPv6 和 HIP 之间的交互实现了基于主机和基于网络的移动性支持之间的互通，目标是在管理域内实现位置更新的有效传输，并有效地群集移动网络中的节点。同时，该方案允许在节点移动到不同域时进行无缝通信，并且数据包的全局端到端路由发生变化。

HIP-PMIPv6 方案的主要目的是为城市车辆场景中的节点提供连续的

网络接入。将节点划分为网络节点和用户节点，系统模型描述如下：

在网络方面，每个管理域都被视为 PMIPv6 域，并假设存在一种认证方法，该方法在新域中的第 2 层连接期间授予对节点的这种访问。域遵循松散耦合架构互连。每个域都有 RSU，以提供对车辆/节点的访问，假设它们也充当 AR/MAG。

在用户方面，每辆车都有一个车载单元，用于连接外部网络通信节点，启用 HIP 或位于代理 HIP 后面。DNS 和集合服务器可用于将完全限定域名分别转换为主机标识(host identification，HI)和 HI 到 IP 的地址。

1. 端到端通信

当遗留节点想要与网络中的服务器或任意节点(也称为通信节点(CN))通信时，它首先发送 DNS 查询以获得通信节点的 IP 地址。在该方案中，MR(移动路由)拦截此查询并更改数据包的源地址以用于其自己的地址。

在从传统节点接收第一数据分组到 CN 时，MR 启动与 CN 的 HIP 基础交换。这是四次握手，其中 MR 和 CN 建立所需的安全关联(节点的 HI、MR 的 IP、CN 的 HI 和 CN 的 IP 之间的绑定)。

另外，启用 HIP 节点生成的通信由每个节点自主管理。在发送第一数据分组之前，该节点与 CN 执行 HIP 握手，其中它们将节点的 HI、节点的 IP、CN 的 HI 和 CN 的 IP 相关联。

2. 域内切换

域内切换涉及在同一 PMIPv6 域内连接到新连接点的移动。两种类型的移动节点的域内切换过程如图 7.3 所示。

(1)传统节点，当服务于传统节点的车辆将其连接移动到同一域中新的 MAG(n-MAG)时，发生该切换 PMIPv6 功能被激活，因此 n-MAG 检测到连接并继续进行 PMIPv6 中定义的绑定的正常信令(图 7.3 中①)。然后，n-MAG 向 MR(移动路由)宣告相同的前缀(图 7.3 中②)，

(2)启用 HIP 的节点，对于启用 HIP 的节点，发生域内切换的最简单的情况是：①当节点所在的车辆移动到 n-MAG 的连接时；②当节点本身将其连接移动到 n-MAG 时。

在所有描述的两种类型节点的情况下，一旦检测到断开，就从原来的 MAG(p-MAG)发送注销消息(De-reg)到 LMA(图 7.3 中④，图 7.3 中Ⓓ)。

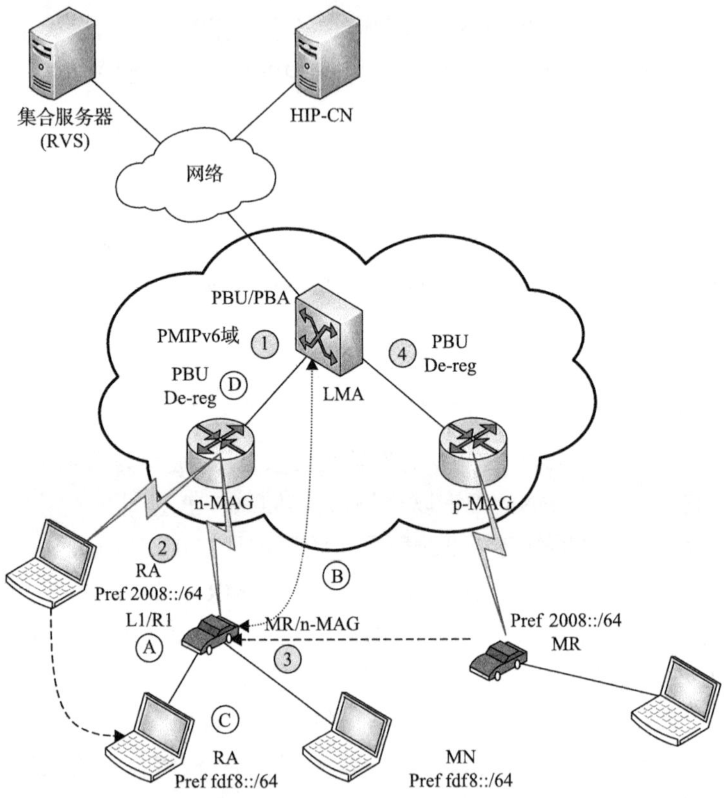

图 7.3　域内切换的信令

3. 域间切换

域间切换涉及不同 PMIPv6 域连接的移动。两种类型节点的域间切换程序如图 7.4 所示。

(1) 传统节点，这种情况与前面描述的情况非常相似。在新域中交换了绑定信令，区别在于新 LMA 首次注册 MR。然后，MAG 将新分配的网络前缀通告给 MR。此时，MR 检测网络的变化并开始更新过程作为传统节点的主动 HIP 通信的代理。

(2) 支持 HIP 的节点，在前面考虑的相同可能性也适用于启用 HIP 的节点的域间切换。但是，在这种情况下，新的连接点属于不同的 PMIPv6 域。如果节点将其连接移动到另一个 PMIPv6 域中的 MAG，则该信令与针对传统节点的域间切换所描述的信令完全相同。这里唯一的区别是活动 HIP 会话的更新是由节点本身完成的。

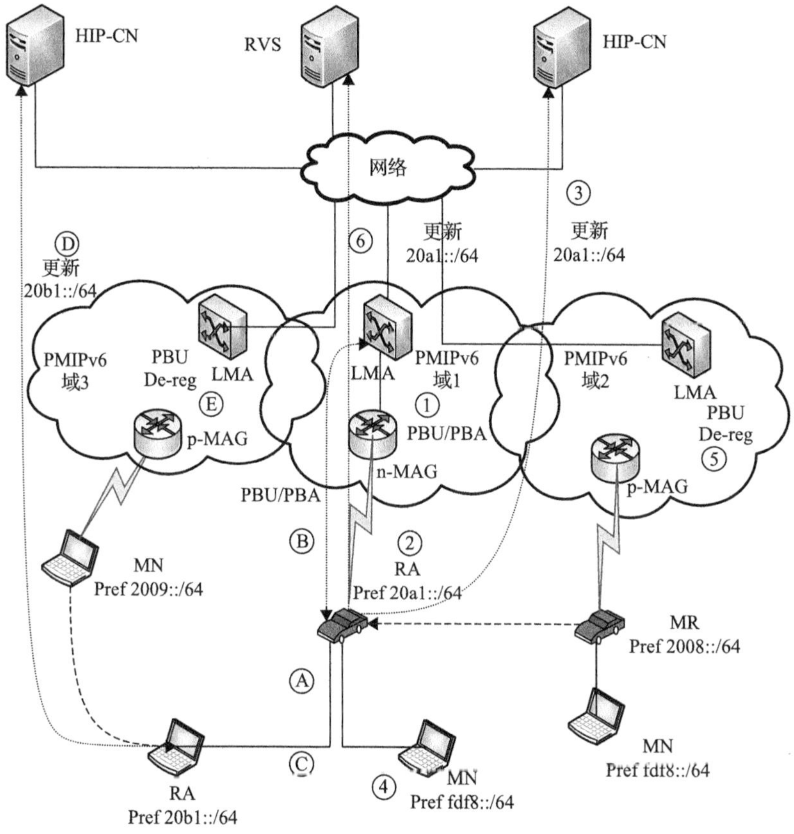

图 7.4　域间切换的信令

7.3.2　基于 IPv6 的车载 ad hoc 网络移动切换方案

在基于 IPv6 的车载 ad hoc 网络的移动切换方案中，VANET 由 AR、AP 和车辆组成。其中，AP 连接到 AR，并且车辆在一跳范围内与 AP 相关联。以这种方式，车辆可以通过其关联的 AP 提供基于网络的连接，一跳范围内的邻居车辆可以直接与其相互通信。

1. 下一个关联 AP

在该方案中，AP 可以通过使用到达角度(angle of arrival，AoA)方法测量由邻居 AP 发送的信标帧来计算其自身与一个邻居 AP 之间的角度[161-163]，通过这种方式 AP 可以确定并存储其邻居 AP 的相对方向，如图 7.5 所示。

以相同的方式，AP 可以通过测量车辆的信号强度来确定车辆是否将离开其通信区域。车辆的数据传输单元[164,165]还可以通过使用 AoA 方法[161-163]测量，然后计算车辆的相对方向。这样，当车辆的关联 AP 检测到车辆将要离开其通信区域时，可以根据车辆相对方向和邻居 AP 的信息确定车辆的下一个关联 AP（next associated AP，NAAP）。相对方向，即它选择相对方向倾向于等于车辆的相邻方向作为车辆的 NAAP，如图 7.5 所示。在图 7.5 中，车辆的相关 AP 是 P_1，其存储相邻的 AP（P_2 和 P_3）的取向，以及 P_1 和 T_2 在时间 T_1 和 T_2 之间的相对取向分别是 α_1 和 α_2。在时间 T_2，P_1 检测到车辆将要离开其通信区域，因此它选择相对方向倾向于等于车辆相邻方向的相邻 AP P_3 作为车辆的 NAAP。

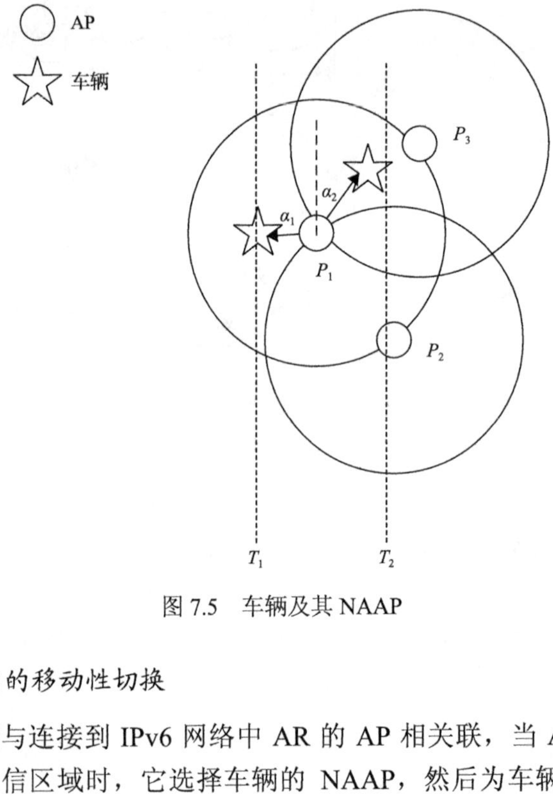

图 7.5　车辆及其 NAAP

2. 子网内的移动性切换

假设车辆与连接到 IPv6 网络中 AR 的 AP 相关联，当 AP 检测到车辆将要离开其通信区域时，它选择车辆的 NAAP，然后为车辆启动以下高级移动切换过程：

（1）AP 向 AR 发送更新消息，其有效载荷是车辆的 IPv6 地址和 NAAP 的 IPv6 地址。

(2)在收到更新消息后，检查其车辆路由表，并使用 NAAP 的 IPv6 地址更新相应条目中的 AP 的 IPv6 地址。

(3)移动性切换过程结束，如图 7.6 和图 7.7 所示。

在上述移动性切换过程中，车辆仍然连接到链路层中的 AP，因此可以接收 AP 转发的数据。在移动性切换过程完成之后，车辆在链路层中与 AP 断开连接，并开始从 NAAP 接收数据。以这种方式确保了通信连续性。

参照图 7.6 和图 7.7，在时间 T_1，车辆 V1 与 AP11 相关联，并且 AP11 和 AP12 连接到 IPv6 网络中的 AR1。AP11 检测到 V1 将离开其通信区域，因此它选择 AP12 作为车辆的 NAAP 并启动移动性切换过程。在移动性切换过程中，V1 连接到链路层的 AP11，因此可以接收 AP11 转发的数据。在时间 T_2，移动性切换过程结束。因此，在 AR1 接收到目的地为 V1 的数据之后，它将数据转发到 AP12，然后 AP12 将数据转发到 V1。以这种方式，确保了通信连续性。

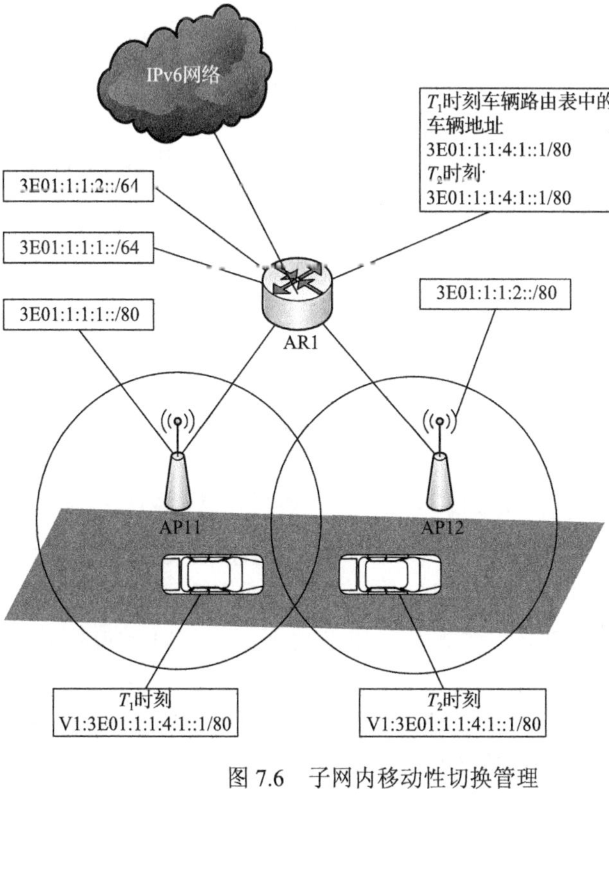

图 7.6　子网内移动性切换管理

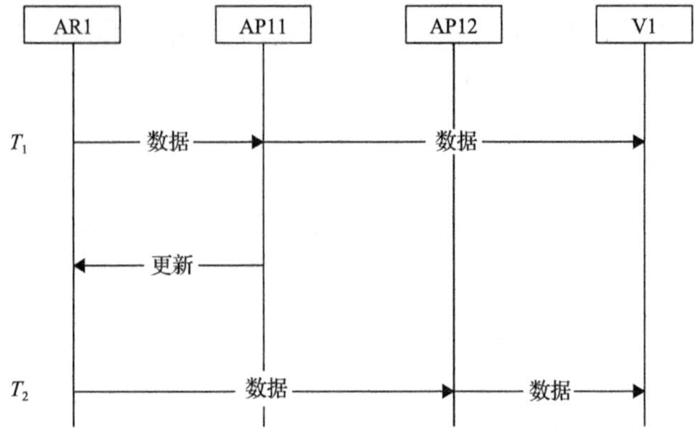

图 7.7　子网内切换过程的数据流

子网之间的移动切换在 VANET 中，车辆周期性地广播关联消息，其有效负载是其关联 AP 的 IPv6 地址。假设车辆 V1 在车辆 V2 的一跳范围内，V1 与连接到 AR1 的 AP1 相关联，并且 V2 与连接到 AR2 的 AP2 相关联。当 AP1 检测到 V1 将离开其通信区域时，它选择 AP2 作为 V1 的 NAAP。由于 AP1 检测到其全局路由前缀与 AP2 的全局路由前缀不同，所以它向 V1 通知 AP2 的 IPv6 地址。通过这种方式，V1 可以根据其全局路由前缀确定其当前关联的 AP(AP1)和 NAAP(AP2)属于不同的子网。因此，V1 收到 V2 广播的关联消息后，请求 V2 执行以下高级移动切换过程：

(1) V1 向 V2 发送更新前消息，其有效负载为 IPv6 地址。

(2) V2 收到 V1 发送的更新前消息后，向 V1 的归属代理 HA1 发送更新消息，更新消息的净负载包括 V1 的 IPv6 地址、AP2 的 IPv6 地址和 IPv6 地址 AR2。

(3) 更新消息通过 AP2 到达 AR2。在 AR2 收到更新消息后，会在其车辆路由表中添加一个条目，其中车辆的 IPv6 地址是 V1 的 IPv6 地址，AP 的 IPv6 地址是 AP2 的 IPv6 地址，然后将更新消息转发给网络。

(4) 更新消息最终通过网络路由到 HA1。HA1 首先在其本地车辆表中搜索 V1 的条目，并使用 IPv6 地址 AR2 更新相应条目中 AR 的 IPv6 地址。然后 HA1 检查是否有隧道到达 AR2，如果没有，则 HA1 建立到达 AR2 的隧道。

(5) V1 的移动性切换过程结束，如图 7.8 和图 7.9 所示。在上述移动性切换过程中，V1 仍然连接到链路层的 AP1，因此可以接收 AP1 转发的数据。

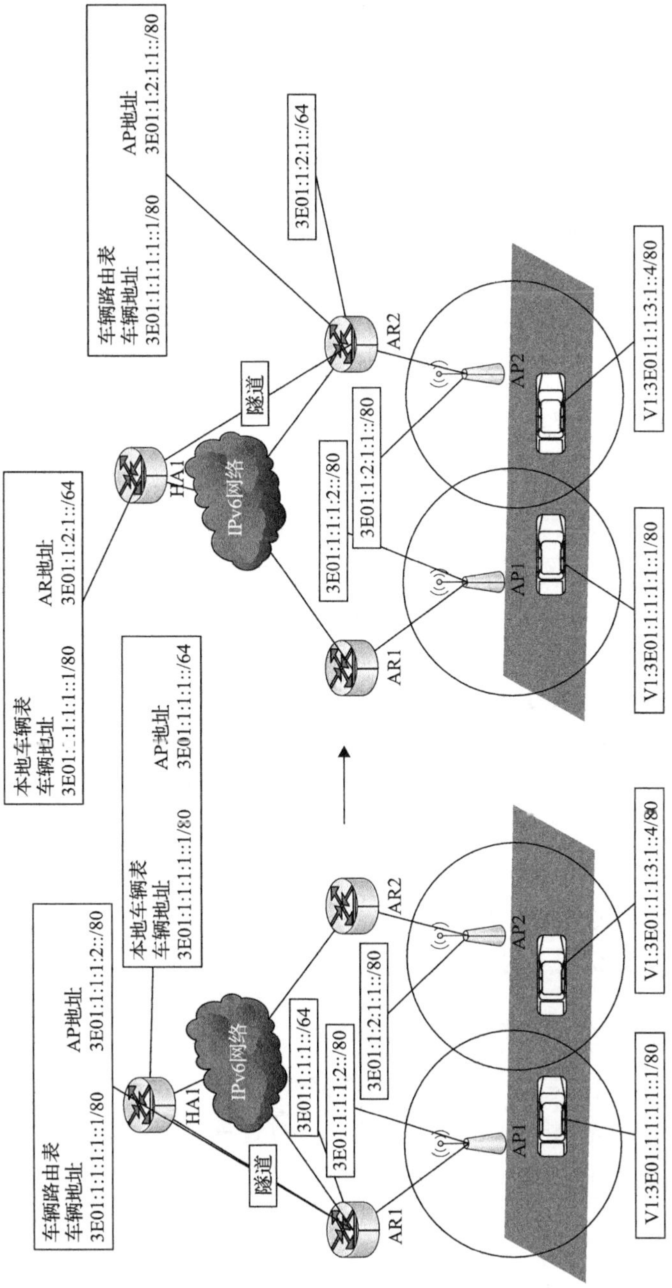

图 7.8　子网间移动性切换过程

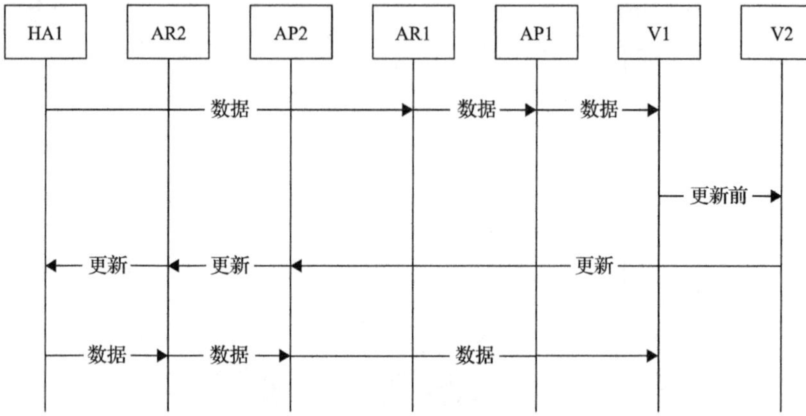

图 7.9　子网间移动性切换过程中的数据流

在移动性切换操作结束之后，V1 与链路层中的 AP1 断开连接，并开始从 AP2 接收数据。以这种方式，确保了通信连续性。

参照图 7.8 和图 7.9，在时间 T_1，车辆 V1 与连接到 IPv6 网络中的 AR1 的 AP1 相关联，并且车辆 V2 与连接到 AR2 的 AP2 相关联。当 AP1 检测到 V1 将离开其通信区域时，选择 AP2 作为 V1 的 NAAP。由于 AP1 检测到其全局路由前缀与 AP2 的全局路由前缀不同，所以它向 V1 通知 AP2 的 IPv6 地址。在 V1 接收到 V2 广播的关联消息之后，它请求 V2 执行移动性切换过程。在移动性切换过程中，V1 仍然连接到链路层的 AP1，因此可以接收 AP1 转发的数据。在时间 T_2，移动性切换过程结束。因此，在 AR2 接收到目的地为 V1 的数据之后，它将数据转发到 AP2，AP2 将数据转发到 V1。以这种方式，确保了通信连续性。在该方案中，一旦建立到达 AR 的隧道，由 AR 标识的子网中车辆的所有数据都通过隧道传输。

7.3.3　基于移动 IPv6 的车联网快速切换方案

本节所提出的(基于移动 IPv6 的车联网快速切换)方案旨在通过在链路层切换执行之前完全消除 DAD 过程并执行 BU 过程来缩短网络层切换等待时间。该方案适用于 FMIPv6 标准的预测模式。

1. DAD 消除程序

为了完全消除 DAD 过程，假设每个网络运营商都有一个由互联网分配号码管理局分配的地址块。利用 IPv6 的大地址空间，网络运营商可以使用 DHCPv6（IPv6 的动态主机配置协议）通过有状态地址配置永久地将地址分配给每个用户和网络上的每个 AR。因此，IPv6 地址以类似于蜂窝网络中移动号码的方式分配，并且在整个订阅期间保持活动和有效。

当 MN 从一个子网移动到另一个子网时，不需要新的 CoA 配置，因此不需要 DAD 过程。为实现此目的，目标 AR 必须将 MN 的 IPv6 地址注册并存储到其本地地址表。表 7.3 描述了 AR 的典型本地地址表。

表 7.3　AR 的典型本地地址表

MN	主子网 ID	本地 IP 地址	MAC 地址
1	0	2000:0E:7:a:b:c:d	00:2C:05:2E:4A:76
2	0	2000:0E:7:v:w:x:y	42:20:1B:2E:07:BB
3	1	2000:0E:7:e:w:g:h	5A:30:10:3C:10:1A

2. 修改的绑定更新过程

在传统的 MIPv6 中，归属代理和通信节点都保留了绑定高速缓存条目的列表，其将 MN 的归属地址与 CoA 映射。绑定更新进程负责更新这些绑定高速缓存条目。由于 MN 的 IPv6 地址在提议的 VFMIPv6 方案中是永久的，所以没有新的 CoA 注册。当重定向数据分组时，HA 将目标 AR 的 IP 地址封装在路由头中而不是 CoA 中。表 7.4 为 VFMIPv6 模型的绑定缓存项。

表 7.4　VFMIPv6 模型中的绑定缓存项

MN 的 IP 地址	目标 AR 的 IP 地址	S/N	生存时间	标识
2000:2F:8:0:a:b:c:d	2000:0A:4:0:1:2:3:4	25	200	A/H/K/L
2000:2F:8:0:e:f:g:h	2000:0B:5:0:3:4:4:6	62	450	A/H/K
2000:2F:8:0:v:x:y:z	2000:0C:6:0:5:6:7:8	87	600	A/H

3. 拟议的 VFMIPv6 计划中的移交程序

图 7.10 示出了所提出方案的切换时序图。

(1) 当接近子网边界时，MN 向当前接入路由器(current access router，CAR)发送用于代理通告的车辆路由器请求(V-RtSolPr)，候选 AR 的切换辅助信息(handoff auxiliary information，HAI)附于此消息。

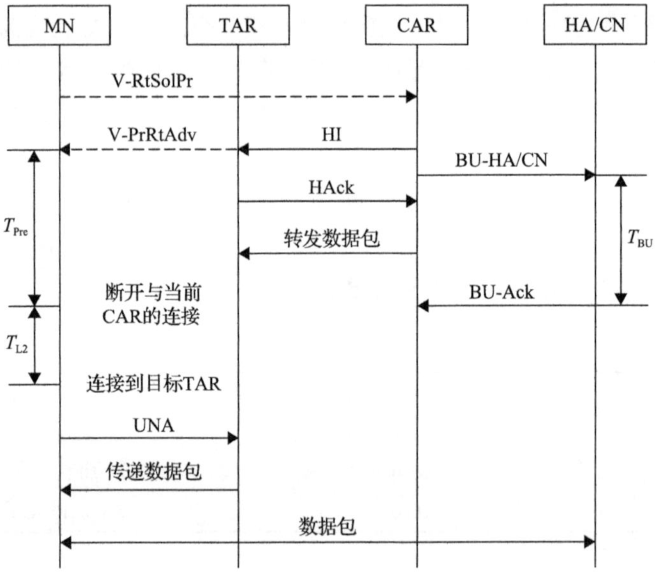

图 7.10 建议方案的切换时序图

(2) 基于所接收的 HAI，CAR 从潜在候选者中确定目标接入路由器(target access router，TAR)，包含所选 TAR 的全局 IPv6 地址的车辆代理路由器通告(V-PrRtAdv)消息被发送到 MN。同时，CAR 向 TAR 发送切换启动(HI)消息，包含在 HI 消息中的是 MN 的全局 IPv6 地址。

(3) 在请求切换发起后不久，CAR 将绑定更新消息发送到 HA 和 CN(BU-HA/CN)，附加到 BU-HA/CN 消息的是 TAR 的全局 IPv6 地址。

(4) TAR 通过切换确认(HAck)消息回复 HI 消息。

(5) CAR 开始向 MN 的全局 IPv6 地址转发数据包，TAR 捕获并缓冲它们。

(6) HA 和 CN 通过绑定更新确认(BU-Ack)消息回复 BU-HA/CN 消息。

(7) MN 从与 CAR 的链路层连接关联中分离并附加到 TAR 的链路层连接。

(8) MN 向 TAR 发送未经请求的邻居通告(UNA)。

(9) TAR 将缓冲的数据包传送到 MN 的全局 IPv6 地址。

(10) 在 MN 和 CN 之间恢复端到端分组传输。

7.3.4 基于累积概率方法的切换方案

移动环境中的切换如图 7.11 所示。

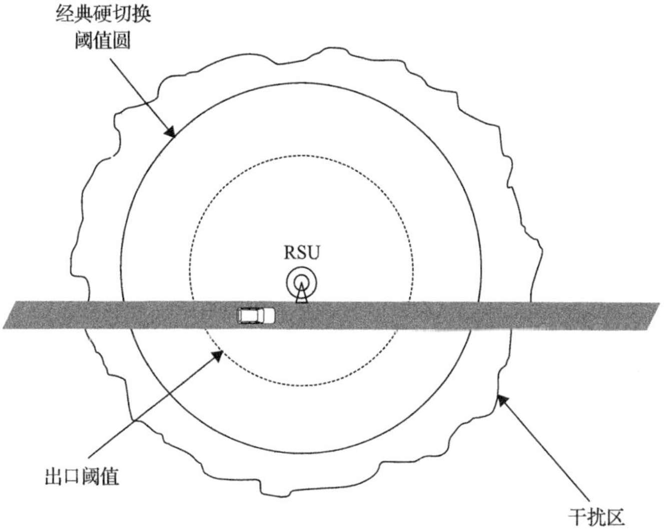

图 7.11　移动环境中的切换

在图 7.11 中，存在由硬屏障描绘的经典硬切换阈值圆，并且在硬屏障内存在表示出口阈值的虚线圆圈。退出阈值圆是开始切换的边界，以便在到达硬屏障之前完成切换，这是成功软切换所必需的。如果在硬屏障之前切换不成功，则通信中断，从而导致硬切换。虽然目前这种方法正用于移动通信，但在高度移动的环境中，如 VANET，它提出了两个挑战：首先，出口半径取决于 MN 的速度，因此在高速时，没有时间做软切换；其次，硬切换圆圈或固定切换圆圈代表覆盖范围，但在这个外部区域，由于低信噪比而接收到具有错误的分组概率，实际通信是困难的。因此，需要一种更低错误概率的方法，利用累积概率(cumulative probability，CP)方法来提供切换的现实边界。

概率 P 表示在物理层成功接收信标的概率。可以利用信噪比和信标长度的知识为每个信标计算该概率。在概率论中，P 有一个固定的分布，也就是说，可能的结果随着时间的推移是不变的。因此，可以将 CP 定义为事件发生的概率，在这种情况下，在给定时间或序列号之前成功地接收信标。此外，当 CP 为 1 时，确定事件已发生。如果 P 是常数，则 CP 通常在无穷远处为 1。但是，在这种情况下，P 没有静止分布，因为当 MN 移向 RSU 时，P 显著增大，所以 CP 将在无穷大之前变为 1，实际上可能在这之前变为 1，这表明需要使用 CP 来确定可靠的通信区域。因此，为了与 P 为 1 时的情况相比较，需要计算序列的 CP。

将车辆进入新网络时的 CP 定义为 CP_{en}，对于出口场景，考虑离开车辆接收不到 RSU 发送的信标概率 P_n，将此时的 CP 定义为 CP_{ex}。对于出口侧，当车辆离开 RSU 时成功接收的概率 P 会降低，因此 $1-P$ 在增加。因此，还应考虑 CP 对 RSU 覆盖范围的入口和出口区域的影响。图 7.12 表示了区域之间的通信时间。

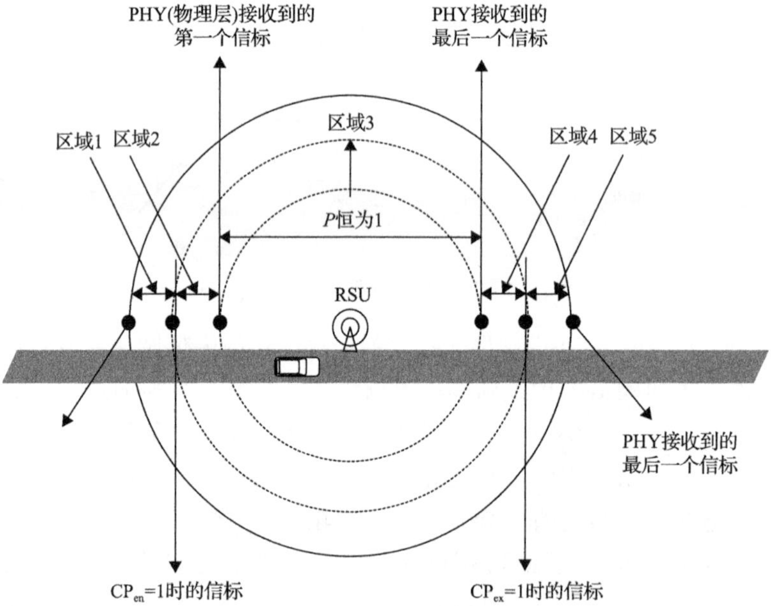

图 7.12　区域之间的通信时间

7.3.5　基于 IEEE 802.11p 的无线接入系统切换方案

在本节中，描述了基于 IEEE 802.11p 的无线接入系统的无缝切换方案，该系统利用 RSU 的固定顺序放置和车辆沿高速公路的单向移动。更具体地，该切换方案利用 IEEE 802.11 解除关联信息，指示车载单元(on board unit，OBU)离开其覆盖区域的旧 RSU。随后，下游数据帧可以主动转发到新的 RSU，以便在与新 RSU 建立链路后传送到 OBU。

1. 网络体系结构

假设网络组织在一个树形拓扑结构中，该树形拓扑结构由 L2 交换机或

IEEE 802.11d 网桥组成，网桥连接到根节点上的网关路由器，数据通过该路由器从主干网络传递到其他网络，而 RSU 位于叶节点。图 7.13 给出了网络体系结构的概念图。在这个网络中，从网关路由器到 OBU 的路径可以由 OBU 或其服务 RSU 生成的出站数据帧来维护。这意味着移动性管理在第 2 层进行处理，整个网络作为单一的分布系统出现，带有多个 RSU 到上层协议，如 IPv6，在 IEEE P1609 标准中，IPv6 被指定为非安全相关应用程序的 L3 协议。这也减少了对 IP(如 MPv6 和 PMIPv6)移动性管理协议的使用，因为整个网络可以形成一个单独的子网。

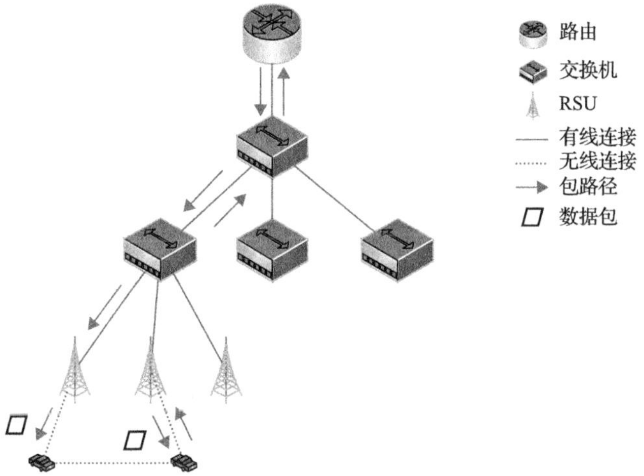

图 7.13　网络体系结构的概念图

2. 切换过程

IEEE 802.11 中的切换是当接收到的信号强度下降到一定阈值时，终端改变与 AP 的关联过程。物理链路质量在无线覆盖边界附近迅速下降，无法保证数据的稳定接收。终端通过切换到所有可用的通道来传输探测消息和(或)接收来自 AP 的信标，从而启动寻找另一个 AP 的扫描过程。

终端选择一个信号强度最高的 AP，并启动一个重新分配/重新认证的过程，以便让 n-AP 知道和识别它的存在。当切换过程开始时，终端断开时，p-AP 会重新发送数据帧缓冲，直到终端重新连接到 n-AP。n-AP 的响应消息可以发送 Move-Notify 消息，n-AP 请求 p-AP 转发数据帧缓冲。在 p-AP 接收到这些帧后，n-AP 立即将它们传输到终端，以实现终端在两帧之间的无缝过渡，图 7.14 显示了分离消息格式和消息序列图。

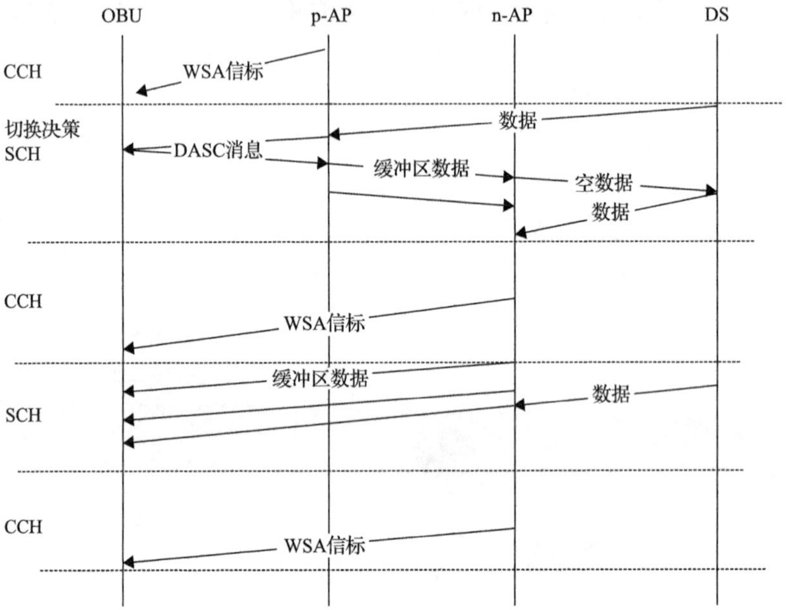

图 7.14　分离消息格式和消息序列图

DS：distribution system，分配系统；WSA：WAVE service advertisement，WAVE 服务广播；DASC：data anchor switching control，数据锚转换控制；CCH：control channel，控制信道；SCH：service channel，服务信道

本章针对车联网中车辆快速移动的特点提出了一系列车联网中移动性管理优化算法。本章提出的 GM(1,1)-马尔可夫垂直切换算法通过灰色理论来计算出在下一个时间段能够使用的带宽，把预测得到的各个网络的带宽比预设的带宽阈值大的网络当作候选网络，然后通过马尔可夫决策模型进行决策，利用 AHP 法确定各个属性的权值，对回报函数进行设计优化，构造最优方程，来选取最为合适的目标网络。并针对车联网中节点高速移动的特点，介绍了一系列的车联网移动性管理方法，包括一种有效的混合 HIP-PMIPv6 方案、基于 IPv6 的车载 ad hoc 网络移动切换方案、基于移动 IPv6 的车联网快速切换方案、基于累积概率方法的切换方案及基于 IEEE 802.11p 的无线接入系统切换方案，这些方法融入了车联网的特性，能够很好地应用于车联网环境中。

参考文献

[1] 于智博. 异构车联网中基于SDN的垂直切换算法的研究[D]. 沈阳: 东北大学, 2018.

[2] 武文科. 车联网技术发展与应用综述[J]. 汽车实用技术, 2017, (3): 88-91.

[3] 王平. 车联网权威指南: 标准技术及应用[M]. 北京: 机械工业出版社, 2018.

[4] 苏静, 王冬, 张菲菲. 车联网技术应用综述[J]. 物联网技术, 2014, 4(6): 69-72.

[5] 陈璠. 基于 WAVE 标准的车联网 IP 通信优化及性能分析[D]. 大连: 大连理工大学, 2013.

[6] 郭蓬, 袁俊肖, 戎辉, 等. LTE-V2X 标准分析及发展现状的研究[J]. 中国汽车, 2019, 322(1): 61-64.

[7] Sivaraman S, Trivedi M M. Looking at vehicles on the road: A survey of vision-based vehicle detection, tracking and behavior analysis[J]. IEEE Transactions on Intelligent Transportation Systems, 2013, 14(4): 1773-1795.

[8] 刘东. ITS 中的车辆测技术[J]. 中国人民公安大学学报(自然科学版), 2000, 6(4): 36-39.

[9] Al-Smadi M, Abdulrahim K, Salam A R. Traffic surveillance: A review of vision-based vehicle detection, recognition and tracking[J]. International Journal of Applied Engineering Research, 2016, 11(1): 713-726.

[10] 胡焯, 曹玉东, 李羊. 基于 HSV 颜色空间的车身颜色识别算法[J]. 辽宁工业大学学报(自然科学版), 2017, 37(1): 10-12.

[11] 彭博, 臧笛. 基于深度学习的车标识别方法研究[J]. 计算机科学, 2015, 41(4): 268-273.

[12] 段建民, 刘冠宇, 郑榜贵. 基于整体最优阈值的车道线快速识别方法[J]. 北京工业大学学报, 2015, 41(1): 42-47.

[13] Hartenstein H, Laberteaux L P. A tutorial survey on vehicular ad hoc networks[J]. IEEE Communications Magazine, 2008, 46(6): 164-171.

[14] 曾克俭. 汽车用传感器技术综述[J]. 汽车运输研究, 1991, 10(4): 95-102.

[15] 陈香, 张思东, 薛小平. RFID 防碰撞技术的研究[J]. 电脑与电信, 2006, (4): 63-66.

[16] 张瑞锋. 车载自组网通信技术研究综述[J]. 汽车工程学报, 2014, 4(2): 79-85.

[17] 孟龙, 周明. 无线通信技术在物流领域的应用及发展前景[J]. 中国储运, 2019, (7): 110-113.

[18] 梁雪辉. 基于车联网的大数据应用研究[J]. 电子测试, 2016, (9): 74, 86.

[19] 刘朝强. 基于多传感器特征信息融合的目标识别技术研究[D]. 沈阳: 沈阳理工大学, 2016.

[20] 胡欣宇, 张洁. 车联网的发展与挑战[J]. 物联网技术, 2017, 7(2): 62-65.

[21] 李静. 浅谈基于车联网系统的汽车道路救援系统[J]. 汽车实用技术, 2017, (15): 95-97.

[22] 蔺宏良, 黄晓鹏. 车联网技术研究综述[J]. 机电工程, 2014, 31(9): 1235-1238.

[23] 郝成龙, 郝铁亮, 刘涛. 车联网社交：车联网发展的新起点[J]. 汽车实用技术, 2017, (18): 240-241.

[24] 陈山枝, 时岩, 胡博. 移动性管理理论与技术的研究[J]. 通信学报, 2007, 28(10): 123-133.

[25] Kim M S, Lee S K. Load balancing for proxy mobile IPv6 networks[C]. IEEE Conference on Consumer Communications & Networking Conference, Las Vegas, 2009: 1-2.

[26] Liu D, Zuniga J C, Seite P, et al. Distributed mobility management: Current practices and gap analysis[S/OL]. IETF RFC7429. www.rfc-editor.org/rfc/rfc7429.txt[2020-12-1].

[27] Akyildiz I F, Xie J, Mohanty S. A survey of mobility management in next-generation all-IP-based wireless systems[J]. IEEE Wireless Communications, 2004, 11(4): 16-28.

[28] Akyildiz I F, Mcnair J. Mobility management in next-generation wireless systems[J]. Proceedings of IEEE, 1999, 87(8): 1347-1384.

[29] Xie J, Wang X D. A survey of mobility management in hybrid wireless mesh networks[J]. IEEE Network, 2008, 22(6): 34-40.

[30] Camp T, Boleng J, Wilcox L. Location information services in mobile ad hoc networks[C]. IEEE International Conference on Communications, New York, 2002: 3318-3324.

[31] Chang Y J, Shih T L. Intersection location service and performance comparison of three location service algorithms for vehicular ad hoc networks in city environments[C]. The 3rd International Symposium on Wireless Pervasive Computing, Santorini, 2008: 562-565.

[32] Ephremides A, Wieselthier J E, Baker D J. A design concept for reliable mobile radio networks with frequency-hopping signaling[J]. Proceedings of the IEEE, 2005, 75(1): 56-73.

[33] Gerla M, Tsai J T C. Multicluster, mobile, multimedia radio network[J]. Wireless Networks, 1995, 1(3): 255-265.

[34] Basagni S. Distributed and mobility-adaptive clustering for multimedia support in multi-hop wireless networks[C]. The 50th IEEE Vehicular Technology Conference, Amsterdam, 1999: 889-893.

[35] Basu P, Khan N, Little T D C. A mobility-based metric for clustering in mobile ad hoc networks[C]. The 21st International Conference on Distributed Computing Systems Workshops, Mesa, 2001: 413-418.

[36] Er I I, Seah W K G. Mobility-based d-hop clustering algorithm for mobile ad hoc networks[C]. IEEE Wireless Communications and Networking Conference, Atlanta, 2004: 2359-2364.

[37] Shi Y, Xu X, Lu C, et al. Distributed and weighted clustering based on d-hop dominating set for vehicular networks[J]. KSII Transactions on Internet & Information Systems, 2016, 10(4): 1661-1678.

[38] Ko H, Jang I, Lee J, et al. SDN-based distributed mobility management for 5G[C]. The IEEE International Conference on Consumer Electronics, Las Vegas, 2017: 116-117.

[39] Khanfouci M. Distributed mobility management based on centrality for dense 5G networks[C]. European Conference on Networks and Communications, Oulu, 2017: 1-6.

[40] Balfaqih M, Ismail M, Noxdin R, et al. Handover performance analysis of management in vehicular networks[C]. The 12th IEEE Malaysia International Conference on Communications, Kuching, 2015: 145-150.

[41] Sun K, Kim I. Gap analysis for adapting the distributed mobility management model in 4G/5G mobile networks[C]. IEEE Conference on Network Softwarization, Bologna, 2017: 1-5.

[42] Han S, Park J, Kim H, et al. Mobility of everything(MoE): An integrated and distributed mobility management[C]. The 26th International Conference on Computer Communication and Networks, Vancouver, 2017: 1-11.

[43] Balfaqih M, Ismail M, Nordin R, et al. Design and evaluation of network-based distributed mobility management solution based on PFMIPv6[C]. The 2nd International Conference on Wireless and Telematics, Yogyakarta, 2016: 132-139.

[44] Wagan A A, Jung L T. An efficient distributed mobility management scheme for network mobility[C]. International Conference on Computer and Information Sciences, Kuala Lumpur, 2016: 270-275.

[45] Prados-Garzon J, Adamuz-Hinojosa O, Ameigeiras P, et al. Handover implementation

in a 5G SDN-based mobile network architecture[C]. IEEE International Symposium on Personal, Valencia, 2016: 1-6.

[46] Maya M, Remesh B K R. Live migration of virtual machines in the homogeneous cloud[C]. IEEE International Conference on Emerging Technological Trends, Kollam, 2017: 1-5.

[47] Ordonez-Lucena J, Ameigeiras P, Lopez D, et al. Network slicing for 5G with SDN/NFV: Concepts, architectures, and challenges[J]. IEEE Communications Magazine, 2017, 55(5): 80-87.

[48] 赵明宇，严学强. SDN和NFV在5G移动通信网络架构中的应用研究[J]. 移动通信, 2015, 39(14): 64-68.

[49] 王胡成. 未来移动通信网络架构和移动性管理的若干关键技术研究[D]. 北京：北京邮电大学, 2018.

[50] 杨浩. 移动 IP 中域间移动性管理和切换时延研究[D]. 西安：西安电子科技大学, 2013.

[51] 杨洋. 分布式移动性管理切换机制的优化与实现[D]. 北京：北京邮电大学, 2018.

[52] 王司宇. 车联网移动性管理策略性能优化研究[D]. 北京：北京邮电大学, 2017.

[53] Johnson D, Perkins C, Arkko J. Mobility support in IPv6[S/OL]. IETF RFC3775. www.rfc-editor.org/rfc/rfc3775.txt[2020-12-1].

[54] Jeff D, Jennifer C. TCP/IP 路由技术[M]. 葛建立，吴剑章，译. 北京：人民邮电出版社, 2007.

[55] Lammle T. CCNA 学习指南[M]. 徐宏，程代伟，池亚平，译. 北京：电子工业出版社, 2008.

[56] 杨映红，陈志. IPv6 地址结构解析[J]. 重庆大学学报, 2003, 26(10): 87-92.

[57] 许竹霞. 基于 IEEE 802.11 的移动 IPv6 快速切换技术的研究[D]. 兰州：兰州交通大学, 2013.

[58] 蒋亮，郭健. 下一代网络移动 IPv6 技术[M]. 北京：机械工业出版社, 2005.

[59] David J, Jari A, Charles P. Mobility support in IPv6[S/OL]. IETF RFC6275. www.rfc-editor.org/rfc/rfc6275.txt[2020-12-1].

[60] 崇志军，王凌敏. IPv6——下一代互联网的核心[J]. 科技经济市场, 2006, (9): 18-19.

[61] William S, Thomas N, Erik N, et al. Neighbor discovery for IP version 6[S/OL]. IETF RFC4861. www.rfc-editor.org/rfc/rfc4861.txt[2020-12-1].

[62] Richard C, Moore N. Advanced duplicate address detection(DAD) for IPv6[S/OL].

IETF RFC4429. www.rfc-editor.org/rfc/rfc4429.txt[2020-12-1].
[63] 孙金霞. 移动 IPv6 切换技术研究[D]. 西安: 西安电子科技大学, 2010.
[64] Koodli R. Fast handovers for mobile IPv6[S/OL]. IETF RFC4068. www.rfc-editor.org/rfc/rfc4068.txt[2020-12-1].
[65] Young J H, Hesham S, Seok J K. Hierarchical mobile IPv6 mobility management (HMIPv6) [S/OL]. IETF RFC5380. www.rfc-editor.org/rfc/rfc5380.txt[2020-12-1].
[66] Kempf J. Problem statement for network-based localized mobility management (NETLMM) [S/OL]. IETF RFC4830. www.rfc-editor.org/rfc/rfc4830.txt[2020-12-1].
[67] 翟苹利. 一种改进的快速代理移动 IPv6 切换方案研究[D]. 郑州: 郑州大学, 2013.
[68] 陈子云. 基于网络的区域移动性管理机制研究及 NS-2 仿真[D]. 成都: 电子科技大学, 2010.
[69] Alsurmi I, Othman M, Ali B M, et al. Review on mobility management for future-IP-based next generation wireless networks[C]. IEEE International Conference on Advanced Communication Technology, Phoenix Park, 2010: 989-994.
[70] Kong K S, Lee W, Han Y H, et al. Mobility management for all-IP mobile networks: Mobile IPv6 vs. proxy mobile IPv6[J]. IEEE Wireless Communications, 2008, 15(2): 36-45.
[71] Ryu S, Kim M, Mun Y, et al. Enhanced fast handovers for proxy mobile IPv6[C]. International Conference on Computational Science and Its Applications, Yongin, 2009: 39-43.
[72] Chuang M, Lee J. FH-PMIPv6. A fast handoff scheme in proxy mobile IPv6 networks[C]. International Conference on Consumer Electronics, Communications and Network, Xianning, 2011: 1297-1300.
[73] Kang J E, Kum D W, Li Y, et al. Seamless handover scheme for proxy mobile IPv6[C]. IEEE International Conference on Wireless and Mobile Computing, Networking and Communications, Dalian, 2008: 410-414.
[74] Song J, Kim H, Han S. Route optimization in PMIPv6 environment[C]. The 9th IEEE International Conference on Computer and Information Technology, Xiamen, 2009: 341-346.
[75] Han B, Lee J, Lee J, et al. PMIPv6 route optimization mechanism using the routing table of MAG[C]. International Conference on Systems and Networks Communications, Sliema, 2008: 274-279.
[76] Oh S, Choi H, Min S, et al. A route optimization scheme based on roaming in PMIPv6

[C]. The 5th International Joint Conference on INC, IMS and IDC, Seoul, 2009: 409-415.

[77] Kong H, Jang Y, Choo H, et al. An efficient load balancing of mobile access gateways in proxy mobile IPv6 domains[C]. The International Conference on Computational Science and its Applications, Fukuoka, 2010: 289-292.

[78] Kim M, Lee S. Load balancing based on layer 3 and IEEE 802.21 frameworks in PMIPv6 networks[C]. The 20th IEEE International Symposium on Personal, Indoor and Mobile Radio Communications, Tokyo, 2009: 788-792.

[79] Park S, Lee E, Yu F C, et al. Inter-domain roaming mechanism transparent to IPv6-Node among PMIPv6 networks[J]. IEEE Transactions on Communications, 2010, 93(6): 1-5.

[80] Lee K, Seo W, Kum D, et al. Global mobility management scheme with interworking between PMIPv6 and MIPv6[C]. IEEE International Conference on Wireless and Mobile Computing, Networking and Communications, Avignon, 2008: 153-158.

[81] Lee J H, Lee J H, Chung T M. An adaptive inter-mobility supports scheme for NetLMM [C]. The International Conference on Systems and Networks Communications, Cap Esterel, 2007: 10.

[82] Giaretta G. Interactions between proxy mobile IPv6(PMIPv6) and mobile IPv6 (MIPv6): Scenarios and related issues[S/OL]. IETF RFC6612. www.rfc-editor.org/rfc/rfc6612.txt[2020-12-1].

[83] 向涛. 基于 5G 网络的工业互联网应用研究[J]. 中国新通信, 2019, 21(22): 31-32.

[84] 杨晓亮. 控制-数据平面分离的分布式移动性管理方案设计与实现[D]. 北京: 北京邮电大学, 2013.

[85] 吴佑珂. 可编程无线接入点的负载调度方法设计与实现[D]. 北京: 北京邮电大学, 2017.

[86] Wakikawa R, Valadon G, Murai J. Migrating home agents towards internet-scale mobility deployments[C]. International Conference on Emerging Networking Experiments and Technologies, New York, 2006: 1-10.

[87] 闫岫. 分布式移动性管理架构下的资源优化机制研究[D]. 北京: 北京邮电大学, 2014.

[88] Arkko J, Devarapalli V, Dupont F. Mobility support in IPv6[S/OL]. IETF RFC3776. www.rfc-editor.org/rfc/rfc3776.txt[2020-12-1].

[89] Qlang G, Liu Z, Ishishara S, et al. Enhanced mobile internet protocol based on IPv6

addressing scheme for third generation wireless network[J]. IEICE Transactions on Communications, 2001, 84(4): 885-891.

[90] Dul A L. Boeing White paper: Global IP network mobility using border gateway protocol(bgp)[R/OL]. http://www.quark.net/docs/Global_IP_Network_Mobility_using_BGP.pdf[2006-3-14].

[91] 王欢. 分布式移动性管理切换优化技术研究与实现[D]. 北京: 北京邮电大学, 2015.

[92] Hyunsik Y, Younghan K. Routing optimization with SDN[DB/OL]. http://datatracker.ietf.org/doc/draft-yang-dmm-sdn-dmm/[2014-10-13].

[93] 王欢. 分布式移动性管理协议研究[J]. 软件, 2015, 36(2): 80-85.

[94] Chan H, Wei X, Lee J, et al. Distributed mobility anchoring draft-ietf-dmm-distributed-mobilityan-choring-07[R/OL]. https://datatracker.ietf.org/meeting/95/agenda/dmmdrafts.pdf[2016-9-20].

[95] Hu X, Li L, Mao Z M, et al. Wide-area IP network mobility[C]. The 27th IEEE Conference on Computer Communications, Phoenix, 2008: 951-959.

[96] Hu F, Hao Q, Bao K. A survey on software defined network and OpenFlow: From concept to implementation[J]. IEEE Communications Surveys and Tutorials, 2014, 16(4): 2181-2206.

[97] Xia W, Wen Y, Foh C H, et al. A survey on software defined networking[J]. IEEE Communications Surveys and Tutorials, 2015, 17(1): 27-51.

[98] Rubio Loyola J, Galis A, Astorga A, et al. Scalable service deployment on software-defined networks[J]. IEEE Communications Magazine, 2011, 49(12): 84-93.

[99] Ksentini A, Bagaa M, Taleb T. On using SDN in 5G: The controller placement problem[C]. IEEE Global Communications Conference, Taipei, 2017: 1-6.

[100] Chen J C, Zhou H B, Zhang N, et al. Service-oriented dynamic connection management for software-defined internet of vehicles[J]. IEEE Transactions on Intelligent Transportation Systems, 2017, 18(10): 2826-2837.

[101] Chen J C, Liu B, Zhou H B, et al. QoS-driven efficient client association in high density software defined WLAN[J]. IEEE Transactions on Vehicular Technology, 2017, 66(8): 7372-7383.

[102] Macdavid R, Birkner R, Rottenstreich O, et al. Concise encoding of flow attributes in SDN switches[C]. Proceedings of the Symposium on SDN Research, New York, 2017: 48-60.

[103] Asten B J, Adrichem N L, Kuipers F A. Scalability and resilience of software-defined networking: An overview [DB/OL]. http://arxiv.org/abs/1408.6760v1[2014-8-28].

[104] 蒋茜. 基于 OpenFlow 的虚拟化组网设计与实现[D]. 南京: 南京邮电大学, 2016.

[105] Chan H A. Distributed mobility management with mobile IP[C]. IEEE International Conference on Communications, Ottawa, 2012: 6850-6854.

[106] 卞姗姗. 软件定义网络中应用程序的信任管理架构[D]. 西安: 西安电子科技大学, 2017.

[107] 翟振辉, 邱巍, 吴丽华, 等. NFV 基本架构及部署方式[J]. 电信科学, 2017, 33(6): 179-185.

[108] Wang Y, Bi J. A Solution for IP mobility support in software defined networks[C]. International Conference on Computer Communication and Networks, Shanghai, 2014: 1-8.

[109] Wang Y, Bi J. Software defined mobility support in IP networks[J]. The Computer Journal, 2015, 59(2): 1-12.

[110] Raza S M, Kim D S, Shin D, et al. Leveraging proxy mobile IPv6 with SDN[J]. IEEE Journal of Communications and Networks, 2016, 18(3): 460-475.

[111] Kim S M, Choi H Y, Park P W, et al. OpenFlow based proxy mobile IPv6 over software defined network[C]. The 11th IEEE Consumer Communications and Networking Conference, Las Vegas, 2014: 119-125.

[112] Wang Y, Bi J, Zhang K Y. Design and implementation of a software defined mobility architecture for IP networks[J]. Mobile Networks and Applications, 2015, 20(1): 40-52.

[113] Bradai A, Benslimane A, Singh K D. Dynamic anchor points selection for mobility management in software defined networks[J]. Journal of Network and Computer Applications, 2015, 57: 1-11.

[114] Lee K H, Mougouei D, Yeung M K, et al. Mobility management framework in software defined networks[J]. International Journal of Software Engineering and Its Applications, 2014, 8(8): 1-10.

[115] Kuklinski S, Li Y, Dinh K T. Handover management in SDN based mobile networks[C]. IEEE Globecom Workshops, Austin, 2014: 194-200.

[116] Jia W K. Architectural design of an optimal routed network-based mobility management function for SDN based EPC networks[C]. The 18th ACM International Conference on Modeling, Analysis and Simulation of Wireless and Mobile Systems,

Cancun, 2015: 67-74.

[117] Jeon S, Guimarães C, Aguiar R L. SDN based mobile networking for cellular operators[C]. The 20th Annual International Conference on Mobile Computing and Networking, Hawaii, 2014: 13-18.

[118] Contreras L M, Cominardi L, Qian H, et al. Software defined mobility management: Architecture proposal and future directions[J]. Mobile Networks and Applications, 2016, 21(2): 226-236.

[119] Kempf J, Johansson B, Pettersson S, et al. Moving the mobile evolved packet core to the cloud[C]. The 8th IEEE International Conference on Wireless and Mobile Computing, Networking and Communications, Barcelona, 2012: 784-791.

[120] Ko H, Jang I, Lee J, et al. SDN-based distributed mobility management for 5G[C]. IEEE International Conference on Consumer Electronics, Las Vegas, 2017: 116-117.

[121] Li Y H, Wang H M, Liu M, et al. Software defined networking for distributed mobility management[C]. IEEE Globecom Workshops, Austin, 2014: 885-889.

[122] Ku I, Lu Y, Gerla M, et al. Towards software-defined VANET: Architecture and services[C]. The 13th Annual Mediterranean Ad Hoc Networking Workshop, Piran, 2014: 103-110.

[123] 刘浩. 基于 SDN 的车联网网关研究与设计[D]. 北京: 北京交通大学, 2016.

[124] 姚云磊.基于业务感知的异构无线网络切换技术研究[D]. 郑州: 郑州轻工业学院, 2014.

[125] 孔令波. 异构融合网络一种垂直切换技术论述[J]. 中国新通信, 2016, 18(13): 56-56.

[126] 柴蓉. 下一代网络移动性管理技术[M]. 北京: 科学出版社, 2012.

[127] 王元磊. S 模式广播式自动相关监视系统模拟信号源设计[D]. 哈尔滨: 哈尔滨工程大学, 2013.

[128] 黄湖. 泛在网下多终端多网络协同的接入网络选择算法[D]. 南京: 南京邮电大学, 2013.

[129] Tabrizi H, Farhadi G, Cioffi J M, et al. A Learning-based network selection method in heterogeneous wireless systems[C]. IEEE Global Telecommunications Conference (GLOBECOM), Houston, 2011: 1-5.

[130] Yang K M, Gondal I, Qiu B, et al. Multi-dimensional adaptive SINR based vertical handoff for heterogeneous wireless networks[J]. IEEE Communications Letters, 2008, 12(6): 438-440.

[131] Lee S K, Sriram K, Kim K, et al. Vertical handoff decision algorithm providing optimized performance in heterogeneous wireless networks[J]. IEEE Transactions on Vehicular Technology, 2009, 58(2): 865-881.

[132] Shen W, Zeng Q G. Cost-function-based network selection strategy in integrated wireless and mobile networks[J]. IEEE Transactions on Vehicular Technology, 2008, 57(6): 3778-3788.

[133] Sun C, Stevens-Navarro E, Shah-Mansouri V, et al. A constrained MDP-based vertical handoff decision algorithm for 4G wireless networks[J]. IEEE Transactions on Vehicular Technology, 2008, 57(4): 1243-1254.

[134] Shin S, Han D, Cho H, et al. Improved association and disassociation scheme for enhanced WLAN handover and VHO[J]. Mobile Information Systems, 2016, 16(2): 1-6.

[135] 刘侠, 蒋铃鸽, 何晨. 一种无线异构网络的垂直切换算法[J]. 上海交通大学学报, 2006, 40(5): 742-746.

[136] 李宝君. 异构融合网络垂直切换算法研究[D]. 哈尔滨: 哈尔滨工程大学, 2014.

[137] Nasser N, Hasswa A, Hassanein H. Handoffs in fourth generation heterogeneous networks[J]. IEEE Communications Magazine, 2006, 44(10): 96-103.

[138] Nay P, Zhou C. Vertical handoff decision algorithm for integrated UMTS and LEO satellite networks[C]. WRI International Conference on Communications and Mobile Computing, Kunming, 2009: 180-184.

[139] 王康, 曾志民, 冯春燕. 一种多属性决策的异构网络选择算法[J]. 无线电工程, 2009, 39(1):1-3.

[140] Zhang W H. Handover decision using fuzzy MADM in heterogeneous networks[C]. IEEE Wireless Communications and Networking Conference, Atlanta, 2004: 653-658.

[141] Stevens-Navarro E, Wong V W S. Comparison between vertical handoff decision algorithms for heterogeneous wireless networks[C]. The IEEE 63rd Vehicular Technology Conference, Melbourne, 2006: 1550-2252.

[142] 肖杰. 基于多属性决策的异构无线网络选择算法[D]. 广州: 华南理工大学, 2018.

[143] 刘侠, 蒋铃鸽, 何晨. 一种基于模糊逻辑的预判决辅助垂直切换算法[J]. 电子学报, 2007, 35(10): 1989-1993.

[144] 刘新宇. 基于模糊逻辑的异构无线网络选择算法研究[D]. 广州: 华南理工大学, 2018.

[145] 谢胜东, 吴蒙. 基于模糊控制的垂直切换决定算法[J]. 南京邮电大学学报(自然科学版), 2007, 27(5): 6-10.

[146] Aziz A, Rizvi S, Saad N M, et al. Fuzzy logic based vertical handover algorithm between LTE and WLAN[C]. International Conference on Intelligent and Advanced Systems, Manila, 2010: 1-4.

[147] Tripathi N D, Reed J H, van Landingham H F, et al. Pattern classification-based handoff using fuzzy logic and neural nets[C]. IEEE International Conference on Communications, Atlanta, 1998: 1733-1737.

[148] Guo Q, Zhu J, Xu X H. An adaptive multi-criteria vertical handoff decision algorithm for radio heterogeneous network[C]. IEEE International Conference on Communications, Seoul, 2005: 2769-2773.

[149] Nkansah-Gyekye Y, Agbinya J I. Vertical handoff decision algorithm for UMTS-WLAN[C]. International Conference on Wireless Broadband and Ultra-Wideband Communications, Sydney, 2007: 37.

[150] Mariem Z, Badii J, Djamal Z. Context aware vertical handover decision making in heterogeneous wireless networks[C]. IEEE Local Computer Networks, Denver, 2010: 764-768.

[151] Alkhawlani M M, Alsalem K A, Hussein A A, et al. Multi-criteria vertical handover by TOPSIS and fuzzy logic[C]. International Conference on Communications, Kyoto, 2011: 96-102.

[152] Stevens-Navarro E, Wong V W, Lin Y, et al. A vertical handoff decision algorithm for heterogeneous wireless networks[C]. International Conference on Communications and Information Technology, Aqaba, 2007: 3199-3204.

[153] Chen Y X, Chen H F, Xie L, et al. An MDP-based handoff decision algorithm for multi-domain heterogeneous wireless access networks[C]. International Conference on Communications Circuits and Systems, Chengdu, 2010: 163-167.

[154] 施政, 朱琦. 基于马尔可夫过程的异构网络性能分析与优化[J]. 电子与信息学报, 2012, 34(9): 2224-2229.

[155] Yu F, Krishnamurthy V. Optimal joint session admission control in integrated WLAN and CDMA cellular networks with vertical handoff[J]. IEEE Transactions on Mobile Computing, 2007, 6(1): 126-139.

[156] Chiu K L, Hwang R H, Chen Y S. Cross-layer design vehicle-aided handover scheme in VANETs[J]. Wireless Communications and Mobile Computing, 2011, 11(7):

916-928.

[157] Choi J, Lee H. Supporting handover in an IEEE 802.11p-based wireless access system[C]. The Seventh International Workshop on Vehicular Ad Hoc Networks, Chicago, 2010: 75-80.

[158] Cespedes S, Shen X. An efficient hybrid HIP-PMIPv6 scheme for seamless internet access in urban vehicular scenarios[C]. IEEE Global Telecommunications Conference (GLOBECOM), Miami, 2010: 1-5.

[159] Do T X, Kim Y. Distributed network mobility management[C]. International Conference on Advanced Technologies for Communications, Hanoi, 2012: 1-5.

[160] Wang X N, Qian H Y. A mobility handover scheme for IPv6-based vehicular ad hoc networks[J]. Wireless Personal Communications, 2013, 70(4): 1841-1857.

[161] Banda L, Mzyece M, Noel G, et al. Fast handover management in IP-based vehicular networks[C]. IEEE International Conference on Industrial Technology, Cape Town, 2013: 1279-1284.

[162] Ghosh A, Paranthaman V V, Mapp G, et al. Enabling seamless V2I communications: Toward developing cooperative automotive applications in VANET systems[J]. IEEE Communications Magazine, 2015, 53(12): 80-86.

[163] Shafiee K, Attar A, Leung V C, et al. Optimal distributed vertical handoff strategies in vehicular heterogeneous networks[J]. IEEE Journal on Selected Areas in Communications, 2011, 29(3): 534-544.